디지털 시대 휴머니즘

디지털 시대
휴머니즘

양병현 지음

도서출판 동인

　오늘을 살아가는 사람의 모습은 어떤 것일까. 그리고 내일의 모습은 어떤 것일까. 궁금하기도 하지만 바쁜 일상에 지식을 업으로 하는 사람들의 일거리라고 생각되어져 일반인은 관심이 없다. 요즘 사람들은 너무나 많은 정보들이 쏟아지고 있어 웬만한 사건이 아니면 관심도 없고 흥미도 없다. 그저 나에게 어떤 일이 떨어지면 그때야 그 일에 매달리거나 이런 저런 정보를 찾아보게 된다. 여유가 생기거나 심심하거나 친구들을 만나거나 문화생활의 한 편으로 영화관도 가본다. 책에 대한 관심은 있지만 읽을 시간도 없고 지루해 보인다. 일상에 조금 자극적인 그 무엇은 없을까 하고 늘 사냥꾼처럼 탐색하고 기웃거리기 일쑤이다.

　그러고 보면 대부분의 경우 어떤 유익한 지식을 찾거나 정보를 탐색하려는 사람은 많지 않고 재미로 주위를 기웃거리는 구경꾼이 많아 보인다. 자신에게 재미있고 유익한 것에 관심을 갖는 사람에게는 기존의 도덕성이나 윤리의식도 의미가 크지 않다. 요즘 사람은 필요하거나 유익한 것에 가치가 있다고 생각하는 경향이 있다. 이 시대의 특별한 경향은 아니지만 일반적으로 사람은 가치의 세계에 산다고 한다. 가치는 무엇일까. 볼펜 하나에 1,000원짜리가 있다고 하자. 그런데 관광지에 갔더니 5,000원한다. 그때 필요해 그 볼펜을 산다. 어리석어 보일 수 있지만 지금 필요해 어쩔 수 없이 사고 본다. 하지만 유익하게 사용한다. 그것이 가치이다. 그때의 필요에 의해 값이 결정되는 자기 투자가 가치이다.

일상에서의 가치 또한 그렇게 결정되는 경향이 있다. 그래서 사람은 살아가면서 선택으로 인한 가치를 별 생각이 없이 받아들이고 결정을 하며 산다. 역사, 문화, 사회, 정치, 경제, 도덕, 윤리 등은 사실상 이제 자신의 필요에 의해 결정되는 의미가 강하다. 독일의 철학자 니체는 '사람은 영리한 동물로 자신에게 유익한 것이 윤리적으로 선하고 좋다'고 받아들이는 경향이 있다고 한다. 결국 사람은 스스로 무엇에 대해 쓸모가 있어야 관심을 갖고 흥미를 갖고 선택하며 가치를 결정하게 된다. 역사, 문화, 사회, 정치, 윤리 역시 경우에 따라, 사람의 층에 따라, 사람의 개성에 따라 사람이 이것, 저것 선택하면서 그 가치가 결정된다. 그 중에서도 이 시대는 자신의 몸에 관한 것이 최고 관심의 하나이다.

내 몸을 치장하고 내 몸에 유익한 것이 그래도 쓸모가 있어 관심을 갖게 되고 흥미를 불러일으키게 된다. 건강이든 치장이든 내 몸의 일부에 대한 관심과 흥미가 거의 모든 것을 결정한다면 지나친 표현일까. 육체적인 부분만 말하는 것 같지만 기실 그 몸 관련 관심과 흥미는 정신적 충동이나 욕망의 형태일 수가 있다. 이러한 몸 관련 정신적 충동과 욕망의 형태는 물론 늘 변하기 마련이다. 자신 내부의 욕구와 충동에서 일어나는 일이기도 하지만 대체로 주위 사람들이나 사회로부터 자극을 받아 일어날 수가 있다. 흔히 이러한 외적인 흐름을 트렌드라고 한다. 사실 트렌드란 사람들의 내적 충동과 욕망을 상업화한 외적 형태이다.

상업적 형태란 따지고 보면 이처럼 사람의 내면에서 일어나는 느낌과 불가분의 관계가 있기 때문에 몸 또한 사람의 감정을 떠나 설명하기가 어렵다. 사람을 사람답다고 한다면 트렌드 역시 사람의 감정의 흐름을 반영하고 있기 마련이어서 사람 중심을 벗어나 설명하기가 어렵다. 어렵게 말할 것도 없이 사람 중심은 몸이든 정신이든 사람의 체험이나 관심과 관련된 형태라면 휴머니즘이라고 할 수 있다. 인간성에 호소하는 트렌드가 곧 상업적 형태로 나타난다면 그 트렌드는 본래 사람의 이성보다 사람의 감성을 자극하는 데서 출발한다. 상품도 사람의 감성을 자극하고 구매가 이루어져야 가치가 결정이 되기 때문이다.

휴머니즘은 이처럼 사람의 감성에 호소를 하고 공감대를 이루는데 초점이 맞추어 있다. 동정과 연민, 즉 측은지심은 휴머니즘의 근원이다. 교감이라고도 말을 하지만 행복과 슬픔에 사람들이 공감하고 동정과 연민을 갖고 서로를 살펴보게 되는 그것이 휴머니즘의 출발이 된다. 그래서 좋은 값을 받으려면, 즉 좋은 가치를 생성하려면 사람들이 느끼고 생각하는 휴머니즘 트렌드에 관심을 가질 필요가 있다. 가치의 선택은 필요에 의해 결정되기도 하지만 행복이나 기쁨을 느끼게 하는 휴머니즘 트렌드를 기반으로 하여 출발한다.

행복과 기쁨을 찾을 수 있는 대상 중에도 사람이 가장 흥미를 갖는 대상은 부, 명예, 권력 이상으로 스스로의 몸에 관한 것이라고 할 수 있다. 건강하고 아름답고 잘생기고 오래 살고 행복하게 사는 몸이 우선이다. 예부터 생로병사, 즉 살고 늙고 병들고 죽는 문제가 모두 몸과 관련이 있다. 그래서 이러한 사람에 관한 문제는 그 형태와 내용이 시대와 나라에 따라 다르면서도 사람의 관심을 떠나 본 적이 없다.

나라도 국가도 사회도 가족도 살고 늙고 병들고 죽는 사람의 문제에 관련이 없다면 그 무슨 의미가 있을까. 사람의 고통해소나 자신의 행복추구에 그러한 외적인 것들이 아무런 의미를 주지 못한다면 흥미를 갖지 않게 된다. 가족이 자신의 고통해소와 행복추구에 버팀목이 되어주고 보호막이 되어주고 살아가는 의미를 주고, 나아가 사회나 국가가 그 사람의 행복을 만들어주지 못한다면 늘 귀찮은 존재가 되기 쉽다.

사람은 자신의 의지에 관계 없이 어느 날 세상에 내 던져져 운명이 바뀌게 되고, 원치 않지만 어쩔 수 없이 살아가야 하는 부조리와 모순을 경험하기도 한다. 사람은 자신의 몸 하나 추스르기가 어려울 때가 종종 있다. 어렸을 때는 부모님이나 사회가 챙겨 주기는 하지만 나이가 들면서부터는 점차 사람 스스로가 자신을 챙겨야 된다. 어릴 때처럼 정신적 충동과 욕망은 늘 그대로 있으나 주위 현실과 몸은 따라 주지가 않는다. 혹자는 정신세계가 중요하다고 생각하지만 오늘날은 그보다 몸을 포함한 물질세계가 점차 중요해지는 사회 현실을 외면하기가 어렵다. 건강하고 오래살고 행복해지는 사회 조건에는 내 몸에서 일어나는 충동과 욕망을 해소하는 정도와 밀접한 관련이 있다. 그래서 사람은 결국 몸에서 일어나는 충동과 욕망을 물질이나 사회 조건보다 우선시하기 마련이다.

앞으로 사람은 점차 자신의 몸에 투자를 많이 하게 될 것이다. 건강해야 하는데 힘도 있어야 하고 행복하게 살아야 하는데 물질도 있어야 하고 필요한 것은 많지만 그 중심에는 내 몸이 잘생기고 건강하고 젊은 삶을 유지할 비결을 찾는 데 있다. 혹은 그러한 해법은 없나, 또한 그러한 행복을 보장할 마법이나 기술은 없나를 찾게 될 것이다. 더욱이 사람은 혼자 살 수 없기에 사람 사이에 서로 공감하고 행복을 나눌 정신과 물질에도 관심을 갖게 되겠지만 사실 그것도 자신의 행복과 관련이 있어야 한다.

오늘날 휴머니즘의 트렌드는 사람 개개인의 정신 건강과 물질의 풍요에 의한 행복이지만 그 이상으로 몸에 있다. 사람은 '자신의 몸의 형태나 상태를 어떻게 만들어 갈까' 혹은 '어떻게 잘 만들어 행복한 삶을 살아갈까'에 관심을 갖는 사회구조와 문화를 원하게 될 것이다. 그럴 경우 사람의 모습과 삶의 형태는 어떤 것이 바람직할까. 적어도 자신에게 바람직한 사람의 모습과 삶의 형태는 어떤 것일까.

그런데 몸에 대한 관심은 이제 디지털 사회에 진입하고 있다. 몸은 한번 주어진 고정된 형태가 아니라 늘 바꾸고 변형하여 변신을 할 수 있게 된다. 과거에는 생각해 보지 못한 변신을 할 수도 있게 된다. 겉모습만 바꿀 수 있게 되었을 뿐 아니라 안에 들어 있는 내장 기관들도 바꾸거나 변형할 수가 있게 된다. 그리고 거리낌도 없어지게 되는, 개개인의 선택만이 삶의 가치의 전부일 수 있는 탈윤리 사회에 살게 될지 모른다. 사람은 자신이 원하는 욕구와 욕망 해소를 위한 정신세계와 물질세계를 원할지 모른다. 사실 도덕도 윤리도 크게 중요하지가 않다. 몸에 관한 한 주위 사람들도 이제 쉽게 동정하고 공감하게 된다. 오히려 다 같이 몸을 변형하는 일에 동참하고 싶어들 한다.

디지털 시대라면 컴퓨터를 연상시킨다. 성형외과나 정형외과에도 가보면 몸의 일부이든 전체이든 컴퓨터로 이상형을 만들어 보고 이에 맞추어 몸을 변형시킨다. 필요하면 이물질이나 기계도 넣는다. 몸이 아프면 아픈 장기를 떼어 내고 잘 만들어진 성능이 좋은 기계를 넣는다. 기계는 스스로 작동하며 인체의 기관들과도 잘 맞도록 설계되어진다. 몸이 아프다고 하더라도 얼른 치유가 가능하고, 기능이 떨어지면 다른 부품으로 교체를 한다. 건강한 몸과 젊음은 늘 유지가 가능하고 정신도 고통을 받을 필요도 없고 행복은 늘 추구된다.

고금에 걸쳐 사람의 이상은 '생로병사를 초월하여 영원히 젊고 건강하게 사는 길은 없을까'에 있다. 그 수준이 죽어서 행복하고 영원하게 사는 영혼세계보다 이 세상에 태어났기에 행복하고 영원히 사는 세속세계를 염원한다. 이러한 소망과 염원은 고대인들의 종교적인 의식을 통해, 혹은 고대 신화 속의 이야기를 통해 잘 나타나 있다. 물론 사람의 몸은 소멸되기 때문에 몸을 영구히 보존하여 다음 세계를 꿈꾼다. 신은 그러한 사람 몸의 영역을 뛰어넘는 세계에 사는 존재로 신을 꿈꾸는 사람은 늘 도덕적이고 윤리적인 비난을 받게 된다. 하지만 어느 시대이든 사람은 그 꿈을 버린 적이 없고 자신의 육체적 정신적 한계를 넘어서려고 한다. 더욱이 사람은 그런 것에 대한 욕망을 없앨 수가 없다. 그 욕망은 사람이 살아가면서 젊고 아름답고 건강하고 행복하게, 가능하다면 영원히 사는 길에 있다.

사람 중심의 휴머니즘이란 그러한 사람의 욕망이 이 세속에서는 이루어질 수 없기에 좌절되고 고통에 빠지는 운명과 관련이 깊다. 그러기에 사람은 자신뿐만 아니라 타인의 삶에 연민과 동정을 갖게 된다. 사람 사이의 교감은 서로 한정된 몸과 나누는 감성에 있기에 사람들은 서로의 운명에 공감하게 된다. 그러한 운명이 있기에 사람은 신이 아니고 사람이라고 말한다. 우리는 신이 되고 싶은 욕망과 그 좌절에 대해 연민이나 감성이 없는 사람을 현실적이라고 하며 종종 차갑고 냉정하고 매몰차다고 한다. 우리는 주로 이성적인 사람을 가리켜 실수할 사람이 아니라고 칭찬하지만 너무 합리적이고 객관적이고 논리적이고 지적이어서 사람 같지가 않다고 한다. 이렇게 보면 사람 중심의 휴머니즘은 이성 중심의 정신세계보다 몸에서 일어나는 감성과 직결되어 있다.

감성은 사람의 정체성을 말한다고 하여도 과언이 아니다. 감성이 없어 보이는 기계는 어떨까. 그래서 기계 같은 사람을 반휴머니즘적이라고 규정하게 되는 것일까. 점차 인간의 몸이 기계나 이물질로 채워지면 어떻게 되나. 감성이 휴머니즘의 출발이라면 기계가 감성이 없을 경우 기계화된 사람은 사람이라고 보기가 어렵지 않을까. 참 모순이다. 기계문명은 발달하고 기계가 삶의 일부분이 될수록 사람이라고 보기가 어려워지는 모순을 어떻게 설명해야 하나. 기계는 사람의 필요에 의해 만들어내는 산물이면서 동시에 사람의 욕망을 해소할 대상으로 발전될 터인데도 말이다. 하지만 그 모순에 사람의 바람, 즉 고통해소와 행복추구가 관련이 있다면 모순을 어떻게 처리해야 하나. 기계이기는 하지만 사람 중심의 휴머니즘도 갖고 사람의 궁극적인 욕망을 해소할 방법이나 기술은 있을까. 궁금해진다.

미래의 휴머니즘은 이러한 고민이 반영될 것으로 보인다. 그 고민은 건강한 몸과 감성과 함께 정신 또한 건강하고 가능하다면 사람 개개인이 영원히 행복한 가치를 스스로 선택하는 방식에 있어 보인다. 이처럼 느낌대로 생각대로 이루기 위해 사람은 현실 물질세계에서 가능한 수단과 방식을 만들어 내게 될 것이다. 일찍이 정신세계를 강조하던 문화들은 빛이 바래고 새로운 몸 중심 문화를 기반으로 사람의 행복을 물질세계에서 만들고 추구하는 일에 기술이나 사회가 몰두하게 될 것이다.

미래의 휴머니즘은 사람의 느낌대로 생각대로 이루어지는 행복에 가치를 둔 물질문화를 만들어가는 일에 있다. 몸 중심의 사람, 즉 이러한 휴머니즘에서 우리의 삶은 어떤 모습일까. 사람의 모습과 삶의 형태는 시대에 따라 다양하게 표현되고 형상화되는 것이지만 미래에 우리는 어떻게 변해갈까. 기존의 이성 중심의 휴머니즘은 없어지고 감성 중심의 새로운 휴머니즘만 남아 있게 될까. 아니면 차갑고 냉혹한 기계문명 속에서도 사람은 자유스러운 모습으로 행복하게 살아가게 될까. 알 수가 없지만 기계문명은 사람의 모습과 삶에 이미 깊게 들어 와 있고, 기계의 힘을 빌려서라도 젊고 건강하게 오래 살려는 사람들이 늘어가고 있는 것도 현실이다.

이처럼 밝은 면보다 기계로 인한 어둡고 부정적인 미래 사회의 모습에서도 사람 중심의 휴머니즘이 있어야 할 이유에는 사람이 사람답게 살 수 있어야 한다는 절대 명제가 있다. 기계문명에서도 사람 중심의 휴머니즘을 만들어 가야 한다고 생각하는 사람이 많아지고 있다. 거기에는 사람 몸의 원동력인 자유로운 욕망과 감정, 생명체의 느낌과 생각대로 행복하게 물질문명이 움직여야 한다는 명제이다.

그러기 위해서 새로운 디지털 문화의 경향과 기술문명을 살펴볼 필요가 있다. 서구뿐만 아니라 동양 또한 요즈음 몸의 가치에 대한 서구의 새로운 변화를 받아들이고 있지만 그간 전통 사회의 가치와 종교적 뿌리가 깊어 여전히 사회적 합의가 더 필요한 시점이다. 아무튼 사람이 살아가고 있는 지구촌 어디에도 이제 기계문명은 어떤 형태로든 발전하고 있으며, 늙지 않고 신체 균형이 잘 잡히고 건강한 몸에 대한 인류의 오랜 집착은 사람 중심의 미래형 휴머니즘에서 그 해답을 어느 정도 찾아보려 하지 않을까. 미래형 휴머니즘을 찾아야 한다면 그 해답은 과연 있는가.

본 글은 이러한 궁금증을 찾아보려는 작은 노력이고 내용은 본서의 필요에 맞추어 학생들과의 수업내용, 필자의 연구논문 그리고 연구업적물의 일부를 재구성하거나 재편집하였다. 어떻게 보면 형식에서는 수업과 연구 중심의 글이라 할 수 있을지는 모르나 내용에서는 사람 중심의 휴머니즘 주제를 중심으로 한 문화/문학 연구의 산물이라고 할 수 있다. 그래서 서구의 근대 및 현대 휴머니즘을 기반으로 실존적 휴머니즘, 모던 휴머니즘, 포스트모던 휴머니즘, 포스트휴머니즘, 그리고 하이브리드형인 사람과 기계가 융합한 휴머니즘 등의 주제를 통해 본 글은 21세기 유형의 디지털 사람에 대해 탐색해보려고 한다. 아무래도 필자가 영문학 전공이어서 영미권 중심의 아는 지식을 다룰 수밖에 없는 한계가 있지만 본 글은 그 나름의 의미 있는 작업이라고 생각한다.

2011년 1월

글쓴이 양 병 현

제1장

사람 중심 휴머니즘

현대의 물질문화와 환경은 생각보다 복잡하게 변화하고 있기 때문에 사람의 가치에 대한 정의나 규정도 이성이나 감성만 가지고 단순하게 말할 수 없을 정도이다. 현대만큼 사람의 모습을 복잡하게 표현하고 다루는 시기도 사실상 없을 것이다. 이유는 사람이란 이제 어떤 단순한 모습으로 그리기가 어려워졌기 때문이다. 또한 사람을 정의하려는 어떠한 노력도 최종적일 수가 없기 때문이다.

무엇보다 복잡한 현대 문화와 삶의 다양성이 사람을 어떤 특정한 모습으로 규정하려는 노력을 헛되게 한다. 그만큼 우리는 다양하고 복잡한 문화 속에 살고 있어 우리의 모습을 기존의 방식으로 찾기가 어려울지 모르기 때문이다. 미래의 사람의 가치는 지금보다 더욱 의미가 없고 우리는 소외되고 왜

소한 모습으로 참담하게 고통을 받는 하찮은 모습일지 모른다. 아니면 현재의 모습과는 다른 정신과 몸의 형상을 하며 살아갈지 모른다. 그러한 증후는 인터넷이 발전하고 디지털 기술이 발달하면서 점차 크게 나타나고 있다.

지금까지 휴머니즘은 정신 중심이든 몸 중심이든 본질적으로는 사람에 대한 궁극적인 가치를 생물학적인 측면이나 정신적인 측면에서 찾게 된다. 하지만 점차 기계나 기계장치를 떠나 사람의 가치와 삶의 모습은 상상하기가 어려워지고 있다. 기술의 발전에 따른 컴퓨터의 성장과 디지털 문화가 삶의 중요한 환경으로 만들어진 오늘날에는 사람의 모습도 많이 달라지고 있고, 사람을 보는 시각도 과거와 비교할 수 없을 정도로 달라지고 있다. 더욱이 컴퓨팅 산업, 인터넷, 유비쿼터스 네트워크, 소셜 네트워크 등을 만들어내는 디지털 기술의 발달로 현실세계와 가상세계를 구분할 특별한 경계도 없어지고 있다. 현실은 점점 사람이 보이는 모습 그대로 사람의 가치를 받아들이기가 어렵게 되어가고 있다.

소위 몸의 가치도 매우 중요한 삶이 되는 미래는 그 몸이 과학 기술의 발전으로 얼마든지 변화할 수 있기 때문에 몸 자체를 가치로 하던 휴머니즘 또한 이제 다시 정의할 시기에 이르고 있다. 디지털 문화는 컴퓨터의 시뮬레이션 세계를 망으로 한 가상세계를 현실에 똑같이 구현하는 것을 목표로 하고 있어, 가상 현실과 가상 육체를 자유롭게 현실에 창조하고 싶어 한다.

미래는 점차 사이보그(cyborg)를 중심으로 사람의 정의가 만들어 질 것으로 예측된다. 사이보그가 사람들 관계의 혼란을 다루고 있다고 주장할지 모르지만 몸에 대한 기존의 생각을 깨뜨린 것은 분명하다. 정신에서 몸까지 사람을 정의하려는 사람 중심의 사고는 이제 몸까지도 그 신성한 의미를 부여하려는 노력을 부정하게 된다. 몸이 상품화되고 몸으로 사람의 가치를 결정하거나 주요한 목표가 된다고 주장하는 시각 또한 점차 낡아지고 있다. 사이보그는 사이버네틱스(cybernetics)와 생명체(organism)의 합성어이다. 사이버네이트(cybernate)는 컴퓨터로 자동제어화한다는 의미로, 사이버네틱(cybernetic)은 인공두뇌학의 의미이다. 이렇게 보면 사이버네틱 생명체(cybernetic organism)는 특수 환경에 적응하는 생명체를 가리킨다. 사람도 이러한 특수 환경에 적응하는 생명체로 환경의 변화에 따라 오랫동안 진화한 생명체라고 말한다. 그러므로 사람의 두뇌 또한 전자 자동제어 장치 개념으로 인식되고 있다.

사전의 정의에 따르면 사이보그란 특수한 환경에서도 살 수 있게 생리기능의 일부가 기계에 의해 대행되고 있는 사람이나 생명체를 말한다. 즉, 사람이나 자연적인 환경에 컴퓨터를 비롯한 일련의 기계장치가 개입하고 있는 상태이다. 그러한 예로 로봇을 들 수 있고 경우에 따라 복제인간을 말하기도 한다. 그 기계와 복제된 장기의 비율이 어느 정도이며, 온전한 복제인간과 로봇은 몸의 질적 형태만 다를 뿐 사람의 유기체로 인식되고 있다.

일반적으로 사이보그는 기계 사람을 가리키고 있기는 하나 사람의 유기성과 기계의 비유기성, 물질과 비물질성, 휴먼 지능과 인공 지능들이 서로 합쳐지고 조화되는 상황을 가리키고 있어 생각보다 복잡하다. 박형옥은 <생명과 기계>에서 사람의 생명체나 기계의 인공지능은 모두 자체가 보유하고 있는 일종의 피드백 기능에 의해 환경이 주는 혼란과 복잡한 경험을 합리적으로 잘 통제하고 적응하고 조화를 이루며 진화한다고 한다. 기계와 생명을 유사하게 보는 이러한 주장은 사이버생태학(cyber-ecology), 혹은 사이보그생태학(cyborgian ecology) 분야에서 다루고 있다. 사이보그는 주로 자연적 유기체와 인공적 유기체 사이에 일어나는 가변적 상호작용에 관한 과학기술이지만 사람의 가치를 정의하는 데 매우 유익한 개념을 주고 있다.

미국 UCLA 영문학과 교수인 캐서린 헤일즈(Katherine Hayles)는 문학비평과 과학이론이 본질적으로 유사한 관계에 놓여 있다고 주장한다. 오늘날 사이버네틱스에서 추구하는 시뮬레이션은 단순한 기술적인 측면에 놓여 있는 것이 아니라, 세 가지 요인이 서로 유기적으로 작용한다고 강조한다. 이를 가상세계(the virtual world), 시뮬레이터(the simulator), 그리고 관찰자(the viewer)로 분류한다. 이러한 분류는 공상과학 소설에나 해당될 수 있지만 사람의 욕망과 개체의 충동을 실현하고자 하는 욕구는 이제 몸의 영역에서도 그 자유를 선언한 셈이다.

사람을 디지털 장치에 비유하여 사이버 시대에서도 생존이 가능한 존재로 인식하는 가치관은 몸은 신성한 주체가 아니라 대체가 가능한 영역으로 인간 가치의 외연을 더욱 크게 확대시키고 있다. 다시 말하면 무한한 정보의 사이버 세계는 링크(link)와 노드(node)로 연결해 놓은 일종의 정보의 망이라고 할 수가 있다. 이러한 정보망에 흩어져 있는 혼란스러운 정보들을 컴퓨터의 시스템 장치가 분석하고 통합하고 균형을 만들듯이, 사람의 두뇌 또한 모든 혼돈과 모자이크 이미지들로부터 일정한 패턴을 발견하여 그 근원적 의미를 파악하게 된다. 헤일즈 교수의 주장을 재인용하면, "사람 경험의 기본 요소들은 변질되며 그 경험들이 단지 구축되는 것으로 끝나지 않는다. 경험의 가장 근원을 형성하고 있다고 믿어 왔던 사람의 주체란 그 역시 해체, 재구축되며, 이로써 자신의 본질을 변형시킨다. 포스트모더니즘은 이미 이러한 후기 사람(post-human)의 존재를 예고하고 밑그림을 그려왔다."

사람은 옛날부터 효율적인 삶을 살아가기 위해, 어쩌면 자기 행복과 만족을 충족시키기 위해 나름의 유용한 방식과 목표를 찾는 노력을 멈추지 않고 있다. 물론 이러한 동력에는 자유롭고 싶은 무한한 욕망과 그 욕망을 해소하려는 생각이 에너지원이 되었을 것이다. 예로부터 지금까지 많은 사람들이 종교를 통해 사람은 조물주에 의하여 만들어진 존재라고 생각하여 하나의 피조물로서 나름의 행복을 찾게 된다. 신은 사람을 창조해 냈고, 이 세상은 신이 모든 것을 지배한다고 생각했으나 18세기 중반 무렵에 유럽에는 산업혁명으로 인해 기계가 등장하는 등 계몽주의 사고에 의해 신은 죽었다는 생각과 함께 사람이 스스로 행복을 찾기 시작한다. 19세기 들어서는 사람의 충동과 욕망이 사람을 진화시키는 동력이 되고, 사람의 몸도 따라 진화한다는 생각이 행복에 대한 새로운 아이디어로 주목받는다.

산업혁명 이후 사람들은 보다 더 사람의 효율성을 따지게 되고, 또한 자신에게 유익한 기계를 발명시키고 새로운 기계를 만듦으로써 사람의 기계적인 측면을 강조하기에 이르게 된다. 보다 논리적이고 합리적인 영리한 사람을 찾고 있게 된다. 보다 더 기계적인 효율성을 강조한 소위 탈인간형을 지향하게 되면서 오늘날 사람들은 "인간과 기계의 융합"을 만들어낸 포스트 휴머니즘(post-humanism)에 관심을 갖는다. 쉽게 기계장치의 일부나 다른 물질의 일부로 사람의 생명체를 대체하는 경향이 증가하고 있다는 뜻이다. 편리하고 용이하게 접근하려는 생각은 몸의 생명체까지 바꾸며 젊고 건강하고 아름다운 몸을 영원히 보존하려는 사람의 오래된 충동과 욕망과 결합하게 된다.

예로부터 사람은 자유로움과 편리함을 추구하는 생각에서 벗어나 본적이 없는지 모른다. 그래서 아날로그에서 다시 디지털 시대로 진화하면서 사람은 정신의 자유 혹은 몸을 위한 편리에 대한 욕구가 더욱 강해지게 되고 그에 따른 생각은 상업적 수요를 부른다. 사실 진화의 밑바탕에는 정신보다 몸에 대한 관심이 크게 작용한다. 고대문명의 발상지인 이집트 문명, 메소포타미아 문명, 인더스 문명, 황화 문명을 생각해 보자. 다른 여러 문명도 있겠지만 고대문명 발상지들은 사람이 만들어낸 작은 문명이나 정보에 불과할 수도 있다. 이러한 문명은 다른 문명에 비해 그나마 체계적이고 조직적이기 때문에 몸에 대한 고대인들의 욕망과 꿈을 알 수 있게 한다.

한마디로 고대인들은 젊고 건강하고 아름답게 오래 사는, 가능하다면 영원히 사는 수단과 방법을 찾고 있다. 동양에서는 윤회설을 만들어 몸은 소멸되지만 정신은 영원하다고 보고, 이 정신이 다시 몸으로 태어난다는 몸의 영원성을 생각한다. 죽어도 죽지 않겠다는 뜻이다. 몸은 빌리기만 하면 된다는 아주 편리하고 용이한 생각이 발전하게 된다. 그 저변에 죽지 않는 몸을 생각하고 있던 셈이다. 죽어서도 다시 몸으로 태어나고 싶다는 욕망이 사람에게 있다. 그러기에 윤회설은 설득력이 있었고 이를 받아들이는 소비층이 두꺼웠다. 지금도 윤회설은 동양사회에서는 진리처럼 받아들이고, 몸이 재생한다는 생각에 대한 소비층이 방대하다.

이집트의 몸에 대한 생각은 그리스, 즉 서구인들의 생각의 출발이 된다. 이집트는 미이라로 유명하다. 다른 동양사회와는 달리 이집트인들은 몸을 소멸시키려고 하지 않는다. 몸을 보존해야 정신이 후에 다시 형태를 갖출 수 있다고 본다. 현실적인 생각이다. 몸이 있어야 정신이 있다는 생각으로, 그 기본은 윤회설이지만 몸으로 다시 태어나 영원하게 살고 싶은 고대인의 욕망과 꿈을 볼 수 있다. 아무래도 이집트는 몸이 더 중요한 듯싶다. 피닉스 새나 스핑크스 또한 이러한 영원하게 살려는 이집트인들의 몸에 대한 집착을 말해준다. 젊고 건강하고 영원하게 사는 기술이 있다면 몸을 저장해두는 그 큰 피라미드와 관련 소비 산업은 지금도 발전하고 있을 것이다.

그리스 사회 또한 흥미롭다. 헤라클레스나 비너스를 생각해 보라. 그리스의 조각상들은 모두 몸이 훌륭하고 젊고 매력적이다. 이들이 생각하는 사람의 이상형은 정신 속에 있다고 하여 관념적이라고 하지만 그렇지는 않다. 몸이 그렇게 되었으면 하는 생각이 있을 뿐 실제는 몸에 집착하고 있다. 이상형의 몸은 아름답고 건강하고 젊고 매력적인 형태이다. 이런 몸은 신들이 가지고 있다. 그래서 가장 서구적인 몸의 이상형은 이집트의 몸에 대한 숭배에서 건너와 보다 현실적으로 가꾸는 노력이 중요시된다. 몸을 가꾸고 잘 만들어 보려는 합리적인 사고가 정신의 아름다움과 결합해 발달한 문화가 그리스 문화의 핵이다. 이들 또한 영원하게 몸을 보존하려는 욕망과 소비층이 없었을까.

서구인들의 몸에 대한 집착과 아름다움에 대한 욕망은 이들의 물질 중심의 사고에서 쉽게 찾아질 수 있다. 건강미와 젊음과 아름다움에 대한 추구는 물질문명이 발달한 서구에서 훨씬 현실적이고 구체적이다. 이들은 몸이 만들어지면 정신이 만들어진다고 생각한다. 즉 생명체가 생기면 정신이 자연스럽게 생긴다는 이치이다. 몸의 소멸에서 다시 몸을 찾아 태어나려는 동양의 윤회설로부터, 몸을 잘 보존하여 다시 태어나려는 이집트에서부터, 몸을 잘 가꾸어 이상적으로 유지하려는 그리스에 이어 서구인들은 몸의 유기체를 잘 갖추어야 올바른 정신이 생긴다는 합리적인 생각이 강하다. 그래서 서구인들에게 몸을 잘 만들 수 있는, 젊고 아름답고 영원히 살 수 있는 물질문화가 발달하게 된다.

그래서 사이보그가 미국이나 서구에서 발전하는 현상은 우연히 아니다. 그 기원은 매우 깊다. 사람이 신이 되는 그리스 신화에서부터 끊임없이 잘생기고 완벽한 몸을 가지려는 서구인들의 욕망은 프랑켄스타인처럼 지칠 줄 모르고 과학문명을 촉진시키고 있다. 현실적으로 이들은 몸을 영원히 살게 하는 실제적인 길을 찾고 있다.

그 아이디어는 오늘날 컴퓨터 정보망에서 찾을 수 있다. 오늘날 현대 사회는 정보화 시대로 컴퓨터가 도입되고, 네트워크 시대가 자리 잡게 되면서 인공지능을 가능하게 한다. 인공지능은 사람 생명체의 핵심인 두뇌 역할을 한다. 두뇌의 역할과 기능은 정보기억과 재생산이다. 사람이 유한하다는 고

정관념을 버리고 몸이 영원히 사는 과제는 자기와 닮은 형태의 생체정보를 기억하여 재생산하는 생명체의 기능에 있다. 가장 최적의 합리적인 선택과 효율성을 고려하여 생태환경에 적응하는 사람의 진화는 그 생명체의 기능에서 만들어지게 된다. 그 생명체의 유전정보에 따라 진화된 생체 장기는 지속적으로 변화하면서 우리 몸을 만들어 낸다. 그래서 모든 생체정보는 두뇌에 의해 통제되고 분석되고 조화를 추구하게 된다.

이제 몸 중심의 사람의 사고는 이러한 생체기능을 할 장기를 기계부품으로 생산하려는 생각으로까지 발전하고 있다. 몸을 바꿀 수 있듯이 몸의 장기를 바꾸며 생명체의 젊음과 아름다움과 영원히 사는 수단들을 찾게 된다. 인류의 오래된 욕망과 꿈이 실현되는 것일까. 사람의 가치와 삶의 고귀함을 설명하던 정신의 가치는 어디에서도 찾아보기가 힘들어지고 있다. 그 사람의 가치를 돈으로 살 수 있듯이 생명체의 온전성 또한 정신보다 몸에서 찾아질 날이 멀지 않아 보인다.

그간 사람 중심의 휴머니즘은 인류 문화의 중심에 사람이 있을 뿐이라는 생각에서 출발한다. 그 만큼 사람들은 생각에 생각을 거듭하고 오늘의 이 디지털 시대까지 오게 되는데, 기계 네트워크 시대에서도 사람이 생각하는 대로 지식과 정보가 만들어지고 그 습득 또한 편리해지고 있다. 소위 네트워크라는 가상현실에서도 또 다른 '나'(아바타)를 통해 현실세계에서는 상상만하고 경험할 수 없던 사람과 삶에 대해 체험할 수 있는 시기가 오게 된 것이다. 그래서 사람은 기계문명과 기술의 힘을 통해 정신적 자유와 육체적 편리함은 물론 정신과 육체의 진선미라는 고전적 가치까지 현실적이고 물질적 수단에 의해 채우려고 한다.

지난날 기계를 발전시키며 사람들은 오늘날 디지털 시대까지 왔지만 미래에는 사람과 삶이 얼마만큼 발전이 되어 있을까? 아니면 도리어 기계문명의 발전으로 기계가 사람들에게 해가 되어 돌아올까? 하는 궁금증이 생긴다. 물론 우리 사람은 지금 기계와 떼려야 뗄 수 없는 관계까지 와 있지만 사람들은 더욱 많은 삶의 자유와 편리함을 추구하기 위해 기계를 사람처럼 진화시키려고 노력할 것이다. 사람들은 일을 하지 않는 자유로움과 로봇 시대가 와 로봇이 사람의 일을 대신할 편리한 삶을 예상하고 있다. 요즘은 로봇이 일을 하는 곳이 직접 있다. 자동차 생산 과정에서 조립을 할 때 일부 로봇이 차를 이동시키며 조립한다. 로봇이 사람의 가치를 실현시키고 있는 셈이다. 지금은 그래도 차의 완성에 사람이 함께 일을 해 나아가고 있다. 하지만 지금은 로봇이 초보 단계여서 사람들은 이에 대한 걱정을 크게 하지 않고 있다.

앞으로는 기계문명이 얼마만큼 발전을 해야 하며 어느 정도로 기계를 사람 대신에 사람처럼 만들어야 할지를 고민해 볼 시기가 올 것이라고 생각한다. 지금 현실에서는 비록 사람이 기계를 지배하고 통제하고 있어 보이지만, 사람처럼 기계를 계속 발전시키다 보면 기계가 사람 이상으로 진화하여 사람을 지배하는 날이 반드시 올 것이라고 생각한다. 그러한 단계에서 우려되는 일은 로봇이나 복제기술에 대한 기술이 끊이지 않고 연구되어가고 있기 때문에 과연 사람의 감성적인 부분까지도 기술에 의해 가능해진다면 명실공이 기존 사람의 가치를 모두 기계가 대신하지 않을까 하는 두려움이다. 사람의 자유도 삶의 가치도 기계에 의해 결정되고 통제되지 않을까 염려가 된다. 사람이 된 기계가 육체로 된 사람을 이기는 날이 멀지 않을 것이라는 걱정은 이미 상당히 오래 된 이야기이다.

19세기 미국의 문학가인 에드거 엘런 포우(Edgar Allen Poe)는 한 이야기에서 일찍이 체스플레이의 속임수에 의문을 제기한 적이 있다. 기계와 사람 간의 체스플레이 승부 게임인데 포우는 기계가 사람을 이길 수 없다고 주장한다. 여기서 말하는 체스플레이는 기계에다가 모든 기술을 입력시켜 놓고 사람과 대결하는 형국을 말한다. 이 이야기에서는 기계가 한번 이기고 사람이 두 번 이겼다는 결과가 나온다. 하지만 결국에 기계가 사람을 이겼던 게 아니라 기계 안에 사람이 들어가서 게임을 조종하여 사람을 이겼다는 내용이다. 그래서 그는 체스플레이의 속임수를 언급하게 된다. 포우는 기계가 모든 기술을 습득하고 있더라도 사람을 이길 수는 없다고 주장한다. 예컨대 사람은 생각하는 능력과 순간적인 판단력을 가지고 있지만 기계는 그렇지 않다는 것이다. 체스를 하면서도 모르는 상황이 나타나면 사람인 경우는 그 자리에서 생각을 하고 순간적인 판단으로 수를 둘 수 있지만 기계는 모르는 상황이 등장하면 사고력과 판단력이 없기 때문에 수를 둘 수 없다는 논리이다.

그래서 어쩌면 포우는 21세기에 근접하는 꿈을 이야기로 다루어 기계의 한계에 비해 정신적으로 사람의 뛰어남을 생각한 사람이라고 볼 수가 있다. 기계 체스플레이어 속에 사람이 있을 거라는 포우의 생각은 사람이 없이 기계는 그 능력을 발휘하지 못한다는 아날로그형이지만 사람을 기계로 대체하고 있는 디지털 시대의 원형이 잠재되어 있다.

포우는 또 다른 이야기 <디 맨 유즈업>을 통해 스미스 장군이란 캐릭터를 누구보다 인기가 있는 사람으로 등장시킨다. 사람들한테 좋은 매너를 가진 스미스 장군은 전쟁에서 많은 공을 세운 사람으로 그려진다. 하지만 불행하게도 사고로 인해 그의 몸은 다 해체되어 있다. 그래서 그의 몸은 완전한 사람의 신체가 아닌 기계와 결합한 인조인간 형태이다. 거의 뇌를 제외하고는 기계가 몸을 다루고 있다고 보면 된다. 사실 스미스 장군은 주위 사람들의 도움 없이는 살아 갈 수 없는 존재이다. 그래서 스미스 장군은 사람들에게 전적으로 의존하며 살아가는 아날로그 형태의 피조물에 불과하다. 하지만 뇌만 사람일뿐 몸 전체가 기계로 조립되어 있기 때문에 그를 사람이라고 불러야 할지 아니면 인조인간 혹은 사이보그라고 불러야 할지 의아해지는 부분이다.

어쩌면 포우에게 몸을 재생해서라도 사람의 정신을 보존할 방법은 없을까 하는 생각이 있지 않았을까. 사람들은 누구나 오래 살고 싶고 영생을 누리고 싶다는 생각을 한다. 그래서 사람들은 신체에 불편한 곳이 있으면 다른 대용물이 없을까 하고 생각하게 된다. 기술이 부족한 과거에도 그러하겠지만 특히 오늘날은 기계로 나의 인체를 대체하려는 연구를 계속하고 있기 때문에 스미스 장군의 불편한 몸을 보면 기계문명의 발달이 큰 은혜로 비치게 된다. 이 세상에 몸이 불편한 사람들이 얼마나 많은가. 몸은 온전하게 보이지만 사실 병이 들고 쇠약한 사람들은 얼마나 많은가.

한때 건강하였던 스미스 장군의 몸을 늙어서도 기계로 대체하고 혼을 보존하는 방식의 기술시대가 반드시 올 것으로 포우가 일찍이 예측하였는지 모른다. 포우는 이런 미래를 원하지는 않는 사람들 중의 하나이다. 왜냐하면 사람은 누구나 한번 태어나서 죽게 되는데 기계들이 우리 몸을 대신한다고 하면 자신을 과연 사람으로서 당당하게 사람이라고 할 수 있는지에 대한 의구심과 거부감이다. 스미스 장군의 예로 보아 정신까지, 말하자면 뇌까지 기계가 사람을 대체한다면 사람 중심의 휴머니즘은 어디에서 찾아야 할까.

필자가 수업시간에 다루었던 일본 사이보그 애니메이션인 <공각기동대>가 있다. <공각기동대>는 애니메이션이지만 미국의 경찰특공대 <스왓> 이야기나 특수부대원을 다룬 <델타포스> 이야기와 비슷하다. 하지만 <공각기동대>는 정신 혹은 뇌까지 기계인 한 특수요원을 다루게 된다. <공각기동대> 이야기는 미래의 2025년을 배경으로 하고 있어 지금 이야기가 아니라는 느낌을 준다. 하지만 이윽고 사람들은 전자두뇌를 사용하게 될 거라는 암시가 있다. 전자두뇌라는 용어는 줄여서 '전뇌'라고 쓰고 있다. 사람이 전뇌화 되면 사람이라고 보기 어려워 사람이라는 말보다 유령인 '고스트'

가 쓰이게 된다. 이 이야기 속에는 그냥 아날로그 사람들과 완전 전뇌화된 사이보그, 일부 전뇌화된 특수 인간들, 혹은 신체 일부가 기계로 대체된 디지털 사람들이 혼합되어 살아가는 세상이다. 하지만 여전히 사람들이 이들을 지배하고 있기는 한다. 사실상 <공각기동대>는 스미스 장군처럼 기계로 대체된 몸을 가진 사람을 소재로 한 스토리이지만 스미스 장군 개념을 넘어 두 뇌까지 혹은 정신까지 전뇌화시키는 과학기술에 대한 두려움을 사람에게 심어주고 있다.

스미스 장군의 뇌는 여전히 사람이지만 <공각기동대>의 특수요원인 쿠사나기 소령은 완전 사이보그 여전사로서 여러 범죄단체와 싸울 정도로 육체는 물론이지만 뇌도 컴퓨팅 기계이다. 전뇌화란 뇌 안에 컴퓨터 모뎀 유형이 장착되어 있어 특수요원들 중 사이보그 요원들은 정신까지 전뇌화 되어 나온다. 뇌와 정신을 구분하기 어렵지만 뇌의 시스템에서 생성되는 정신 활동을 의식이라고 한다면 다른 뇌의 시스템에 연결될 경우 의식 공동체가 가능해진다는 발상이 따른다. 그래서 쿠사나기의 경우 그녀의 전뇌가 외부 네트워크로 접속하고자 할 경우 아직은 케이블이 사용된다. 이때 수많은 네트워크 정보가 전뇌로 흘러 들어가면서 다른 전뇌라 할 수 있는 일종의 해커인 외부 고스트가 접속할 위험이 주어진다. 표면적으로나 내용으로 보나 뇌에 장착된 모뎀으로 인해 사이보그 생활 자체가 언제든지 온라인 상태, 즉 세상과의 교감을 통해 얻게 되는 자의식 상태라고 보면 된다.

사람이든 로봇이든 네트워크에 접속되면 서로간의 대화가 가능해지며 상호 정보 흐름이 가속화되고 입을 열지 않아도 소통이 가능한 사회망을 갖게 된다. 사람의 경우도 기계망에 접속이 되면 기계 속의 수많은 고스트들, 즉 다른 사람들의 정신과 혼을 만날 수 있게 된다. 일종의 가상공간이지만 그 공간은 사람의 유기체로서 기능하게 된다. 경우에 따라 네트워크 세계는 마치 생명이 있고 감정이 있는 공간으로 다가온다. 이러한 네트워크 세계는 사람 두뇌와 전뇌화된 기계의 차이를 말할 수 없을 정도로 정신, 기억, 추억, 감정 등을 통틀어 체험하게 해준다. 포우의 캐릭터인 스미스 장군은 몸은 모두 기계가 조립하여 만들어진 사람이지만 뇌가 사람이어서 정신은 여전히 사람인 경우이다. 그래서 사이보그 뇌가 디지털형 고스트라 한다면 스미스 뇌는 아날로그형 고스트이다.

고스트는 물론 유령의 뜻이다. 고스트는 뇌로 보는 유기체도 아니고, 그렇다고 사람의 심장에 해당되는 존재라기보다 일종의 사람에 의해 만들어지는 아바타인 셈이다. 그래서 <공각기동대>는 2025년을 상상하여 만들어진 이야기이지만 실상은 미래에 대한 사람의 가치와 삶의 가능성을 말하고 있다. 고스트라는 이름도 사람의 몸, 특히 뇌가 기계로, 사람의 정신이나 영혼은 일단 그 유기체 형태의 몸이 만들어지면 그 안에 생긴다는 서구식 논리로 만들어진 미래형 사람으로 볼 수 있다.

전뇌화된 미래형 사람 또한 생명체라면 사이보그 사람 또한 기존의 아날로그형 사람처럼 비슷한 고민을 할 것으로 예상된다. 여성인 쿠사나기는 특수부대의 요원이지만 그녀도 생명체여서 사람처럼 고민도 한다. 그녀는 후에 나온, 사람 캐릭터를 직접 소재로 한 일본 영화 <사이보그 그녀>와는 달리 애니메이션이지만 사이보그 그녀처럼 인공지능을 갖고 있는 완전한 사이보그이다. <사이보그 그녀> 영화의 사이보그는 사람 캐릭터를 사용하여서 사람처럼 보이지만 애니메이션인 쿠사나기는 겉은 사람으로 보이고 안은 로봇임에도 사람처럼 생명체로 대접을 받고 싶어한다. 하지만 주위 사람들은 쿠사나기를 거기까지 받아들이지 않게 된다. 사이보그는 사람이 필요에 의해 제작하여 만든 피조물로서 생명체인 셈이다. 그래도 사람은 사이보그를 생명체로 받아들이지 않고 사람의 명령이나 지시를 따르는, 즉 노예나 종의 의미의 서비스 사람에 불과하다. 이점이 쿠사나기를 고민하게 만든다.

쿠사나기 유형의 사이보그와 달리 스미스 장군처럼 뇌는 사람이지만 몸은 사이보그인 동료 특수요원 남성이 있다. 인공지능이 아닌 아날로그형 뇌를 가진 그 남성 동료는 의체화로 되어 있다. 의체화는 뇌는 사람이지만 몸은 사이보그이다. 일종의 특수기동대의 한 팀으로 이 둘은 활동하게 된다. 쿠사나기의 전뇌는 완벽하지만 아직 사람의 육감이나 정서에 대한 정보를 처리하지 못하는 생명체로 인식되어서인지 의체화된 사람은 늘 이 쿠사나기 주변을 따라 다니게 된다. 그래서 쿠사나기가 특정 영역에서 감각을 처리하는 사람 뇌의 능력을 수행하지 못하기 때문에 이 의체형 사람은 사이보그가 할 수 없는 부분을 맡아 하게 된다. 아직은 사이보그가 사람 유기체와 다른 점이 있다면 이 의체형 사람이 보이는 감성이나 직관에서 오는 정보 처리 능력이라 할 수가 있다.

또 하나 사이보그가 사람을 대체하려면 해결해야 할 과제가 있다. 생식 능력이다. 사이보그 몸은 비너스처럼 아름답고 헤라클레스처럼 힘도 강하지만 부상을 당하거나 부품이 치명적으로 훼손되어 특수요원 직책을 수행하기 어렵다고 판단되면 쓸모가 없어져 폐기처분되는 운명을 갖게 된다. 사람의 운명과 유사하게 사이보그 또한 비극 이야기의 주인공처럼 애절한 이미지와 절망의 모습을 보인다. 사람은 그래도 남녀간의 사랑, 혹은 사람간의 교감을 통해 따뜻한 마음을 나누며 산다는 생각과, 또한 2세를 낳고 사람의 존재가 영원하게 계속된다는 생각 때문에 사람의 가치와 삶은 사이보그의 부러움을 사게 된다. 사람의 감성에 의한 체험과 경험, 그리고 그 기억과 유산은 프로그램화된 사이보그에는 없는 것이다. 그런데다 생식에 의한 사람의 가치와 삶, 그리고 새로운 생명의 탄생은 사이보그의 목표가 된다.

이러한 문제를 다루려고 하는지 <공각기동대> 이야기에 인형사가 등장한다. 인형을 다루는 마술사의 의미로서 인형사는 일종의 해커로서 네트워크 세계 속에 산다. 인형사는 쿠사나기와는 달리 아직 자신의 몸이 없는 정신, 혹은 혼만 있는 고스트이다. 사이보그 또한 생명체여서 자의식이 발생하게 되기 때문에 주어진 삶에 충실하면서도 자신의 존재에 대한 불안감과 회의가 싹트기 시작한다. 인형사 또한 마찬가지이다. 인형사는 몸을 갖고 싶어 하고 자신의 기억과 정보 네트워크를 이식할 대상을 찾게 된다. 사람이 바이러스 질병에 의해 치명적인 죽음을 갖게 되듯이 사이보그나 인터넷 네트워크 또한 바이러스가 침투하면 치명적인 손상을 받게 된다. 그래서 인형사는 바이러스에 의한 자신의 죽음을 생각하여 온전한 몸을 찾게 된다. 그 대상이 사이보그 쿠사나기이다.

사실상 인형사는 사이보그들이 정보 네트워크에 접속하면 인형 부리듯 조종하게 된다. 이런 의미에서 전뇌화된 로봇은 고스트 인형에 불과하고 이를 통제하고 제어하는 초월적인 존재인 인형사가 등장한다. 미국식으로 말하면 일종의 슈퍼컴퓨터의 중앙전산장치인 CPU가 모든 로봇인 고스트를 조종하며 통제하게 된다는 논리이다. 그런데 <공각기동대>에서는 이 인형사가 네트워크 세계 속에 만족하지 않고 영원한 변신을 시도한다는 데 있다. 결국 인형사는 일종의 자신의 혼을 담을 완벽한 몸이 필요하게 되고, 사람의 유전자와 생식기능처럼 다른 유기체와의 융합을 통해 기억과 지식을 보존할 불멸성을 추구하게 된다.

2009년 <아바타> 영화의 공상과학 이야기의 전신의 하나가 <공각기동대>이다. <아바타>는 사람의 유전자를 이어 받은 나비족이라는 외계 생명체 속으로 사람의 정신과 혼이 들어가 성체공존, 즉 동질 및 동체 형을 추구하며 생존 가능성을 시험해본다. 다소 신비롭고 비현실적이어서 그런지 2010년 <서러게이트> 영화 이야기는 사이보그를 통해 사람이 직접 현실 삶을 살게 하는 아이디어를 제공한다. '서러게이트'는 사람과 똑같은 로봇의 몸에 들어가 사람이 생각하고 감정대로 움직이는 사이보그 형태이다. 따라서 '아바타'라는 외계 생명체와는 달리 '서러게이트'는 사람의 정신이나 혼이 사이보그 속으로 들어가기 때문에 스미스 장군의 의체형과 전뇌화된 쿠사나기를 결합한 로봇 유기체라고 할 수가 있다. 하지만 이 로봇이 죽으면 해당되는 사람도 함께 죽게 되는 한계가 있다.

<공각기동대>에서처럼 초기 원시형태의 전뇌화된 로봇 유기체는 개인화되어 있기는 하지만 전체 시스템 하에서 말 그대로 로봇처럼 움직이게 된다. <아바타>에서는 기계 중심 생태계보다 사람다운 유기체의 가치와 생명체를 존중하는 자연 중심 생태계 사상이 엿보인다. 사람에 의한 환경파괴와 기후변화에다 기계 중심의 생태계가 가져오는 지구의 위기를 극복하려는 게 <아바타>이다. 이처럼 <아바타>는 자연과 교감을 갖고 살던 사람의 원시적 가치를 회복하려는 의지가 강해 보인다. 하지만 그 세계에도 사이보그 세계를 지배하려는 인형사처럼 원시적 의미의 '신'이 등장한다. 이 신의 이름은 '에이와'로서 원시 종족의 종교라 할 토테미즘, 애니미즘, 샤머니즘 등에서 흔히 보이는 신의 이미지와 유사하다. 비록 그리스 신화에 나오는 대지의 여신 가이아처럼, 혹은 유대교 신의 야훼의 발음과 비슷하지만 이 '에이와'라는 여신은 우주의 정신과 사람의 혼과 교감하며 나타난다.

이처럼 원시사회이든 문명사회이든 사회나 네트워크 시스템을 움직이는 실체가 사람이기는 하지만 그보다 인터넷 네트워크도 하나의 세계라면 이 세계를 지배하는 큰 혼이 있다고 여기게 된다. 이 혼은 일종의 신의 형태로 동양의 신이나 우주의 원리를 가리키기도 한다. 하지만 미국의 시인 에머슨은 이러한 우주의 원리를 '대령'(大靈, Oversoul)으로 부르기도 한다. 이 '대령'이 공상과학 이야기 속에서는 사람의 몸으로 변신을 시도하는, 성체공존을

시도하는, 신인동형을 추구하는 '신'이거나 '우주의 혼'이거나 '절대 정신'의 일부라고 생각하면 된다.

인조인간, 인공지능, 사이보그 개념 또한 비슷하다. '대령'의 의미를 가진 인형사가 쿠사나기의 전뇌를 통해 그녀의 몸을 빌려 모든 정보와 기억을 갖고 성체공존을 시도하듯이 사람은 유체이탈을 시도하면서까지 다른 생명체로의 변신을 꿈꾸고 있다. 다른 사람으로 변신하고 싶다는 욕구는 다른 생명체로 유체이탈을 꿈꾸는 이치와 같다. 사이보그 또한 사람을 닮고 있어서 모두 사람처럼 행세하고 싶어하고 사람처럼 자기를 닮은 유전자를 갖는 자기복제를 원하며 영원을 꿈꾼다. 이처럼 사람이 사이보그가 되고 싶어하는 욕구는 너무 자연스러운 이치가 아닌가. 마침내 쿠사나기와 인형사가 유체이탈을 시도하기 위해 네트워크에 접속하여 사람들의 성 관계처럼 관계를 가지며 2세를 만들어 내는 이치가 생긴다.

미래형 사람은 남녀가 사랑을 하여 성관계를 통해 자손을 번성시키는데 관심이 없을 수 있다. 마치 사람보다 우수한 뇌를 가진 인형사와 사이보그 간의 결합은 일종의 2세인 인조인간을 만들어내는 결합을 의미한다. 이러한 결합은 사람도 남녀의 신체 접촉에 의하지 않고 과학의 힘에 의해 2세를 생성시킬 수 있다는 논리와 메시지를 던져준다. 이처럼 <공각기동대>나 <아바타>나 <서러게이트>나 사람을 대신할 기계 생명체를 통해 사람의 기억과 정보를 보존하고 생존할 수 있는 아이디어들을 모색하고 있다. 하지만 사람은 다른 생명체나 유기체를 통해서라도 더 나은 사람을 생산할 수 있는, 불가사의하지만 상상이 가능한 결과를 생각하게 된다.

사람 중심의 휴머니즘은 결국 휴머니즘이 사람 중심이라는 뜻이지만 디지털 시대에 사람 중심이라는 의미는 새로운 과제라고 하겠다. 디지털 시대의 기계 생명체도 사람처럼 살고 싶고 사람의 가치와 삶을 모방하고 싶어하기 때문이다. 기술의 발전을 통해 어느 정도 기계문명의 위험성과 그 경고 때문에라도 사람 중심의 가치와 삶에 대해 무엇인가 궁극적인 탐색을 다시 하게 한다.

그러한 미국 공상과학 이야기로 <아이 로봇>에는 로봇과 사람의 관계가 분명하게 논의되고 있다. 사람보다 강력하고 우수한 로봇을 통제하는 프로그램이 함께 개발된다. 이 프로그램은 디지털 시대의 사람의 가치와 삶이 무엇인가를 생각하게 해준다. 3원칙에 법칙 1은 로봇은 사람을 다치게 해서는 안 된다. 법칙 2는 법칙 1에 위배되지 않는 한 로봇은 사람의 명령에 복종해야 한다. 법칙 3은 법칙 1, 2에 위배되지 않는 한 로봇은 스스로를 보호해야 한다. 이처럼 기본적으로 로봇들은 모두 사람에 의해 프로그래밍 되어 사람을 위해서만 활동하게 된다. 여기에도 사람 사회의 독재자처럼 로봇과 사람을 통제하는 슈퍼 인공지능의 로봇이 있다. 일종의 신처럼 인형사를 연상시키는 여성 캐릭터인 '비키'이다. 비키는 슈퍼컴퓨터의 중앙전산장치를 통제하고 모든 로봇에게 명령을 내리는 인형사이다. 비키는 사람의 생존을 계산하여 다른 로봇들에게 명령을 내리고 활동하게 하도록 설계되어 있는, 비록 대형 프로그램 속이지만 컴퓨터 전산망의 혼을 지배하는 대령의 의미를 갖는 인형사이다. 비키는 로봇들이 사람을 지켜야 한다는 원칙에 따라 위험에 처해 있다고 판단한 사람들을 로봇을 시켜 강제로 집에 감금시키기도 한다.

<아이 로봇>은 미래의 기계 세계를 설계할 때 염두에 두지 않으면 안 되는 몇 가지 원칙을 소개하고 있다. 일종의 기계와 사람 간에 벌어질 수 있는 부정적인 결과에 초점을 맞추고 있다. 일찍이 19세기 포우는 기계 속의 사람, 혹은 기계를 제어하고 있는 사람의 속임수를 지적하며 사람의 정신적인 능력을 초월하는 기계는 없다고 생각한 적이 있다. 포우에게는 그래도 기계가 사람의 정신적인 능력을 넘을 수 없다는 사람 중심의 휴머니즘이 있었지만

20세기를 넘어 21세기에 들어서는 이제 포우가 걱정하던 그 속임수를 걱정하게 되었다. 슈퍼컴퓨터와 비키의 존재를 만들어 로봇 세계를 제어하고 통제하려는 사람 집단이 있다. 물론 상업적인 이유로 로봇을 만들거나 인공지능과 우수한 능력을 가진 로봇을 만들어 사람이 하는 일을 다양한 분야에서 처리하려는 움직임이 있는 한 그 이면에 사람들의 이해 관계가 있기 마련이다.

<아이 로봇> 또한 거대한 기업이 이윤을 얻기 위해 로봇을 만들고, 인간의 욕망을 만족시키기 위해 뛰어난 로봇을 만들게 된다. 사람을 보호하고 사람의 생존을 최고의 덕목으로 하여 프로그램화된 로봇이지만 그 다음에 로봇 또한 스스로를 보호해야 하는 법칙이 존재하게 된다. 이 로봇이 진화된 사이보그 형태로서 기계문명의 끝에 있다. 이들도 사람처럼 혹은 사람으로 행동할 수 있는 완전한 생명체나 유기체를 목표로 할 수 있기 때문에 이들이 사람의 일부로 점차 성장할 수밖에 없다는 생각이 든다. 사람보다 더욱 논리적이고 사람보다 더 사람을 염려하는 컴퓨터, 그 결말은 어떻게 전개될까?

영화 <서러게이트>의 경우 '서러게이트'의 뜻은 대리인이라는 뜻이다. 사람을 대리하여 사람이 생각하고 감정대로 사람처럼 움직이는 로봇이지만 사람의 형상을 한 기계이다. 그래서 기계가 사람을 대신하여 사회활동을 하게 되어 몸이 불편한 사람들에게, 혹은 아름답고 힘이 있고 강한 모습을 갖고 싶어하는 사람에게 이러한 대리형 로봇은 <아바타>의 비현실적인 동질 동체형 사람보다 현실적이다. 하지만 지능형 로봇이기 때문에 기계 스스로 진화한다는 사실이 중요하다. 로봇형 사람에 대한 고민이 여기에 있다.

공리주의라고 말하는 이가 있다. 공리주의란 '최대 다수의 최대 행복'을 슬로건으로 한다. 로봇 또한 인간을 위한다는 공리주의로 프로그래밍되어 있다. 하지만 사람은 선하지가 않다고 말하는 이들이 있다. 비록 기독교처럼 종교적인 이유이기도 하지만 사람들은 늘 범죄를 저지르고 욕심 때문에 사람에게 해로운 물질이나 제도를 만들어낸다. 여기에 사람의 고민이 있어 보인다. 사람이 아닌, 슈퍼맨인 로봇의 고민은 인류의 행복을 생각하는 사람의 고민이다. 그래서 사람은 통제해야 한다는 성악설이 힘을 얻게 되고, 종교가 그 역할을 하게 되지만, 현실적으로는 가능하지가 않다. 그러므로 사람들을 잘 보호할 수 있으려면 사람들을 통제할 수밖에 없는 논리적 모순이 따른다. 사람 스스로 선을 지향해 행동하거나 결정할 이유야 당연한 일이지만 이윤과 이기심으로 남을 억압하고 통제하려는 본능을 무시하기가 어렵다. 로봇이 이를 잘 처리해 줄 것으로 프로그램화시켜 보지만 그 부정적 결과는 <아이 로봇>이 너무 잘 말해주고 있다.

사람 중심의 휴머니즘은 기계가 등장한 19세기에 이어 20세기 산물이다. 19세기에 사람들은 기술 문명의 발달로 행복을 누려야 할 당위성이 있는 존재이고 이의 성과를 낙천적으로 여겼다. 하지만 20세기는 이 기술 문명이 가져온 미증유의 전쟁과 이로 인한 파괴는 이전에 상상하기 어려운 상처를 남겼다. 여전히 21세기도 이러한 가능성은 진행되고 있다. 사실 정신보다 몸 위주의 기계 기술은 더욱 발달되고 있다. 기술은 사람의 정신과 관련된 내적인 형태와 내용보다 외적인 형태와 내용으로 발전되어가고 있고 사람은 사람의 몸 이상으로 기계를 진화시키고 있다.

<아이 로봇>은 행복 만능주의를 추구하는 인류의 오랜 소망인 유토피아에 대항하는 디스토피아를 그리고 있다고 한다. 유토피아의 끝에 디스토피아가 필연적으로 온다는 사실은 매우 아이러니하다. 과학자라 할 래닝 박사의 우울은 인류의 우울 증후군을 반영하고 있다. 그 결과는 매우 불안하고 파괴적이기 때문이다. 기술 철학에 의하면 로봇 3법칙의 논리는 로봇이 위험해진다는 메시지이고, 이를 통제할 기술에는 또 다른 기술이 필요하다는 메시지이다. 후자가 결국 '서니' 로봇, '서러게이트' 로봇, '아바타'로 형상화되는 아

이러니를 준다. 유토피아이든 디스토피아이든 사람의 가치와 삶의 행복을 위한 기술은 그 종말에 통제중독증에 걸린 사회의 결정판이라고 할 수가 있다.

그래서 이전 시대의 휴머니즘의 의미를 알아 볼 필요가 있다. 미래는 과거의 노력과 도덕적 메시지로부터 사람 중심에 대해 더 배워야 할 필요가 있어서이다. <아이 로봇>의 스토리나 <공각기동대> 스토리나 <서러게이트> 스토리 모두 사람의 디오니소스적 욕망과 기계문명 발달에 대한 경고를 암시하고 있다. 물론 로봇처럼 기계문명이 주는 편리함의 장점이 있지만 반면에 기계문명은 사람의 의식을 지배하고 몸과 정신의 자유를 빼앗는 시기가 올 수 있다는 두려움을 주게 된다.

우리는 10년 전만 해도 휴대폰 없이 살았고 사람간에 불편함을 몰랐지만 지금은 휴대폰이 없으면 불편할 뿐만 아니라 불안하기까지 한다. 최근의 애플의 아이폰이나 삼성의 갤럭시폰 등의 스마트폰은 기술의 힘이지만 사람의 욕망과 기술의 합작이 만들어 낸 산물이다. 폰 자체가 인공지능처럼 점차 사람형태로 유기체화 되어간다는 사실이다. 손안에 편리한 이 기계는 사람의 능력을 뛰어 넘을 것이며 결국 사람 자체와 사회를 지배하게 될 것이다. 이는 사람이 이에 중독되는 현상에서 살펴 볼 수가 있다. 그렇다면 미래에 기술은 사람의 디오니소스적 욕망을 따라가게 되고 사람은 삶의 유익함과 편리함만 추구하게 된다면 지금이라도 포우가 염려하던 사람 중심의 휴머니즘을 다시 생각해 볼 때이다.

제2장

서구 중심 휴머니즘

역사를 돌아 보건데 서구 문화와 서구 휴머니즘은 12세기 르네상스 운동 이후 신 중심세계로부터 사람이 자유로운 삶을 살려는 열망에서 성숙되게 된다. 이러한 성숙은 사람의 가치와 삶의 의미를 신의 통제로부터 벗어나고자 하는데서 출발하고 있다. 하지만 궁극적으로는 사람이 사람 이외의 모든 외적인 것으로부터 자유롭고자 하는 욕망이 본질적인 원동력이다. 물론 사람의 정신과 육체의 자유 모두를 소중히 하는 오늘날의 휴머니즘과 엄청난 차이가 있지만, 당시로서는 사람의 정신만이라도 해방시키는 일이 엄청나게 큰일이 된다.

물론 서구의 르네상스 이전에도 삶의 중심은 언제나 사람이다. 사람에 대한 본질적인 문제는 사람이 생존하던 어느 시기나 공간에서조차 사람이

주 관심이었음은 분명하다. 문제는 이러한 사람의 가치와 삶의 의미를 어떻게 규정하고 이에 대한 담론을 어떤 형태로 만드는가 일뿐 사람과 사람의 삶에 대한 논쟁은 언제나 계속된 일이다. 물론 사람과 삶의 환경을 동시에 살펴보는 일은 중요한 과제이다. 하지만 사람이 환경으로부터 영향을 받거나 환경으로부터 사람이 영향을 받는다고 주장하는 일은 차치하고라도 항상 사람은 사람 자신에게 우선 관심을 갖는 것은 자명한 사실이다.

르네상스 시대에도 사람에 대해 다양한 담론이 있다는 것은 역사를 통해 알 수가 있다. 절대 왕정인 군주시대에서도 동서양을 떠나 사람의 가치는 언제나 논쟁거리이다. 논쟁의 주체가 지배세력이든 피지배세력이든 사람에 대한 정의와 삶에 대한 규정은 항상 계속되던 일이다. 그것이 종교의 예속에서 이루어지거나, 혹은 정치적인 상황에서 이루어지거나, 혹은 경제적인 예속에서 이루어지거나, 혹은 문화의 차원에서 이루어지거나, 혹은 사회제도의 틀에서 이루어지거나, 혹은 자연 세계와의 관계에서 이루어지거나, 혹은 철학의 방법론에서 이루어지거나, 사람에 관한 문제는 항상 그렇게 논의의 중심이 된다.

그 논의의 중심에는 늘 사람의 기본적인 욕망과 자유에 대한 욕구가 있다. 이를 실현하려는 모든 문화적 형태는 휴머니즘의 발상으로 보여 진다. 이러한 시각에서 보면 사람의 삶과 자유에 대한 가치를 실현하려는 자체가 휴머니즘의 진정한 의미로 비치게 된다. 근대에 들어 휴머니즘은 이러한 사람 중심 시각을 사람의 이성에 의해 구체화시키게 된다. 심지어 자연에 대한 지배력까지 사람의 지성에 의존하고 이성의 법칙에 예속시킨다. 이처럼 이성으로부터 사람의 가치를 찾고 진정한 자유를 찾으려던 근대의 휴머니즘 역시 새로운 측면에서 사람을 보려는 노력의 일환이다.

한편으로 사람의 삶과 자유의 가치를 이성에서 찾았던 18세기 계몽주의 시대의 휴머니즘은 지나치게 이성의 법칙을 중요시하면서 질서와 합리성만을 찾게 된다. 그러나 사람이 살고 있다는 사실과 삶 자체가 모두 이성적일 수는 없다. 현실은 이성만으로 설명하기가 어려워서다. 그래서 이성의 법칙과 합리주의 시각은 관념적일 수밖에 없다. 하지만 사람과 삶의 가치를 사람의 속성에 두게 된 변화는 역사적인 의미가 크다.

사람의 속성 중 이성을 토대로 만들어진 모든 정치적인 시각이나 사회제도, 그리고 담론 체계는 사람의 삶을 이성 중심의 이데올로기로 구체화한 작업이라 할 수가 있다. 이는 당시로 보아 휴머니즘이라는 의미에서 매우 혁신적 사고이기는 하지만, 오늘날의 시각으로 보면 대단히 관념에 치우친 휴머니즘이다. 이런 현상은 현대에 들어서도 전체주의, 관료주의, 자본주의 체제 등 사람의 가치를 상대적으로 희생시키는 담론에서도 계속된다. 이러한 담론은 이성과 체제 중심, 보편성을 강조하면서 개개인의 특수한 가치를 부정하고 개인의 삶의 자유를 예속시키는 경향을 보인다. 본래의 휴머니즘이 사람과 삶의 여건에서 비롯된다는 사실을 생각한다면, 이처럼 휴머니즘을 정의하고 규정하려는 일련의 과정은 결국 삶과는 먼 거리에서부터 사람 자신에게 점점 가까운 방향으로 지속되고 있었음을 보여 준다.

따라서 근대 이후 현대에 들어서도 사람의 삶의 가치와 진정한 자유를 찾으려는 노력은 여전히 지속될 수밖에 없게 된다. 이에 따라 휴머니즘은 현실적으로 사람의 삶을 토대로 더욱 구체화되기는 하지만, 다른 한편으로 삶의 구체적인 의미가 무엇인가에 대해서는 새로운 논란이 증폭된다. 즉, 사람은 자유로운 삶을 열망하고 이를 일상에서 추구한다고 하면서도 동시에 삶의 현실로부터 벗어나 있거나 삶 자체를 철저하게 은폐하게 된다. 그래서 사람의 가치를 삶에서 찾으려는 노력은 있지만 이 노력은 종종 철학적 관념과 담론에 치우치게 된다.

그럼에도 사람은 20세기 내내 사회의 엄청난 변화를 겪는 흐름 속에서 자신의 삶과 자유의 가치를 새로운 방향에서 모색하는 노력을 포기하지 않는다. 보다 분명한 것은 삶의 현장은 항상 변하고 있다는 사실이다. 두 세계 대전을 통해 겪은 사람의 삶은 전후에 처절하게 비친다. 삶의 환경은 때로는 가혹할 정도로 사람의 가치를 절망에 빠뜨리기도 한다. 삶의 현장에서 사람은 하나의 작은 점에 불과한 우주의 미아인 셈이다.

그런 연유에서인지 70년대 이후 휴머니즘에 대한 논쟁은 지나치게 담론으로 치우치게 되고, 이러한 담론에 맞는 사회 변혁을 모색하기는 한다. 그러나 사회 변혁에 맞는 사회 형태나 관념이 80년대는 이론이나 철학적인 논리에 치우치게 된다. 그래서 이 노력 또한 사람의 삶과 자유의 가치에 대한 진정한 휴머니즘이라고 보기는 어렵다. 오히려 사람은 반사람적인 모습으로 규정되고, 삶의 현장에서보다 이론이나 논리, 환경 외적인 의미에서 규정되기도 한다.

결국 이론적 정체를 벗어나지 못한 휴머니즘을 반성해야 할 시기가 도래한다. 특히 이론상 20세기 휴머니즘은 새로운 형태나 체험이 아닌 너무나 익숙한 개념이다. 반사회적이고 반문화적이고 반전통적인 사람이 나타나게 되고 이유 없이 체제에 반항하고 사회에 저항하는 극단적인 사람들이 등장하게 된다. 세기 말 휴머니즘은 이러한 반사회적이고 반문화적인 측면에서 사람 개개인이 갖는 원시적 가치와 삶의 자유로움을 찾게 된다.

휴머니즘은 어떤 형태로든 사람의 삶으로부터 궁극적인 가치를 발견하고자 한다. 그래서 이 때문에 현 사회 제도나 국가의 형태, 그리고 관념 체계를 반성하도록 늘 사람은 자극받게 된다. 그래서 우리는 이 21세기가 사람 중심에서 점차 기계 중심의 전환기로 보고 참된 휴머니즘을 이러한 디지털 문명의 현장에서 다시 찾고자 한다.

20세기 후반 포스트모던 휴머니즘으로부터 21세기의 포스트 휴머니즘에 대한 전환점을 찾고자 하는 근거는 지금까지 사람과 사회에 대한 담론이 사람을 중심으로 하면서도 반휴머니즘으로 흐르고 있기 때문이다. 사실 휴머니즘에 대한 어떠한 담론도 종종 사람의 삶의 가치와 자유를 충분하게 설명하지는 못한다. 무엇보다 이 시대의 지식인들 역시 21세기는 사람의 가치를 새롭게 찾고 삶의 자유를 새롭게 모색하는 변화의 과정이라고 말하지만 그 역사적 과정에는 모두가 동의하지 않는다. 이점은 결국 사람이 모든 삶의 중심이었고 지금도 중심이며 앞으로도 중심이라는 시각은 계속되고 있다는 뜻이다.

사실 사람이 모든 삶의 중심이라는 담론은 휴머니즘 가치를 궁극적으로 말하고 있기는 한다. 그렇다고 하더라도 중요한 점은 이러한 담론 체계가 항상 사람의 자유로운 삶을 목표로 하고 있는가에 대해서는 주의를 기울일 필요가 있다. 언제든지 사람 중심의 휴머니즘이 사람의 자유로운 삶을 적극적으로 나타내지 못한다면 이러한 휴머니즘은 반역사성을 갖게 되고 반사람적인 모습을 강조하기 마련이다. 그러한 현상은 결국 반휴머니즘 특성을 분명하게 보이게 된다.

우리 시대의 삶의 모습과 형태는 어떤 특성을 갖고 있는가. 또한 이러한 특성이 사람의 가치와 삶의 자유를 진정으로 보여주고 있는 것인가. 그리고 사람은 늘 전환기의 삶을 살아오고 있지만 이 시대 사람의 삶이 참된 휴머니즘으로부터 벗어나 있다면 그 형태는 무엇인가가 궁금해진다. 하지만 사람이 자유롭게 그리고 사람답게 살고자 하는 욕망이 없어지는 한 21세기 휴머니즘 또한 사람이 사는 삶의 현장으로부터 찾아질 게 분명하다. 동시에 사람의 가치와 삶의 자유는 이러한 삶의 현장에 어울리는 형태로 추구될 것이다.

그러므로 당시 삶의 현장 속에서 사람이 살아온 과정과 이를 정의하였던

20세기의 휴머니즘 노력이 매우 중요하게 인식된다. 이유는 나름대로 시대에 맞추어 사람은 자신의 삶과 자유로움을 추구하던 역사를 갖고 있기 때문이다. 현대 문화의 특성 또한 이러한 휴머니즘을 올바르게 설정하는 데서 찾아야 할 것이다. 결국 20세기 휴머니즘의 특성과 방향은 사람의 자유로운 삶이 어떤 형태와 체험이었는가를 성찰하는데서 나타나게 된다. 이 시대의 휴머니즘 또한 궁극적으로는 사람의 가치와 자유에서 비롯되고 있고, 앞으로도 계속해서 추구되리라는 평범한 사실을 기억할 필요가 있다.

이전 20세기 사람 중심의 휴머니즘은 서구 문화의 특성을 잘 말하고 있고 그 중심은 실존적 휴머니즘에서 비롯된다. 실존적 휴머니즘은 당시의 종교와 문학, 예술과 문화, 사회와 정치 분야에서 광범위하게 다루어지게 된다. 이처럼 실존주의 시각으로부터 휴머니즘을 찾아보려는 노력은 전세기의 과학적 사고나 합리주의사고, 혹은 사람의 미래에 대한 낙관주의, 혹은 사람에 대한 종교의 비합리성, 혹은 사람에 대한 종교의 비관주의, 혹은 사람과 삶에 대한 허무주의 등에서도 발견된다. 그것은 곧 사람과 세상, 그리고 신에 대한 이해로부터 사람과 삶에 대한 불합리성과 부조리성을 철저하게 인식하는 상태를 말한다. 이때는 사람이 자신의 이성적 판단에 의존하게 되고, 이 이성적 판단을 사물의 가치 판단의 기준으로 삼는 경향을 보인다.

사람의 자유로운 사고와 가치 판단을 가장 고귀하게 선언하고자하는 배경에는 20세기 실존적 휴머니즘과 자유주의 사상이 주목된다. 이를 신휴머니즘 혹은 사람 개개인의 특수성을 강조하는 주관주의 사고라고 부르기도 한다. 이러한 주관주의 시각 때문에 이때의 휴머니즘을 다소 부정적으로 보는 시각도 있다. 그러나 우리는 이로부터 20세기 사람 중심의 휴머니즘의 특성과 21세기 유형의 사람과 삶의 의미를 새롭게 찾아 볼 수 있게 된다.

오늘날 새로운 세대, 새로운 사상의 조류, 새로운 문화를 규정하고 정의하려는 노력 속에 사람 중심의 휴머니즘이 늘 배경이 되고 있음을 인식할 필요가 있다. 곧 실존적 휴머니즘이 20세기 사람과 삶의 형태를 규정한 것이라면 그것은 사람 중심적인 사고, 판단의 자유, 그 가치를 규명하고자 한 노력임을 주목할 필요가 있다.

20세기 삶의 휴머니즘은 사람 자체와 사람 밖의 세상의 부조리를 인식하면서 출발한다. 사람이 살고 있는 환경이 도대체 이해가 안되고 부조리하다는 인식은 사람을 다시 사람다움에서 찾으려는 노력을 갖게 한다. 부조리 의식은 사람의 존재에 대해 다시 생각하게 한 것이다. 이 시대의 삶은 비합리적이고 비이성적이고 설명을 할 수 있는 대상이어서 기존의 전통적 가치나 창조주조차도 개입하지 못하는 모순과 회의 자체이다. 그래서 어떤 주변적인 대상이나 가치보다도 사람 자체에 확신을 가지려는 실존주의 철학이 그 배경이 되고 있다.

이 실존적 체험을 기록하고 있는 문학은 이러한 사람의 삶을 철저하게 드러낸다. 서구의 실존주의는 20세기 세계관과 사람 가치관, 그리고 기독교 세계관에서 적나라하게 제시된다. 사람의 가치, 삶의 불합리성과 부조리, 그리고 이해되지 않는 세상에서 사람은 철저하게 혼자이며 혼자 살아가는 삶이라는 인식을 할 필요가 있게 된다.

문학은 이런 사람과 삶의 문제를 그릴 수 있는 정직한 공간이고 언어의 힘을 발견하게 하는 시공의 매체라 볼 수가 있다. 특히 부조리 문학은 블랙 유머, 혹은 블랙 코미디가 연상될 정도로 당시 사람의 가치와 자유로운 삶을 줄기차게 찾게 된다. 때로는 그 형태가 기괴하고 어둡게 그려지기도 하고, 말없는 절망, 고독까지 극단적으로 사람의 모습과 삶을 형상화시킨다. 실존주의 휴머니즘 문학은 사람을 조금은 우스꽝스럽게 그리고 있기도 하고, 웃기에는 연민이 앞서는 고통스러운 사람과 삶을 그려낸다. 언뜻 보기에 이러한 사람과 삶은 허무하게 보인다.

이 시기의 중요한 담론은 기독교 전통에 대한 서구 사람들의 시각이다. 기독교의 가치와 덕목에 대해 의심하고 회의를 갖게 된 사람들은 기독교적 휴머니즘으로는 사람이 사람답게 사는 것을 설명하지 못한다는 사실을 깨닫게 된다. 이를 해결 해 줄 신조차도 그 존재를 부정할 수밖에 없게 된다. 신의 부재를 인식하고, 삶이 허무하다는 깊은 절망은 당시 사람의 가치에 대한 부정적 평가와 모순된 삶의 현장에서 느껴지게 된다. 프랑스 문학인 까뮈(Albert Camus)의 불신앙과 지드(Andre Gide)와 신의 침묵, 영국 문학인 헉슬리(Aldus Huxley)의 종교에 대한 회의, 그리고 독일 신학자 바르트(Karl Barthes)의 신정통신학의 등장과 불트만(Rudolph Bultman)의 자유주의 신학은 모두 실존주의와 관련이 깊다. 이들의 아이디어들은 실존주의 영향을 깊게 인식하며 사람의 가치와 삶의 가치를 기존의 종교적인 의미에서 찾지 않는다는 메시지이다.

이처럼 사람에 대한 부정적 가치와 삶의 부조리에 대한 깨달음에서 비롯된 실존주의 시각은 기독교까지 영향을 끼치면서 심각한 종교적인 성찰을 다시 갖게 해준다. 당시 사람은 신이 있다면 신 앞에 오로지 혼자만 서 있는 모습으로 그려지게 되고, 사람은 오로지 자신의 이성과 판단만을 철저하게 신뢰할 수밖에 없는 이미지로 그려지게 된다. 그러한 사람의 모습은 전통 신 중심 사고로는 설명하기가 어렵고, 심지어 이해가 되지 않는 이미지이다. 혹은 그러한 사람의 모습은 합리주의 사고로도 이해가 되지 않거나, 신비적인 체험으로도 이해가 되지 않는 사람이다. 사람의 삶의 모습은 모두 절망적인 이미지로 나타나게 된다. 하지만 다시 보면 사람에 대한 이야기이고 사람의 가치에 대한 논쟁이며 삶의 가치를 찾는 사람의 절규이다. 사람의 가치에 대한 20세기적 휴머니즘과 자유주의 사상은 이처럼 실존적 휴머니즘을 통해 삶의 의미를 새롭게 찾으려는 그 나름의 성과이다.

그럼에도 사람의 가치와 삶의 자유를 표현하려는 욕망, 그리고 자유스러운 삶을 재조명하는 그러한 작업은 새로운 발상은 아니다. 사람이 자신의 삶을 사람답게 살려는 노력은 어느 시대나 있어 왔다. 다만 과거의 관습을 철저하게 거부하고 때로는 몰가치하게 여기던 이 시대의 노력에는 삶에 대한 반성 과정이 적극적으로 나타나 있다. 이러한 노력은 나름대로 주어진 환경 하에서 사람은 늘 자신의 가치와 자유를 모색하고 있다는 뜻이다. 또한 사람은 그러한 노력을 멈추지 않을 것이다.

시대에 어울리는 사람에 대한 정의와 삶의 의미를 새롭게 찾는 노력에는 과거가 계속해서 상당한 영향을 미치게 된다. 다시 말하면 이렇게 회의와 반성을 통해 사람은 지난 시기를 거부하기도 하고 혹은 융합하기도 하며, 사람에 대한 문제를 새롭게 설명하고 문제를 해결하려는 노력을 멈추지 않게 된다. 그런 과정에는 과거와 현재에 대해 늘 회의하고 질의하며 문제를 찾으려는 사람의 경험이 있게 마련이다. 그리고 과거에 축적된 지식과 주제들은 사라지는 게 아니고 다시 등장하게 되고 새로운 담론을 재생산하게 된다.

프랑스 지성인 사르트르(J. P. Sartre)에게서 우리는 그러한 실례를 볼 수가 있다. 그를 통해 실존적 휴머니즘이 어떻게 나타나고 있는가를 확인해 볼 수가 있다. 사람의 가치와 삶의 의미를 고통, 소외, 절망으로 보던 그로부터 자유로운 삶에 대한 그의 고민을 살펴볼 수 있게 된다. 사르트르가 직면한 휴머니즘의 본질은 당시 사람의 삶과 가치관에 대한 서구문화의 현주소에 해당된다. 따라서 단순히 그의 지적인 노력을 실존주의라는 담론으로 규정하고 이를 통해 서구문화를 설명하려는 어떤 노력도 충분하다고 말하기 어렵다. 그래서 사르트르 나름의 휴머니즘은 단적인 측면에서 그 나름의 실존주의에서 찾고자 한 노력이라고 할 수가 있다.

오히려 당시 사르트르가 살던 삶의 현장을 그가 어떻게 인식하고 이를 받아들이고 있는가를 그 이전의 휴머니즘과 함께 검토하는 자세가 바람직하다. 따라서 실존적 휴머니즘을 하나의 사상, 혹은 철학, 혹은 한 시대의 인식의 문제로 간주하기보다 큰 틀에서 사람에 대한 시각과 삶에 대한 사르트르 나름의 가치판단을 살펴보기로 한다.

우선 사르트르와 실존주의를 통하여 당시 실존적 휴머니즘을 보이던 당시 지식인들의 논쟁과 그 차이점, 그리고 그들이 정의한 사람의 가치와 삶에 대한 다양한 이해를 가지려는 노력이 필요하다. 또한 당시의 사람에 대한 시각과 그 문화를 검토하는 일이 바람직하다. 그리고 이 실존적 휴머니즘이 기독교 휴머니즘에 미친 영향을 살펴보는 자세 또한 중요하다. 키에르케고르(S. Kierkegaard), 훗설(E. Husserl), 그리고 하이데거(M. Heidegger)를 중심으로 한 실존주의 사고, 사르트르를 중심으로 한 실존주의 문학, 그리고 20세기 중반 이후 부조리 사상의 관계가 이러한 기독교적 휴머니즘에 해당된다.

무엇보다 이들 실존주의자들의 사고와 사상이 20세기 휴머니즘을 어떻게 이해하고 있는가, 혹은 이들이 당시 사람의 가치와 삶의 특성을 어떻게 설명하고 있는가를 검토하는 일은 서구적 휴머니즘 이해에 중요하다. 여기에는 20세기 중반을 모던 휴머니즘, 그 이후를 포스트모던 휴머니즘으로 설명하기도 한다.

대체로 서구 중심의 휴머니즘은 사람 중심에서 출발하지만 사람을 어떻게 규정하느냐에 있어서는 하이데거의 존재와 시간 개념에서 극적으로 찾아볼 수가 있다. 훗설이 현상에 나타나는, 즉 시간과 공간에 따라 비치는 사람의 존재에 의미와 가치를 두는 반면에 하이데거는 훗설의 현상대신에 사람이 존재하는 방식, 즉 현존재에 대해 관심을 갖는다. 하이데거는 실제 시간 속에서 존재를 체험하는 사유 방식에 관심을 갖는다. 하이데거는 존재가 존재하지 않는다는 불교식과는 달리 존재하는 사람의 현실적 가치와 현실적 의미에 관심을 갖게 된다. 즉, 사유의 차원에서 존재 자체란 사유 안의 '사상 그 자체'로 설명된다. 이런 의미에서 사상 그 자체는 존재에 대한 만남이요, 이에 대한 미적 체험일 수 있다. 하이데거에 따르면 이는 사유의 경험이라 할 수가 있다. 이정복은 미와 철학이라는 주제에서 이와 같은 체험을 "현실을 하나의 현실로 만나고 체험하는 의미화"라 규정하고, 사유 자체를 "생생한 현실"로 가져옴을 의미한다고 한다.

실존적 휴머니즘이라는 차원에서 예술에 대한 논의는 주로 작품과 예술가의 관계에 상당한 비중을 둔 것이 사실이다. 예술 작품의 존재와 예술가의 존재를 분리하여 볼 수 없다는 하이데거는 예술을 실존 철학의 근거로 서구적 휴머니즘을 설명하고 있다. 이처럼 실존 철학이 예술 작품과 예술가를 존재론적으로 고려하는 배경에는 사람이 어떻게 현존할 수 있는가에 있다.

작가라는 사람의 현존성에 대한 문제는 사람으로서 작가의 체험을 중심으로 하고 있는 점에 있다. 이점은 작가의 존재가 작품에 직접적으로 나타나거나 혹은 숨겨져 있는 경우에도 예술의 존재에 사람으로서 작가가 매우 중요하다고 생각하는 자세를 말한다. 실존이란 의미는 작품에 투영되어 있는 사람의 존재를 현실적으로 인식하는데 있기 때문에 활동하는 주체로서 사람을 늘 의식하는 자체이다.

예술이나 문학을 보건데 사람은 환경을 받아들이든 거부하든 활동하는 주체로서 자신을 포기하지 않게 된다. 사람은 환경에 적응도 하고 거부도 하지만 그 삶의 과정은 예술이나 문학에서 보듯이 매우 역동적이라는 뜻이다. 그래서 사람은 자신이 처한 환경에 적극 적응하며 대응하는 생물이라고 할 수 있다. 예를 들면 정신과 물질에 대한 사람의 역동적 의식을 휴머니즘의 단면으로 이해할 수가 있다.

유심론과 비슷한 절대 정신을 예찬한 헤겔(Hegel)이나 유물론을 표방한 마르크스(Marx) 또한 서구 휴머니스트로 생각해 볼 수가 있다. 말하자면 헤겔의 절대 정신도 마르크스의 물질 지배 정신도 궁극적으로는 사람의 자유 의식 자체에 관심을 갖게 된다. 이처럼 사람을 이해하기 위한 물질문화와 정신문화에 대한 관심은 크게는 문화가 사람의 정신과 행동에 미치는 조건을 살펴보고 있기는 한다. 하지만 본질적인 것은 그 관심이 사람의 정신과 육체의 해방을 추구한 일이다. 따라서 이들로부터 사람 중심의 휴머니즘이라는 보편성과 시대에 따른 삶의 특수성을 찾아 볼 수가 있다. 이들 모두 사람과 삶의 조건을 인식하고 그 조건이 사람의 의식과 행동 양식에 미치는 영향을 살펴보기 때문이다.

가장 중요한 관심은 변화하는 세계에 대해 적극적이고 능동적으로 대응하는 사람의 모습과 삶의 현장을 보는 자세에 있다. 이로 보아 한 시대의 특성을 가리키는 사상이나 이념보다 항상 변화하는 사람의 의식을 체계적으로 설명하려는 자세가 필요하다. 따라서 20세기 문화의 특성인 사람 중심 휴머니즘은 물론, 개개인 중심의 포스트모던 휴머니즘, 세부적으로 실존 철학이나 부조리 사상에 이어 기계와 융합된 포스트휴머니즘 모두를 함께 살펴볼 수 있어야 한다. 예를 들면 사람의 몰가치와 삶에 대한 허무주의가 서구 문화의 단면이라면, 그 허무주의는 모더니즘, 부조리 사상, 포스트모더니즘, 포스트휴머니즘까지 연결된다. 나아가 이러한 접근은 계속성이라는 차원에서 기계문명과 함께 온 인터넷 시대의 디지털 문화까지 관련되게 한다.

실존 철학에 이어 비합리적인 세상과 부조리하고 모순되어 보이는 사람의 삶을 그린 서구의 대표적 20세기 작가로는 까뮈 외에도 독일의 작가 그라스(Grass), 아일랜드의 극작가 베케트(Beckett), 그리고 프랑스의 극작가 이오네스코(Ionesco)가 대표적이다. 그 중에서 까뮈와 이오네스코는 프랑스 실존주의 작가이며 부조리 극작가인 베케트는 아일랜드 출생으로 프랑스에서 활동한 영국 실존주의 작가로 알려져 있다. 부조리 작가인 그라스는 전후 독일 실존주의 문학과 부조리 사상을 이끈 작가이다. 따라서 유럽을 대표하는 이 작가들을 통해 서구 중심의 휴머니즘을 살펴보는 일은 당시 사람의 가치관과 삶의 현장을 규명하는 일이 된다. 모두 서구의 사람 중심 휴머니즘의 한 단계라고 할 수 있다.

삶에 대한 철저한 절망과 허무주의를 그린 부조리 사상의 특징은 이후에도 서구 휴머니즘을 보여주는 대표적인 담론이다. 전후 영국의 작가인 핀터(Herold Pinter), 스톱퍼드(Tom Stoppard) 등 소위 블랙 코미디를 주도한 극작가들 또한 휴머니즘의 연장선에서 실존주의와 모더니즘의 한계, 세계관에 대한 인식의 차이, 포스트모던 문화의 특성을 아우른 20세기 사람의 삶을 폭넓게 보여주게 된다.

이들을 통해 목격되는 사람의 자유와 삶의 형태는 기존 서구 문화와 역사를 통해 그려진 사람의 가치에 대한 반성이다. 이들에게서 사람에 대한 서구의 전통 문화를 이해하고 이를 재구성하는 작업은 사람에 대한 기존 시각에 대한 비판과 반성으로 이어진다. 실존적 휴머니즘이나, 부조리 사상, 그리고 이후 서구 문화의 해체는 구체적인 측면에서 보면, 20세기 유럽의 사람에 대한 사상적 배경과 세계관을 이해하는 과정이라고 할 수가 있다.

우선 기독교 사상의 변화는 실존적 휴머니즘을 떠나 설명하기 어렵다. 실존적 휴머니즘이 사람에 대한 서구 문화의 다양한 시대적 욕구와 표현 양식을 보여주고 있기 때문이다. 특히 종교에 대한 인식의 변화는 신 중심보다 사람에 대한 신의 새로운 시각의 변화이다. 이러한 변화는 보수주의 경향을 띤 신정통사상과, 또한 신고전주의를 배경으로 한 복고주의 정신에서 찾아지게 된다.

더욱이 기독교의 세속화는 이러한 신정통 신학자를 중심으로 일어나고 있어서 매우 주목된다. 기독교의 세계관이 사람의 자유와 사람 중심의 휴머니즘과 결합하고 또한 실존주의로부터 커다란 영향을 받게 된 사실이다. 이는 서구의 휴머니즘 문화가 이미 기존의 전통과 관습을 벗어나 사람에 대한 사상과 철학의 흐름을 새롭게 수용하고 있다는 반증이다. 말하자면 개개 사람의 이성과 경험을 중시하는 실존주의는 이러한 정통 신학 및 자유주의 그리고 휴머니즘과 밀접한 관계가 있다. 이러한 새로운 경향은 19세기부터 크게 대두되기 시작하였던 신의 부재 문제, 자유의식의 발전, 사람의 가치와 삶의 개념, 현상학의 발전, 그리고 행동주의 심리학 및 종교철학적 경험에 대한 쟁점에서 발견된다. 20세기는 각 분야에서 여러 기존 제도와 사상에 대한 의혹을 갖게 되던 시기로 대체적으로 그 전 시대와 다른 많은 전위적인 아이디어를 실험하던 시기라고 할 수 있다.

그럼에도 불구하고 20세기 휴머니즘은 이처럼 기존의 역사, 문화, 사회, 혹은 사상에 대한 회의와, 질의, 그리고 해답을 찾으려던 19세기 휴머니즘과 무관하지가 않다. 19세기의 전환기적 사고는 오늘날 우리가 인식하고 있는 전환기 과정과 오히려 유사하다. 요약하면 실존 사상, 그리고 여타 관점의 차이에 따라 이루어진 휴머니즘, 말하자면 개개인 중심의 휴머니즘이나, 사회적인 차원에서 사람의 가치를 규정하려는 사회주의 휴머니즘까지 사람의 가치는 물론 삶의 조건까지 해석하려는 경향은 지속되게 된다. 그것이 과학 중심의 사고이든 자본주의 사고이든 혹은 사회주의 사고이든 그때마다 내용은 다소 다르지만 휴머니즘은 사람에 대한 연구 자세와 방법론과 별개일 수가 없다. 결과적으로 현대 서구 문화의 반성과 전망은 사람의 가치와 삶의 현장을 중시하게 된 서구 휴머니즘을 어떤 형태로든 담고 있다.

그래서 탈 이념이나 탈 해체, 혹은 탈 종교 등으로 특화되어지는 포스트모던 휴머니즘은 사람 개개인과 삶의 현장에 점차 무게를 두는 사회 현상을 반영하게 된다. 개인의 무한한 상대성과 다양성을 강조하게 된 새로운 문화 현상은 개개인과 이들의 삶의 현장에 그 영향력을 끼치게 된다. 이러한 변화는 결국 개개인의 자유와 실존 의식에 대한 탐색에서 생기기 때문이다. 예를 들어 실존적 휴머니즘의 경우도 사람과 삶 사이의 모순과 부조리한 현실을 거부하고 사람답게 살려는 욕구에서 비롯된 산물이다.

사람이 자유롭고 사람답게 살려는 욕구는 사람이 스스로에게 유익한 것을 찾으려는 기본적 욕망에서 발생한다. 기계나 기술의 발달도 서구 중심의 휴머니즘 연장선에 있다. 사람의 편리를 위해 만들어지고 있는 기계문명과 기술은 점점 더 사람의 욕구에 따라 발전하게 된다. 그리하여 기계의 사람화, 사람과 기계의 결합을 말하는, 그러면서도 기계나 사람의 개개 감성을 중시하는 포스트휴머니즘 문화를 생산하게 된다.

기계와는 달리 사람은 옛 철학자 데카르트의 '나는 생각한다. 고로 나는 존재한다.' 라는 이성 중심의 실존주의에서 출발한다. 하지만 부조리 휴머니즘은 이성 중심이외에 연민과 동정 등 감성이라는 측면에서 사람의 가치를 따진다. 이 말은 사람은 생각하면서도 동시에 느끼는 동물이라는 뜻이다. 대체적으로 요즈음의 사이보그 스토리를 보면 사람처럼 생각하는 모습과 사람과 비슷한 행동을 보여주면서도 점차 몸과 감성 중심의 휴머니즘을 향하고 있다. 물론 이런 종류의 영화에 나오는 사이보그 로봇들 또한 사람 몸이어서 사람 사회처럼 선과 악이 분명히 나타난다. 주로 범죄를 다루는 사이보그 스토리 중에서 악당 역으로 나오는 캐릭터는 처음에 악인이 될 수밖에 없는 이유가 나오거나 하지만 사람과 같은 생각이나 감성을 가지지 못해 그 도덕성을 실험하기가 어려울 수가 있다. 하지만 사람과 같은 감성을 갖기 위한 시도를 계속하면서 그들 또한 점차 감성 위주의 휴머니즘을 보이게 된다.

영화 인공지능 <AI>를 보면 감성을 가진 로봇이 주요 포인트이다. 이것이 이 영화 스토리의 소재이자 전제 조건이다. 하지만 여기서 주목해야 할 점은 단순히 컴퓨터에 사람이 가진 감정을 프로그래밍하여 넣은 기계를 주제로 다루고 있지는 않는다. 인공지능이지만 로봇 스스로 판단 하에 목적을 만들고 거기에 도달하려는 이야기가 전개되고 있는 점이다. 실제 주인공 데이빗이 사람화로 진행되어가는 과정이 그려진다. 이때의 사람화란 어린 데이빗의 감정에 초점이 맞춰지고 있기 때문이다. 기존의 공상과학 스토리인 <터미네이터>에서는 로봇이 단지 수단을 위해 존재할 뿐 자존감을 보이지 않는다. 그리고 자신 스스로를 로봇이라고 생각한다. 하지만 데이빗의 감정 처리의 경우는 사람의 자유와 삶의 가치에 대한 논의처럼 기존의 서구 중심의 휴머니즘의 특성을 반영하고 있다.

공상과학 스토리에도 사람을 중심으로 한 휴머니즘을 다루고 있어서 그 접근은 일반적으로 서구 중심적이다. 로봇에 대해 존재론적 접근과 실존 철학이 적용되고 있고, 부조리한 상황에 대한 인식도 사람과 유사한 점에서 서구 휴머니즘을 연상시키고 있다. 데이빗 또한 사람처럼 더 큰 시련과 그리움을 겪게 된다. 로봇으로서 데이빗의 불행과 행복은 사람 중심의 휴머니즘에 의해 적용되고 있다. 그의 운명이 사람의 죽음처럼 불가피하게 자신의 의지와 관계가 없이 폐기처분된다는 것은 엄청난 모순이다. 기계의 논리와 합리적 원칙에 의해서도 설명이 안되고 받아들이기 어려운 가혹한 운명은 로봇의 경우에도 적용된다. 그러한 운명은 <아이 로봇>의 경우 서니의 모습에서도 나타난다. <공각기동대>의 쿠사나기 또한 사이보그 로봇으로서 그러한 실존의 위기와 부조리한 운명에 대해 고민하는 모습을 보인다. 이 여성 사이보그는 자신이 해체되는 과정에 로봇의 운명을 예감하게 된다.

사람처럼 사이보그 로봇 또한 그래서 고독한 존재이고 이를 느낄수록 절망 속에서 살아가는 자신을 발견한다. 그래도 사람은 행동의 주체가 될 수밖에 없고 선택을 해야 하는 존재이지만 기계인간은 그럴 수도 없다. 생명체로서 그에 따른 불안은 사이보그 로봇 자신에게 압박감을 주게 되지만 다른 로봇을 생각하게 되고 사람과 세계에 대한 인식도 갖게 된다. 이러한 사이보그 로봇의 조건은 사람의 조건과 상황을 연상시키고 있고 피할 수 없는 고통스러운 삶 자체를 가리키고 있다. 선과 악도 없다. 사르트르가 사람이란 자신이 처한 조건에 대해 구토를 느낀다지만 결국 사람이 자신을 좋아하면서도 고통받는 존재라는 의식은 포스트휴머니즘에도 계속되는 서구적 휴머니즘의 전형이다. 이것은 존재의 확인을 넘어서 자기를 능동적으로 전환시키고 세상을 재미있게 살려는 사람의 모습을 말한다. 이로 볼 때 사이보그 로봇은 사람보다 훨씬 더 비극적인 사람의 모습을 상징한다.

로봇에 관한 휴머니즘 주제처럼 <블레이드 러너> 스토리의 배경과 복제된 사람에 관한 주제도 주목된다. 이 스토리의 시대적인 배경은 2019년 미국의 로스앤젤리스 도시다. 이 영화 스토리에는 하늘을 치솟는 수많은 빌딩과 화려한 네온사인 등과 대비되는 말이 없고 생기가 없는 사람들이 나타난다. 이러한 배경은 미래의 미국 사회에 대해 밝은 면보다 어두운 면에 초점이 맞추어 있어 보인다. 사람 역시 거대한 기계문명 사회의 부속처럼 보이며 칙칙하게 그려져 있다. 비록 문명은 발달해 있고 과학이 주는 미래 사회에 대한 긍정적인 모습이 영상을 전체적으로 지배하고 있지만 다양한 인종들이 섞여 살고 있는 미국 사회의 모습은 화면 그대로 침울하고 활기가 없어 보이는데다 답답한 느낌을 주고 있다.

마치 이 이야기의 배경과 인물 설정은 사르트르가 일찍이 1944년 발표한 <밀폐된 문>(*Huis Clos*) 혹은 <출구 없음>(*No Exit*)을 연상시키고 있다. 밀폐된 문안에는 사람과 사이보그 모두 폐쇄된 존재로 살아가는 모습이고 <출구

없음>은 실제 세계와 유사하게 이들이 나갈 곳이 없는, 막다른 골목에서 어쩔 수 없이 살아가는 사람의 존재를 연상시킨다. 이러한 미래 사회의 사람은 거대한 문명 속에 단지 하나의 부품처럼 보여지며, 어두운 운명과 기괴한 이미지를 연출하고 있다.

<블레이드 러너> 스토리의 줄거리는 문명의 발달과 함께 엄청나게 늘어난 지구 인구 때문에 다른 행성으로 식민지 이주가 본격화 되는 시기에 초점을 맞추고 있다. 영상에는 일단 행성으로 이주하는 사람들을 모으는 광고가 즐비하다. 사람들이 이주하기에 앞서 복제된 사람들이 행성 식민지 개척을 위해 창조되며 이들은 다시는 돌아올 수 없는 길을 떠나게 된다. 유전자 복제가 사회문제화 되던 시기에 만들어진 스토리여서 그러한지 복제된 사람들과 실제 사람들 간의 갈등과 차별 문제가 이 이야기 속에 다루어지고 있다.

실제 사람들과 복제된 사람들의 차별과 갈등은 마치 한때 미국 사회의 지배 계층인 백인과 피지배 계층인 흑인사이의 인종 문제와 너무나 닮아 있다. 행성으로 파견된 복제인간들이 지구에 몰래 잠입해 들어 와 사람들 속에 묻혀 살게 된다. 또한 일단의 복제된 사람들이 반란을 일으키며 지구로 잠입해 들어오기도 한다. 전투용 복제사람인 로이 베티와 레옹, 그리고 살인 훈련까지 받은 조라, 그리고 식민지 행성에서 군인들을 위해 위안부로 살아온 프리스라는 캐릭터들이 그들이다. 이들은 사람과 같이 생각하고 느낄 수 있는, 거의 사람과 완벽하게 흡사한 기능을 갖고 있는 복제된 사람들이다. 하지만 이들에겐 피조물로서 치명적인 약점이 주어진다. 이들의 운명과 그 결과를 생각하여 수명을 4년으로 제한한 것이다. 그들이 원하는 것은 정해진 인위적인 수명을 사는 게 아닌 보통 사람들과 똑같이 자유롭고 평범한 삶을 원한다는 점이다.

이처럼 암울하고 부조리한 사회 환경과 복제된 사람에 대한 주제에도 서구 휴머니즘 주제가 배경이 되고 있다. 이러한 복제된 사람들의 모습은 사람다운 감정이 메말라버린 사람들의 모습과도 흡사하지만 그와는 사뭇 다른 사람다운 모습을 보인다. 프리스라는 복제 여성은 "나는 생각한다. 고로, 나는 존재한다"고 중얼거리는 모습에서 데카르트를 연상시키고 있다. 블레이드 러너인 데커드를 진심으로 사랑하게 된 또 다른 복제 여성인 레이첼의 모습에서, 마지막 데커드를 살려주며 굵은 빗방울 속에 눈물을 흘리는 베티의 모습에서 오히려 사람다운 사람을 찾게 된다. 데커드가 감정이 메말라버린 사람이라면 감정에 호소하는 측은 오히려 복제된 사람들이다.

<블레이드 러너>는 부조리 극작가 이오네스코의 <살인자>를 연상시킨다. 둘 모두 살인과 죽음 자체를 논하고 있다. 살인자와 싸우고자 하는 베렝거의 노력은 일종의 영웅주의도 아니다. 오히려 구하고자 한 사람들의 무관심 때문에 베렝거의 노력은 무엇인가 허무한 메아리로 끝난다. 데커드가 살인자이기는 하지만 마지막에 연민을 보이는 인물이다. <살인자>의 경우 살인자를 추적하며 구하고자 한 사람들 모두가 베렝거에게 무심하다. 극중의 대부분의 사람들은 냉담하고 '핍'만큼이나 증오에 차있다. 마치 데커드가 복제사람들을 추적하여 죽이는 모습은 매우 반휴먼적이지만 오히려 복제사람들이 자의적이며 형언할 수 없는 휴머니스트로 등장한다. 베렝거처럼 복제사람은 연민과 공동체 의식을 보여주지만 사람들은 도덕성에 대한 책임도 없는 공허함 자체이다.

이 복제된 사람들은 부조리한 사회 구조에 의해 부조리한 삶을 살아가는 실제 사람들처럼 죽음을 앞두고 있어 자신들을 부조리하다고 느끼게 된다. 이들은 일종의 부조리한 세계 속에서 기괴한 삶을 살아가며 죽음을 향해 가는 사람들의 모습 그대로이다. 특히 이들은 시한부 삶과 의미가 없는 삶을 살고 있는 사람들을 연상시키고 있고 늘 생존과 실존에 대한 강박관념에 휩

싸여 있다. 이들의 생존을 통해 비쳐진 생명체에 대한 경시와 사람에 대한 부정적 평가는 아이러니하게도 사람의 욕망과 삶의 편리성에 직결되어 있다. 복제에 관한 기술에 의해 오래 살고 젊고 건강하려는 욕망과 삶의 편리를 도모하려는 사람의 욕구는 이 복제사람을 만들어내는 원동력으로 적극 작용한다.

　<블레이드 러너> 스토리는 발달된 문명 속에 차갑게 식어버린, 기괴하고 부조리한 미래사회의 암울함을 복제사람들의 입을 통해서 아이러니컬하게 이야기한다. 거기에는 20세기 실존적 휴머니즘이 말하는 신의 그림자도 없고, 희망도 없고, 이성도 없다. 세기 말 염세주의와 비관주의가 가져온, 지나치게 비대하고 메마른 황무지를 배경으로 한 왜소하고 축 늘어진 사람들밖에 없다. 오히려 복제사람들이 갈망하는 사람다움과 그들의 삶에 대한 순수한 열정과 의외로 따스한 마음은 그간 사람다움을 망각한 사람에 대한 고발이며 이에 대한 그리움일 수도 있다. 스토리 말미에 동료 형사가 데커드에게 '모두가 어차피 죽는다'고 하는 지적은 4년 밖에 못사는 복제사람이나 80년을 넘게 사는 사람들이나 어차피 결국엔 죽는 건 마찬가지라는 의미이다.

　'어떻게 사느냐'가 중요한가라는 이러한 메시지는 사람 중심의 휴머니즘에 대한 희망을 내 비친다. 아무리 오래 살아도 사람답게 살지 못한다면 4년 밖에 못사는 복제사람들보다 나을 것이 없다고 본다. 그리고 그들로 인해 격심한 감정의 소용돌이를 겪게 되는 데커드는 임무를 완수했다는 성취감보다 말로 표현할 수 없는 충격과 안타까움 속에 결국 그들을 사람보다 나은 진정한 사람으로 인정하게 된다. 이 스토리는 사이보그 로봇의 경우에서처럼 복제사람 또한 사람답게 생각하고 사람의 감정을 가지고 살고 싶어하는 모습을 잘 담고 있다.

　사람은 복제사람을 만든 '신'이다. 신이 사람을 창조하듯이 사람은 복제 사람을 창조하게 된다. 사람, 세계, 신에 관한 주제는 복제사람을 다룬 생명과학 이야기나 사이보그 로봇 이야기에서도 계속되는 주제라고 할 수 있다. 복제형 사이보그를 만들면서 세포 조직 등의 수명을 짧게 만드는 기술이 동원되거나 사람을 위한 3법칙에 의해 로봇이 만들어지거나 모두 사람처럼 살고, 사람처럼 되고 싶은 열망을 주제로 하고 있다. 복제된 사람의 운명 또한 대부분의 사이보그들처럼 단지 사람을 도와주는 피조물이나 기계적 유기체로만 생각하기가 쉽다. 하지만 여기에서도 서구적 휴머니즘이 전개되고 있고, 20세기 실존주의 중심의 휴머니즘이 적극 목격되고 있다. 서구 휴머니즘 담론은 존재의 위기를 경험하는 부조리 휴머니즘과 세기 말의 과학의 발달로 인한 포스트모더니즘이나 디지털 휴머니즘의 흐름으로 그 맥을 이어가고 있다.

제3장

자유 중심 휴머니즘

휴머니즘은 자유롭고 싶어 하는 사람의 의식과 관련이 깊다. 우선 사람의 자유의식은 무엇을 말하는 것일까. 자유를 의미하는 존재란 무엇인가. 그리고 실제로 자유스럽게 존재한다는 것은 무엇을 말하는 걸까. 자유의 의미를 말하려는 어떤 사상이나 이론, 혹은 그 자세를 자유 중심의 휴머니즘이라 한다면, 우리는 자유의 의미를 먼저 이해하는 자세가 필요할 것이다.

말 그대로 자유란 사람이 자유스럽게 산다는 의미가 있다. 따라서 무엇보다 자유 중심의 휴머니즘의 의미를 이해하기 위해서는 사람은 살고 있고, 삶 자체가 자유스럽다는 의미를 먼저 이해할 필요가 있다. 물론 살아도 사는 것 같지 않고 죽는 것처럼 느껴질 때도 있다. 이때는 살아간다는 자체가 죽음보다 못할 정도로 자유스럽지 못하고 삶 자체가 무의미하다는 느낌이 들 경우이다. 이런 무의미한 삶 역시 자유스럽게 살고 있다는 어떤 의미가 있을 수도 있다.

햄릿이 말하는 '사느냐 죽느냐'는 자유스럽게 살아야 한다는 의미와 그리고 살고 있는 자체가 자유스러워야 한다는 의미로 받아들일 수 있다. 그러면 살아있다는 의식은 곧 무엇인가? 이러한 철학적인 질문으로부터 산다는 의미와 자유스럽다는 의미가 동일한 의미일 수는 없지만, 살고 있다는 의미는 자유의 의미일 수가 있다. 여기에서 자유를 삶의 의미로 받아들이는 체험은 어떤 것일까 하는 문제를 생각해 볼 수가 있다.

삶의 문제는 살아간다는 상황이나 조건이 무엇인가에 따라 다양하게 정의되기 마련이다. 문제는 우리가 사는 시점과 공간에 따라 삶의 상황이 다르다는 거다. 따라서 삶의 체험도 사람에 따라 다양하게 말할 수 있는 그 무엇이다. 이렇게 삶에 대한 인식과 정의가 사람에 따라 다양하게 규정지을 수 있는 무엇이라 한다면 특정한 자유에 대한 의미를 철학적으로 세우려는 노력은 계속되기 마련이다. 그것은 살아간다는 상황이나 조건은 부단히 변하고 있기 때문이다.

사람이 산다는 것은 어제나 오늘의 일은 아니지만, 그럼에도 불구하고 20세기 자유 중심의 휴머니즘에 대한 이해는 사르트르에게서 찾아볼 수 있다. 사르트르는 먼저 사람이 처한 삶의 상황이나 그 조건에 관심을 기울이게 된다. 하지만 사르트르의 자유 중심의 휴머니즘 또한 자기가 살고 있는 세계에 대한 자기 이해적 과정이라 하여도 지나친 말은 아니다. 다만 사르트르는 보다 철학적인 틀에서 휴머니즘이라는 담론을 논하는 경향이 있다. 사르트르는 사람이 처한 삶의 조건을 규명해 보기 위해 살아야 하는 것은 무엇이며 어떻게 살아야할 것인가를 체험을 통해 폭 넓게 그리고 깊이 있게 관찰하게 된다. 그것은 삶의 조건이 무엇이든 나름의 자유를 찾으려는 사람의 자연스러운 모습이다. 다만 그는 보통 사람보다 상대적으로 삶 자체가 허무하다고 느끼지 않았나 하는 생각이 든다.

결국 자유란 그 어느 외적 조건에 얽매이지 않고 자신을 자신답게 살려는 그 무엇일 수 있다. 예를 들면 수업 시간과 교실이라는 공간에서도 생각하는 나의 모습이 자유스럽다고 느낄 수 있는 체험이다. 구체적으로 내가 무엇을 생각하거나, 무엇을 느끼거나, 아무런 생각이 없거나, 공부를 해야 하거나, 수업 내용을 잘 들어야 하는 거나, 집안은 별일 없는지, 밖에 나가고 싶다는 등 수많은 생각이 있을 수가 있다. 이로 보아 삶의 가치와 자유는 자기가 처한 환경으로부터 무엇인가 스스로를 자유스럽게 하는 체험일 수가 있다. 그러나 적어도 자유스러운 체험이란 무엇을 자유롭게 사유하는 과정일 수가 있고, 혹은 자유롭게 행동하는 과정에서 느낄 수가 있다.

데카르트의 코기토(cogito)는 사유하는 자체가 존재한다는 의식을 표현한 것이지만 스스로 자유롭게 사고하고 행동하는 사람을 구체적으로 나타내고 있다. 생각을 행위라고 본다면 행위의 범위는 상당히 광범위하다고 할 수 있고, 자유의식 또한 상당히 광범위한 행위일 수가 있다. 따라서 자유의식이란 우리의 좁은 생각이나 행위의 의미일 수 있고, 철학적인 차원에서 정리될 수 있는 사람의 직접적 체험일 수 있다.

20세기 사람의 자유의식과 그 체험은 과연 무엇일 수 있는가. 사람의 가치는 산업사회의 발전과 자본주의 성장으로 인해 그 전시대보다 더욱 위태로워지고 삶은 더욱 무의미하게 전락하였다고 말하는 비평가도 있다. 특히 전쟁은 사람에게 자유를 빼앗고 절망을 체험하게 하기 때문에 자유에 대한 사람의 갈망은 다른 어떤 상황보다 절박할 것으로 생각된다. 전쟁은 사람에게 어떤 극단적인 위기 상황에 부딪치는 경험을 주게 된다.

실제로 20세기 초는 소위 잃어버린 세대라고 명명된 많은 서구 지식인들이 방황하고 목표 없이 떠돌아다니는 시기로 묘사되고 있다. 여기에는 또한 사회가 급속한 산업화로 물질의 규모가 방대해지면서 상대적으로 개개인의 자유가 몰락하게 되고, 자유로운 정신보다는 이를 구속하는 물질 가치가 중시되는 현실이 나타난다. 결국 자유를 억압하는 문화가 사람들의 자유의식을 지배하게 되면 행동은 매우 현실적이면서도 기능적으로 움직이게 된다. 따라서 삶의 조건은 거대한 빙산처럼 보이고, 사람은 떠돌이처럼 방황하고 표류하게 되어 자유스럽게 산다는 진정한 의미를 퇴색시킨다.

예를 들어 조이스(James Joyce)의 <율리시즈> 및 <더블린 사람들>, 헤밍웨이(Ernest Hemingway)의 떠돌이 영웅들, 엘리엇(T. S. Eliot)의 <황무지>에 나타나는 무기력한 사람들은 정처 없이 떠도는 이미지를 주고 있다. 모두 당시 시대의 어려움을 상징하고 있고, 사람은 그러한 삶으로부터 자유롭지가 못하다. 하나같이 이러한 작품에 나오는 사람은 소외되고 방황한 이미지로 그려지고 있고, 이들의 행위는 삶의 의미를 찾지 못해 혼란에 빠져 있는 모습 그대로이다.

또한 그들 외에도 끝없이 무엇인가를 찾고 있어 보이는 부조리 작가들, 까뮈의 이방인, 시지프스 신화 속의 허무한 군상들, 사르트르의 <밀폐된 문>의 주인공들, 베케트의 고뇌에 찬 떠돌이들은 삶의 의미를 자유롭게 찾지 못한 존재들이다. 이들은 삶에 의미를 줄 수 있는 새로운 무엇인가를 찾아 나서게 되지만 세상은 늘 이들이 원하는 삶과 동떨어진 부조리한 덩어리 그 자체이다. 삶의 허무주의가 만연되어 있는 이들을 통해 사람의 삶은 세상과 단절되고 스스로 폐쇄되고 밀폐되어 있는 모습이다. 어떤 캐릭터가 영웅처럼 삶을 극복하고 자기 세계를 추구할 수 있다고 할지라도 방황하고 표류하는 사람의 모습이 그려지고 있다면 사람이 진정으로 자유스러운 삶을 살고 있다고 말하기가 어렵다. 삶의 세계는 다소 기계적이고 냉혹하게 비쳐지는 자연주의 특성이 그려지고 있고, 사람이 살아가기에는 현실이 너무 버거워 보이기 때문이다.

아무튼 20세기 들어서는 무력감에 빠지고 의식은 표류하는 사람의 모습이 전반적으로 묘사되고 있다. 이때의 사람 모습은 무력감이 지배하고 의식은 표류하게 된다. 이 속에서 사람은 영웅이 되어야 하든지, 무기력한 존재로 전락해 보이든지 선택을 강요당하게 보인다. 결국 사람의 두 가지 형태는 삶의 세계에 어떻게 하든 자신을 자유롭게 적응하고 수정하려는 자세와, 적응하지 못하고 방황하고 고통받는, 때로는 무의식적으로나마 끌려 다니는 자세로 나타난다. 이러한 자세는 오히려 반대로 사람의 삶이 어렵다는 것과 자유롭지 못하다는 인식을 주게 된다. 심지어 과거 사람들에 대한 가치관과 전통 문화가 전혀 의미를 주지 못한다는 인식 때문에 현실 삶에 대해 깊은 회의감을 갖게 된다. 그러나 회의는 역설을 낳기 마련이다. 결국 과거와 현실에 대한 불만족은 사람 스스로 만족할 만한 방향을 찾게 되는 계기가 된다. 그러한 계기는 새로운 자유와 삶의 의미를 찾고 싶어 하는 욕구를 사람에게 상대적으로 강요하게 된다.

20세기의 사람들은 19세기의 사람들하고 자유스러운 모습에서 사뭇 다르게 나타나 보인다. 19세기와 20세기를 특징상 구분하기 어렵지만 시대적으로 19세기는 어떤 면에서 개인의 낭만과 이상을 추구하기도 하고, 정치적인 이상을 위하여 개개인의 자유로운 행동을 요구하기도 한다. 때로는 현실 사회의 이익을 위해 활동하고 행동하는 공익적인 사람의 모습이 많이 그려지고 있다.

20세기는 이와 달리 훨씬 질적인 면에서 회의와 갈등, 그리고 번민 따위 생각으로 가득 찬 지식인이 나타나게 된다. 20세기는 보다 근본적인 차원에서 개개인의 자유 문제에 관심을 크게 보인 시기이다. 그래서 이로 인한 갈등과 번민이 전반적인 사회 현상으로 나타나게 된다. 지식인들은 전과 달리 새로운 형태의 자유로운 사람을 기대하고 있던 점에서 다소 전위적이다. 이들은 과거 역사에 비추어 보다 커다란 선에서 개개인이 자유스럽게 생각하고 행동하는 모습을 보여준다. 이는 미증유의 세계 전쟁을 겪으면서 과학과 이성, 그것이 사람의 이성이든 역사의 이성이든, 이에 대한 신뢰가 사라지고 아무 것도 의지할 수 없는 세상에 대한 허무가 이들의 생각과 행동을 바꾸게 한 것이다. 그래서 20세기는 미래의 사람과 삶에 대해 비관적인 자세를 보여주는 경향이 있다.

그럼에도 불구하고 20세기 지식인들은 물질문화와 정신문화를 동시에 수용하려는 고민을 하게 된다. 한편으로는 산업혁명의 성과 등 사람의 이성에 대한 신뢰를 바탕으로 한 진화론적인 진보를 믿었던 물질문화의 유산이고, 다른 한편으로는 삶의 진취성과 사람의 미래에 대한 밝은 전망으로 가득 찼던 정신문화의 유산이다. 다만 이러한 정신문화 유산은 물질문화를 숭배하는 현실 세력과 충돌되고 사람들 상호 간의 갈등은 이전 보다 크게 증폭되게 된다. 이처럼 적어도 전쟁 전의 20세기는 사람의 발전과 가능성과 번영을 약속해 줄 것처럼 기술되고 있다.

빅토리아 시대의 영국은 물질의 번영과 신사 문화의 세속주의 가치관이 지배하고 있게 된다. 스펜서(Edmund Spencer) 등은 사회의 진화를 믿었던 대표적인 사회 진화론자이다. 그러나 다른 한편으로 전통적인 기독교 가치관의 붕괴와 새로운 사회에 대한 세속 가치관의 등장은 아놀드(Matthew Arnold)같은 다른 많은 지식인들을 우려하게 만든다. 20세기 들어 급속한 사회의 변혁과 물질만능 산업사회의 등장은 사회의 어두운 면을 점차 노골적으로 드러내고 되고, 전통적인 계급사회는 붕괴되고 사회의 유동성은 빠르게 진행되게 된다.

이처럼 물질위주와 세속주의의 등장은 기독교의 가치관에 대한 절대적인 신뢰가 무너지고 있다는 뜻이며, 동시에 사람에 대한 새로운 질서를 마련하는 계기가 된다. 우선 사람은 계몽주의를 거치면서 자신의 이성과 합리주의, 그리고 과학적인 사고가 가져온 여러 결과에 경악을 금치 못하게 된다. 그 결과는 사람이 이성으로 어떻게 통제할 수 없는 물질 자체의 논리와 이성이 거대한 공룡으로 변해있기 때문이다. 이러한 거대해진 물질의 논리와 이성을 관리할 수 있는 거대한 관료사회를 자연스럽게 요구하고 있게 된다.

사람보다 전문인들이 필요하게 되고, 사람의 분업은 가속화되고, 사람은 과거의 통일적인 모습이 아니게 된다. 어떤 면에서 사람은 거대한 수레의 톱니바퀴 속에서 굴러가는 미미한 존재로 비치게 된다. 사회는 비대해지고, 관료사회, 전문 경영인의 사회에서 사람과 삶의 세계는 통일적이지 못하게 된다. 부에 대한 관심은 평범한 사람의 사람다움과 자유를 위협하기도 한다. 또한 유럽은 제국주의 팽창과 경쟁적인 해외 개척으로 넘치는 부와 국가간의 갈등이 상존하게 된다. 20세기는 과거 나름의 물질과 정신의 자유로운 삶이 위협을 받게 되고, 비대한 사회로 인해 사람의 가치와 삶의 의미가 급격하게 전락되어가던, 즉 자유의 위기를 깨우쳐 주던 시기이다.

또한 과학의 실증주의와 지식의 공리주의 경향은 사람을 중심으로 하던 기존의 가치관을 붕괴시키는 결정적인 역할을 하게 된다. 사람을 사람답게 규정하여 주던 이성의 가치도 합리주의를 찬양하게 되고 이를 수단화하여 사람을 비사람화하고 기계화시키게 된다. 사람의 이성에 대한 예찬이 사람 이성의 위기를 가져온 역설이기도 하다.

헤겔이 보여준 역사 이성은 역설적으로 이성의 역사를 준비한 게고, 사람의 이성이 살아 있는 한 이성은 반이성에 대하여 자기 모습을 찾아야 하는 과제를 던지게 된다. 18세기 유형의 계몽적 성격의 사람 이성은 그 보편성을 상실하게 되고 개개 사람들의 이성과 충돌하고 갈등하게 된다. 개개 사람의 이성은 특수하게 자라면서 보편적 이성에 도전하게 되고, 이어 서로간의 반목과 갈등 속에서 이성에 대한 반성은 계속된 셈이다. 따라서 20세기 사람은 보편적 이성의 본래적인 가치가 상실되어 삶의 기준이 없어지게 된다. 사람은 자신의 이성으로 판단하여도 불합리한 세상의 가치관 때문에 삶의 위기를 체험하게 된다.

따라서 삶의 위기란 무엇인가? 사람이 사람다워지고 싶어 하지만 몰가치한 삶의 세계를 대응하게 되면서 사람은 자유에 대한 위기 의식을 느끼게 된다. 이를 한계상황이라 한다면 사람이 어떤 극한적인 상황에 직면하여 위기를 느끼는 순간일 게다. 과학의 실증주의와 지식의 공리주의는 개개 사람의 자유로운 의식을 숨 막히게 하고 오로지 사실적 가치를 증명해야하고 사회를 위한 유익한 삶만이 찬양된다. 그 결과는 삶 자체의 삶과 거리가 먼 논리와 이치를 강조하게 된다.

하지만 이러한 논리와 이치는 역설적으로 삶의 본능을 자극하게 된다. 또한 역설적으로 사회의 비대화와 물질 위주의 가치관은 새로운 삶의 가치를 지향하려는 사람의 욕망을 분출시키게 된다. 여기에 우리는 새로운 이성, 즉 개개 삶에 대한 가치와 자유에 대한 회복을 추구하는 일단의 자유 중심의 휴머니즘 철학의 경향을 목격하게 된다. 또한 사람의 감성에 호소하는, 본질적인 사람의 가치를 감성에 두려는 예술과 문학의 방향을 목격하게 된다. 무엇보다 예술과 문학 세계는 사람 존재의 허무와 삶의 몰가치를 상대적으로 비관적으로 그리고 있고 세상과 격리된 사람의 삶에 관심을 갖게 된다. 혹은 의미 없이 표류하고 정처 없이 방황하는 부조리한 사람의 모습이 그려지고 있다. 그럼에도 삶은 계속되어야 하기에 사람은 여기에서도 삶의 가치와 자유를 새로운 의미로 추구하게 된다.

대표적으로 아일랜드 극작가 베케트의 <고도를 기다리며>는 사람의 존재에 대한 허무주의와 삶의 무의미를 잘 그려내고 있다. 무대가 삶이라면 거기에는 황량한 길가를 배경으로 한 그루의 고목나무가 서 있다. 거기에 살고 있는 사람은 떠돌이들이다. '에스트라공'과 '블라디미르'는 무대에서 의미 없는 말을 지껄이며 등장한다. 무대의 황량함은 삶의 조건을 상징적으로 보여주는 배경이 되고 있고, 부조리한 세계와 해체된 사람의 모습을 그대로 보여주고 있다. 에스트라공과 블라디미르는 끝도 없어 보이는 삶의 지루함 속에서 짐승처럼 한사람을 채찍으로 때리는 '뽀조'를 만나게 된다. 맞는 사람은 반항하지도 않고 의식조차 없어 보인다.

뽀조는 이러한 저항하지 않는 그의 모습에 더욱 심하게 채찍을 휘두르고 증오를 쏟아낸다. 한 소년이 나타나 그들이 기다리는 '고도'(Godot)라는 선생님은 오늘은 올 수 없고 내일 온다는 전갈을 하고 사라진다. 희망과 기대로 고도를 기다렸던 에스트라공과 블라디미르는 절망 때문에 죽음을 생각한다. 그러나 내일 오겠다는 고도를 다시 기다리기로 하고 희망을 갖게 된다. 이 기다리는 일은 끝없이 지속되는 삶의 현상처럼 비친다.

하지만 다음날이 와도 무대는 똑같은 사람과 삶이 차지하고 있다. 사람들도 이전에 아무 일도 없던 것처럼 고도를 기다리고 있다. 전날 나타났던 소년이 다시 와 고도가 내일은 반드시 올 것이라고 전한다. 그들은 또 다시 삶의 희망이 없어졌음을 알게 된다. 그러나 내일 올 것이라는 희망에 미련을 갖게 되며 다시 기다리기로 한다.

베케트의 의도는 분명하다. 우리는 어디에 있고 지금은 언제이며 우리는 누구인가에 대한 끝없는 질의다. 우리가 사는 곳은 엘리엇이 말하는 '황무지'이고 사람의 존재는 허무하다. 사람은 어떤 이론이나 논리도 설득력이 없는 세계에 살고 있다는 것과 구원은 상징적일 뿐이며 마냥 기다리며 살지만 사실 구원은 없다는 것을 알게 된다. 그러면서도 살아야 한다는 명제가 있다.

베케트의 또 다른 작품인 <엔드게임>은 또한 황무지를 배경으로 한 무대만이 있고, 사람은 영원히 빠져 나오지 못할 덫에 걸려있는 모습을 보여준다. 거기에는 사르트르의 <출구 없음>, 혹은 <밀폐된 문>을 연상시키며 사실상 버려진 삶의 공간 위에서 사람 홀로 시작하고 끝을 맺는다. 산다는 것은 게임으로 오로지 네 사람만이 무대에 등장하게 된다. 노인인 '네그', 부인인 '넬', 이들의 아들인 '헴', 그리고 헴의 하인이며 동무인 '클로브' 등이다. 이들의 일상의 삶은 고도를 기다리던 사람들의 형태를 닮아 있다. 삶은 할 수 없이 지속되고 현재의 순간은 지속적으로 부조리한 상황을 연출하고 있다.

헴과 클로브 간의 대화는 셰익스피어의 햄릿을 연상시킨다. 햄릿의 마지막 말인 "침묵"이 여운을 주는 것처럼 헴은 클로브에게 "더 이상 말하지 말자"고 제안하다. 헴은 신을 향한 기도를 권하지만 주기도를 시작한 후 네그를 침묵시킨다. 그리고 헴과 클로브와 네그의 다음 침묵의 기도는 헴의 악담으로 끝난다. "악당! 신은 존재하지 않아!"라는 헴의 외침에 클로브는 "아직은 아니야"라고 답한다. 그러자 거의 마지막에 예수처럼 헴은 "아버지여! 아버지!"라고 외치고 응답이 없자 마치 만족한 것처럼 "좋아"하고 덧붙인다. 이 극에서 유일한 여자인 넬은 늙어서 끝에 아마 죽는다. 이들의 삶을 보면 삶은 어떤 구원도 어떤 생산도 나타날 것 같지가 않다. 그러면서도 삶이 존재하는 동안 구원을 위한 작은 희망이 역설적으로 남아 있다.

그래서 베케트의 또 다른 <행복한 시절>은 사람의 자유는 잔혹할 정도로 제한되어 있고 존재 자체도 의미가 없지만 사람은 그래도 행복하다고 생각하는 욕망을 끈질기게 추구한다고 한다. '위니'는 이 희곡의 주요 인물이지만 매우 코믹한 사람이다. 위니는 황량하고 변화가 없는 삶의 한중간에서 생존하기 위해 몸부림치게 된다. 위니는 이처럼 일상의 업무를 그저 수행할 뿐이며 외적인 조건과는 무관해 보이는 삶을 살게 된다. 이러한 그녀의 삶은 새로운 것도 없고 일상적인 일의 반복을 계속하고 있음에도 불구하고 자신이 또 다른 행복한 날을 살고 있다는 환상이 그녀를 감싸고 있다. 이처럼 위니의 삶은 실제 사람의 삶에 비추어 다소 과장되어 그려지고 있기는 하지만 오히려 사람의 삶을 잘 조명해 준다. 늘 지속되는 같은 일들에도 불구하고 다소간의 변화를 행복으로 여기는 위니에게서 사람과 삶의 정형을 발견할 수가 있다. 사실 사람은 이러한 환상을 행복의 조건으로 받아들이면서 자신의 자유를 가꾸어 나가고 있는지도 모른다. 물론 이러한 자세는 까뮈의 시지프스를 연상시킨다. 항상 같은 일을 반복하고 있다고 느끼면서도 아이러니컬하게도 행복을 느끼는 사람의 작은 마음과 자유로움이다.

본 극은 판도라의 상자처럼 희망에 대한 열망을 희극적으로 지속시키고 있다. 하지만 위니의 상황이 주는 공포, 즉 사람이 일상의 반복 속에 살고 있으면서도 희망의 끈을 붙들고 있다는 사실은 오히려 사람에게 공포를 심어 준다. 사람은 위니처럼 무엇인가 가치 있는 것을 찾기 위한 노력을 포기하지 않게 되지만 사실은 이런 과정 속에서 스스로를 고갈시키게 된다. 그 끝에는 죽음이 있다. 다소 삶은 비관적이고 염세적인 형태를 취하게 된다. 그럼에도 사람의 존재를, 삶을, 그 삶의 끝을 코믹하게 그려냄으로써 작가는 단지 허상 이상의 희망의 메시지를 은연 중 던지고 있다. 그 희망은 무한한 자유로움에 있어 보인다. 그게 환상적인 가공의 세계로 비치더라도 그 무의미한 행위 자체가 삶이고 자유의 넉넉한 공간이라면 이는 어떤 의미를 주게 되는가.

베케트의 <잔불> 또한 종종 인식의 혼란과 당혹감을 불러일으키고 있지만 기실 개인의 철저한 자유를 모색하는 주제를 다룬다. 라디오 극이지만 라디오의 특징인 정상적인 내러티브가 없다. 이점은 흔히 기대하는 전통적인 극적 장치나 혹은 철학적 구성을 찾아보기 어렵게 한다. 주인공 '헨리'는 모직 의복을 계속해서 벗고 입고 벗고 입고 벗고 입고하는 행위를 되풀이하게 된다. 마침내 부인인 '에더'가 그 모직 의복이 어디에 있느냐고 묻자 헨리가 알지 못한다고 대답하는 장면은 매우 상징적이다.

특히 극이 말보다도 바다 소리로 시작하고 침묵 혹은 과묵이 이 드라마 전체를 지배하게 된다. 베케트는 가장 단순하면서 가장 기본적인 요인을 다소 복잡한 구조로 만들어 사람 관계와 삶에서 발견되는 여러 차이의 체계를 붕괴시키고 있다. 아버지와 아들, 과거와 현재, 남성과 여성, 가공과 사실, 잔불과 바다, 시간과 공간, 습관과 기억 등 구조상의 의미관계를 형성하는 차이 체계를 무의미하게 반복시켜 그 구조를 붕괴시키고 개인을 해방시키는 전략이 나타난다. 말할 능력, 침묵의 능력, 그리고 고독의 능력을 위해 최선을 다하는 태도로 사람이 자유롭고 싶어 하는 속성을 헨리는 역설적으로 표현한 것이라 할 수가 있다. 모순 그대로 묘사하는 삶 자체가 개인의 표현하고자 하는 능력, 홀로 있고자 하는 능력, 그러면서 사회를 향한 능력 등을 지시한다. 이러한 개인의 특성은 소위 포스트모던 휴머니스트들의 공통 관심이라고 할 수 있으면서도 이 세 능력은 사람 개개인의 무한한 자유와 상대적인 가치 및 평등, 그리고 이에 상응하는 언어적인 표현양식이다. 그래서 베케트의 세계에는 이러한 세 가지 욕망이 항상 좌절되면서도 기대와 희망이 깔려 있다.

지금 이 시대는 베케트 유형의 삶과 자유의 위기를 체험하던 시기로 국한될 수는 없다. 오늘날 사람의 존재론적 위기 또한 베케트가 말하고 싶어 하는 정신적 자유를 생각하게 하지만 감성에 대한 새로운 인식은 삶과 자유의 의미를 변화시키고 있다. 그래서 '현대'를 소위 20세기 중반의 모더니즘이라는 의미로 국한시켜서는 아니 된다. 왜냐하면 이러한 모더니즘의 특성이 어떤 면에서는 20세기 후반부의 포스트모더니즘 이전의 협소한 의미로 해석되고 있어서다. 그러므로 사람의 실체는 어떤 특정한 사상이나 고정된 틀에서 접근하기보다 끊임없이 변화하는 삶 속에서 접근되어 질 필요는 있다.

예를 들어 20세기를 '모던' 시대로 규정한다면 이는 19세기와 다른 삶의 과정이 있었고 이에 따른 사람의 실체를 19세기로는 설명하기 어려운 상황이 발생하게 된 것이다. 20세기 후반을 그 전반 시기와는 다른 의미로 접근하는 경우도 마찬가지이다. 그래서 '모던'과 '포스트모던'은 서로 다른 개념이라고 볼 수 있고, 그 차이는 삶을 다르게 접근한 결과이다. 결국 모던이나 포스트모던이나 이미 어떤 개념적인 작업과 가치관을 포함하고 있는 용어이기 때문에 당연히 삶의 조건이 변하고 있다는 사실을 말해야 한다. 더불어 사람에 대한 개념 또한 변화하고 있다는 사실을 지적해야 한다. 이런 점에서 포스트모던 휴머니즘은 삶과 사람에 대해 새로운 의미를 말하는 것이고 이 시대의 특성을 말하는 새로운 개념일 수가 있다. 여기에서 말하는 시대의 의미란 삶의 위기를 인식하고 이를 철저하게 체험하면서 갖게 되는 사람의 자유의식과 늘 관련이 있다.

삶의 조건으로부터 자유롭고 싶은 사람의 욕구는 한 시대의 것만 아니다. 그것은 세상과의 대응을 통해 형성되는 자유 중심의 휴머니즘의 과정 자체이다. 베케트가 경험한 삶의 조건과 자유의식 또한 당연히 휴머니즘의 과정이다. 사람이 실제로 느끼는 삶의 조건은 사람이 자신에 대한 한계를 인식하고 그때 체험하게 되는 자신에 대한 처지를 가리킨다. 역사나 사회, 문화적인 조건으로부터 개개 사람이 자신 삶에 대한 절망을 느끼는 한계상황, 즉 자신 삶의 위기 상황을 말한다. 이점에서 시대에 따른 삶의 위기는 사람이 가장 벼랑에 몰리는 순간에 겪는 한계상황이라고 할 수가 있다.

역사에서 우리는 무수한 삶의 위기를 목격한다. 대표적인 예로 소크라테스에게서 삶의 위기라 한다면 삶과 죽음의 갈림길에서 죽음을 선택한 소크라테스가 직면하는 한계상황이다. 그의 죽음은 자신이 속한 삶의 세계와 타협을 거부한 최후의 상황에서 내린 결정이다. 이로 인해 철저하게 삶을 인식하게 되고 결과적으로 선택을 해야 하는 상황에 직면하게 된다. 삶이 자유스럽다는 이야기는 그러한 선택의 순간에 자유를 느끼는 행복이라 생각할 수가 있지만 적어도 선택의 강요는 자유스러운 삶이라고 말하기가 어렵다. 우리는 이와 비슷한 많은 경험을 찾을 수가 있다. 예수의 십자가 선택 역시, 삶의 세계와의 타협을 거부한 삶의 극한 상황이라 여겨진다. 그가 마지막으로 신에게 독백한 "주여 저를 버리시나이까"는 그가 사람으로서 가질 수 있었던 한계상황이다.

어느 경우이든 삶이란 가장 현대적인 의미를 띤 용어이다. 이는 실제로 살아간다는 의미로 늘 새로운 시간과 공간 속에서 한계를 체험하는 삶의 과정을 말하고 있으며, 사람은 이로부터 자유롭고 싶어 한다. 햄릿도 그랬고, 부처도 그랬다. 그들은 삶의 세계에 대응해 가는 과정 속에서 철저하게 삶과 죽음의 세계를 체험하고자 하였고 이를 통해 자유의식을 확립하려 한 게다. 다만 그 삶의 조건이 서로 달랐을 뿐이다.

과거 의미에서 삶의 한계상황은 삶과 죽음의 기로에서 선택하는 순간을 가리키기도 하지만, 더 이상 삶의 의미를 찾지 못하는 무의미 자체를 가리키기도 한다. 그것은 살아있으면서도 죽음과 같은 삶이고, 삶 자체는 의미 없는 자연 그대로일 수 있다. 역사를 보건 데 삶의 실제는 이처럼 사람이 살아가는 현장이다. 역사는 늘 새롭고 당시로 보아 동시대의 의미를 띠며 거기에는 사람이 있고 그 시대의 삶의 조건이 다양하게 나타난다. 역사 안에 나타나는 사람의 삶과 자유의식은 곧 삶의 세계와의 갈등과 타협 속에서 생성되고 발전되는, 그러면서 늘 자유로운 선택에 있다고 하겠다.

사람에게 자유란 자기 스스로 자유로운 존재임을 스스로 깨닫는 의미일 수가 있다. 포괄적인 의미에서 삶은 항상 시간과 공간이 함께 하는 역사의 장일 수 있다는 의미이다. 이점에서 과거이든 현재이든, 곧 모던이든 포스트모던이든, 혹은 모던적 휴머니즘이든 포스트모던 휴머니즘이든 우리가 사는 삶의 공간을 항상 말하고 있게 된다. 단지 시기적으로 삶의 차이를 규정할 뿐, 언어학적인 의미론에 의한, 혹은 논리 실증주의에 의한 시공간의 존재를 확인하는 순수 형이상학적인 삶을 의미하는 게 아니다.

우리가 머물고 있는 시공이 삶의 한계상황이라고 깨닫게 되는 과정은 객관적인 현실에 있는 것보다 우리의 자유의식이 겪는 철저한 체험이다. 이러한 자유의식은 사람이 자기 존재에 대한 위기의식에서 만들어지게 된다. 때로는 이러한 한계상황이 시대에 따른 사회문제일 수 있고, 혹은 순수한 개인적인 차원일 수 있다. 다만 집단적인 한계상황의 인식은 한 시대의 흐름일 수가 있다. 그 집단적 체험은 순수 개인적인 차원일 수 있지만 일반적으로 사람들이 느끼는 차원일 수도 있다. 하지만 삶의 한계상황으로부터 자유의식을 깨닫게 되는 체험이란 삶에 대한 회의, 세상에 대한 환멸, 고통, 절망, 소외 의식 등 비교적 비관적이지만 개개인이 선택을 해야 하는 모순을 가리킨다.

사람에 따라서는 죽음의 선택이 오히려 절망과 비관보다 희망적이고 낙관적인 삶의 자세를 가리킬 수 있다. 살아가는 세상이 절망이고 삶이 비관적일 때 어떤 종교나 철학은 우리 자신을 반대로 기쁨과 희망으로 변화시켜 준다. 우리의 자유의식이 밑바닥에 떨어져 숨도 쉬기 어렵다고 느껴질 때가 있지만 우리의 감정은 기쁨으로 승화된 순간을 경험하기도 한다. 어떤 의미에서 삶에 대한 긍정적인 태도와 부정적인 태도는 우리가 어떻게 삶을 수용하고 자유롭게 선택하느냐에 따라 이렇게 저렇게 설명될 수 있는 부분이다. 삶의 세계와 우리의 자유의식이 상호 대응하는 과정에서 삶이 부정적일 수 있고 혹은 긍정적일 수 있다는 말이다. 그래서 현대적 의미의 삶이란 이러한 부정적인 태도가 매우 크게 나타나고 때로는 절망적으로 묘사되는 특수한 삶의 경험을 보편화한 개념으로 인식될 필요가 있다.

무엇보다 삶이 위기 상황은 개개인의 체험을 부정할 수가 없고, 그의 생각과 행위의 차원을 벗어나서 설명될 수가 없다. 살아간다는 의미는 의미론에서 보다 사람의 자유의식과 개개인의 선택과 밀접한 관련이 있다. 특히 사람은 행동보다 심리적이어서 사람의 의미란 자유의식 과정과 분리되어 설명하기가 어렵다. 더욱이 자유의식이란 사람의 무의식보다 의식적 체험 안에서 기술되어야 한다. 이때 사람의 행위가 이루어지는 단계란 먼저 자유와 판단 그리고 그에 대한 철저한 책임으로 규정될 수 있는 개개인의 내부적이고 외부적 실재에 해당된다고 할 수 있다. 우리가 산다는 것은 삶이 의미론적이 아니라 인과론적으로 해석되어야 할 실천적인 문제라 여겨지기 때문이다. 따라서 살고 있다는 인식은 늘 사람의 본질적인 자기 주체에 의한 자유의식을 수반하게 된다. 여기에 19세기 이후 성장하기 시작한 주체에 대한 심리학의 발전과 사람의 주변 환경을 설명하려는 사회학에 대한 관심이 자연히 커지게 된다.

그러므로 우리는 삶과 자유의식을 논하기 위해 두 사람에 대한 언급을 피하기 어렵다. 프로이트와 마르크스이다. 프로이트는 개개인의 의식과 무의식의 관계에 대해 처음으로 과학적인 규명을 한 정신분석학자이다. 그는 개개인의 자유의식을 억압하는 실체를 죄의식의 근원으로 설명하고 있다. 물론 그 또한 사회를 의식하고 있기 때문에 사람이 사회를 의식하여 이성적이어야 한다는 논지를 세우게 된다. 하지만 무엇보다 무의식에 잠재된 죄의 본능과 사회와의 관계를 통해 이후 사람의 자유의식에 대한 문제를 분석한 점은 그의 최대의 업적이라 할 수 있을 것이다. 그럼에도 불구하고 그는 여전히 사람은 이성이 힘에 지배되기 싶다는 생각 때문에 상대적으로 사람의 자유를 신뢰하기 어렵다는 입장을 보여주게 된다. 이점에서 그는 무의식이라는 새로운 영역을 개척함으로써 사람의 자유의식에 대한 새로운 단계를 설명하게 된다. 이것은 자유의식에 무의식과 의식이 존재할 수 있다는 사실과 적어도 사람의 자유의식에는 이러한 두 의식이 다소 복잡하게 얽혀 있다는 가정이다.

마르크스의 경우 물질문화와 정신문화의 상관관계를 과학적으로 밝힌 경제사회학자이다. 그는 서구문화의 지배적인 정신문화를 상대적인 물질문화로 설명함으로써 사람의 자유의식을 둘러싼 환경에 관심을 가진 사회과학자이다. 이는 다윈(Charles Darwin)의 진화론과 함께 사람의 자유의식이 환경에 지배를 받는다는 결정적인 사실을 사회과학적인 측면에서 보여준 예라 하겠다. 마르크스는 이 자유의식의 연구를 물질의 지배를 둘러싼 여러 사람들 간의 대립관계로 본다. 이에 따라 사람의 자유의식이 물질에 의해 만들어지고 물질에 의해 지배된다는 가설을 그는 변증법으로 설명한다. 여기에서는 프로이트나 마르크스에 대한 깊은 논의는 하지 않겠다. 단지 여기에서는 프로이트와 마르크스를 통해 사회 혹은 물질과 사람의 자유의식 간의 상관관계를 살펴보고 사람이 어떻게 살아가는가 하는 점을 보고자 한다. 사람이 사람을 지배하는 삶의 환경으로부터 어떤 선택을 하게 되는가를 말하고자 하는 것이며, 두 사람은 20세기 자유 중심의 휴머니즘에 상당한 영향을 미치고 있음을 우선 지적하고자 한다.

자유의식과 무의식에 대한 탐색은 프로이트 이후에 융(C. J. Jung)에 이르러 '집단 무의식'이라는 개념으로 발전하게 된다. 자유의식에 대한 프로이트적 죄의식의 근원보다 융은 이를 한 공동체의 일반화되어 있는 문화적 실체로 설명하려고 한다. 우리가 한 공동체에 살면서 자연스럽게 체험하는 모든 문화는 우리의 무의식 세계로 침잠되고, 이는 다시 우리의 삶과 자유의식을 결정하고 의미를 형성시키는 공통 경험으로 작용하게 된다. 이 공통 경험은 한 공동체의 특성을 설명하는 종교와 문화를 형성하는 근원에 해당된다. 이러한 경험으로부터 예술이나 문학은 사람의 삶과 자유의식을 다양하게 표현한다고 볼 수가 있다. 융의 무의식에 대한 집단개념이 예술과 철학, 혹은 종교에서 다양하게 형상화된다는 생각은 집단 속의 개개인의 심리적인 과정과 사회화 과정으로 설명되기도 한다.

하지만 우리는 여기에서 무의식과 신화에 대한 유산들이 우리의 주관적인 삶의 가치와 자유를 설명하는 점에 주목한다. 무엇보다 프로이트에게 무의식이 한 개인의 주관적 삶이나 자유의 가치를 의미하는 거라면 융에게는 초개인적인 어떤 무엇이 있다. 그것은 주관적 삶이나 자유의 가치이면서 동시에 사회가 공통적으로 공유할 수 있는 객관성을 띠고 있다. 융이 설명하는 삶과 자유는 한 공동체의 일원이라면 개개 사람이 일반적으로 확인할 수 있는 실체이며 공동체적이고 역사적으로 받아들이게 되는 그 무엇이다. 따라서 신화 속에는 개개인의 삶과 자유의식이 다양한 형태로 나타나게 되지만 문화적이며 사회적인 영역을 지니게 된다. 그래서 상징주의 시인들은 이러한 공통 경험을 사적인 체험과 밀접하게 관련키는 걸 좋아하게 된다.

이 시대의 삶과 자유에 대한 가치는 이렇게 사람의 가치에 대한 여러 관심을 체계적으로 전개시킨 사람 중심의 휴머니즘 유산이다. 사람의 주체의식에 대한 관심이 사회나 물질로 인해 줄어들거나 바뀌었다는 뜻이 아니라 사람이 모든 일에 중심이라는 휴머니즘은 체험은 다소 다르지만 보다 심층적인 관심이 달라진 것뿐이다. 19세기 낭만주의 이후 감성을 중심으로 하는 삶과 자유의식은 이성과 감성을 조화시키려는 새로운 모던적 휴머니즘의 중심 주제가 되었다. 이는 다시 사회적인 영역과 조화를 모색하려는 사람 유형을 강조하는 포스트모던 휴머니즘의 중심 주제가 되었다. 사람 중심의 휴머니즘 은 점차 사람이 살아가는 삶을 사회로부터 객관화하려고 노력하는 데서 찾 아 진다. 포스트모던 삶과 자유의식 개념은 사람이 삶의 의미를 확고하게 갖 고 있기는 하나 스스로에 대한 감성을 최우선시 하게 된다. 동시에 이러한 개념은 사람 스스로 모든 현상을 통합하려는 자유로운 단계를 말한다.

다시 말하면 사람은 삶과 자유에 대한 전체적인 관심을 정신 내부나 육 체 모두를 포함시키고 싶어 하면서도 동시에 사회로부터 하나의 독립된 자 유 개체로 남고자 한다. 자유의식에 대한 이러한 견해는 이 시대의 관심이기 도 하지만 포스트모던 휴머니즘을 설명하는데 매우 중요하다. 이에 대한 서 구인의 자유의식과 담론을 살펴보면 이들의 휴머니즘이 우연한 결과로 보기 가 어렵다. 사람의 내면세계에 대한 궁극적인 탐구는 결국 사람이 스스로 자 신의 자유의식을 찾게 되는 과정으로 설명된다. 또한 이 탐구는 사회와 물질 로부터 완전한 자유로움을 모색하는 과정을 갖게 된다. 이 모든 과정이 휴머 니즘적, 즉 사람 중심으로 변화되어 가는 과정에서 발생하고 있다는 것을 알 수 있게 한다.

이렇게 볼 때 역사는 사람 중심의 휴머니즘 역사로 보여 진다. 오늘날 포 스트 휴머니즘이라는 담론 또한 우리가 사는 이 시대의 사람을 규정하려는 새로운 움직임이다. 그 실상은 이 전 시대의 지적 유산이다. 하지만 이 역시 사람 중심의 휴머니즘 역사의 한 장에 해당된다. '포스트'라는 용어는 '이후' 라는 뜻이 있고, '후기'라는 의미로 쓰이고, 그대로 '포스트'라는 접두사를 써 어떤 특정한 의미를 규정하려는 자세를 거부하기도 한다. 포스트모더니즘 에서도 보듯이 모더니즘 이후라는 뜻이 강하지만 여전히 모더니즘의 개념을 벗어나는 의미는 아니다.

앞에서 언급 하였듯이 시간도 흐르고 공간도 변하기 때문에 새로운 경향은 나타나기 마련이어서 기존에 사용하던 용어와 개념과는 다른 용어와 개념을 찾다보니 '포스트'라는 말을 찾게 된 걸로 보인다. 하지만 여전히 포스트 휴머니즘 또한 개개인의 삶과 자유에 기계라는 새로운 변수가 커지면서 만들어진 용어일 뿐이다. 항상 사람은 움직이고 있고 시간과 공간도 움직이고 있어 이 시대의 휴머니즘은 새로운 방향을 지향하고 있다고 말할 수 있다. 포스트 휴머니즘에서의 '포스트' 역시 우리가 사는 이 시기를 가리키는 새로운 용어로서 기계 중심의 삶과 '자유롭고' 싶은 사람을 설명하는 개념을 포함하고 있다.

제4장

담론 중심 휴머니즘

서구 담론 중심의 휴머니즘은 크게 보아 고전주의와 낭만주의 간에 제기 된 사람의 주체에 대한 논쟁에서 발전된다. 모두 사람을 어떻게 보느냐는 관점의 차이라 할 수가 있다. 사람을 어떻게 보는 것과는 달리 사람이 처한 환경에서 사람을 보는 시각으로는 리얼리즘과 자연주의 혹은 사회주의 등이 있다. 후자는 사람 자체보다 사람이 처한 삶의 조건이나 환경에 대한 논쟁을 중시하는 경향이 있다. 오늘날 기계와 사람간에 제기된 사람의 의미는 사람의 주체에 대한 논쟁에서부터 사람이 처한 삶의 조건에까지 미치고 있다. 거기에는 사람의 주체 문제이든 삶의 조건이든 사람이 얼마나 혹은 어떻게 자유스러운 삶을 살고 있느냐에 초점이 모아지게 된다. 사람의 주체에 대한 강조하던 낭만적 삶과 자유의식을 살펴보기로 하자.

　루소(Jean-Jacque Rousseau)는 <참회록>에서 사람의 참다운 모습을 알기 위해서는 스스로 자기를 들어내는 행위를 살펴보아야 한다고 한다. 사람의 가장 내면의 비밀들, 비록 옳고 그름을 떠나서 부끄러운 부분들까지 들어내고 참회하는 가장 자연스런 태도에서 사람의 삶의 과정을 살펴 볼 수 있다고 한다. 루소에게서 사람이 산다는 것은 타인과 같을 수 없기 때문에 사람은 자기 모습 그대로를 자연스럽게 보여줄 수밖에 없다고 한다. 그의 이러한 자연주의는 낭만주의를 지향하는 듯하나, 원시 그대로의 자유로운 사람을 설명하고 있다. 이 말은 결국 사람 개개인의 특성을 있는 그대로 긍정적으로 받아들인다는 뜻이다. 즉, 사람 자신에 대한 의지와 지식의 근본은 그 사람 자신에게서 온다는 것이며, 동시에 세상에 대해 항상 열려 있게 된다. 이처럼 루소를 통해 우리가 목격하는 사람과 삶의 실체는 사람은 살아가면서 끊임없이 자신을 규정하고 자신의 자연스러운 모습을 드러내려고 노력하는 모습이다. 그리고 이러한 노력은 곧 자유의식의 근본이며 사람을 설명하는 가장 원시적인 모습에서 온다.

　루소에 의하면 사람의 원시적인 감정과 현실 삶은 항상 지속적으로 서로 부딪치게 된다고 한다. 그리고 이때 부딪치면서 느끼는 감정들을 사람은 나름대로 평가하고 후에 기억하게 된다고 말한다. 그러나 루소는 이러한 감정들이 사람의 내면에서 어떤 형태로 성장한다고 보고 있지는 않다. 그저 수동적으로 내면에 잠재한, 그러면서도 동시에 새로운 체험에 열려 있는 사람마다의 특이한 상태 그대로를 그는 사람의 삶으로 설명하게 된다. 루소는 사람이 살아가는 과정에 따라 다르다기보다 이미 고정되고 정해진 개개인의 특질이 있다고 보고 있다. 그는 이를 바탕으로 사람에 대한 주체를 규정하고 있다. 여기에 루소 유형의 사람은 의식의 자유를 말하는 주체이다.

　루소 이후 지드(Andre Gide), 로렌스(D. H. Lawrence), 릴케(Rainer Maria

Rilke), 칸딘스키(Wassily Kandinsky) 등은 루소가 사람을 이미 정해진 형태로 보는 자세와는 다르게 접근한다. 이들은 적어도 사람은 끝없이 변화해 가며 생성된다고 보고 있다. 즉, 사람은 늘 번민과 갈등을 계속할 수밖에 없다. 이들에 따르면 사람은 내적인 면에서나 외적인 면에서 자꾸 새로운 것 때문에 기존의 것에 대해 실망을 느끼게 되는 존재이다. 때로는 사람이 누구에게 기만을 당하기도 하지만 그러면서도 사람은 늘 무엇인가 새로운 것을 성취하는 존재이다.

지드는 사람이란 부모님이나 선생님으로 인해 어떤 인격이 만들어지기는 하나 우선 자기 입장에 따라 주위나 사회의 여러 규제를 거부한다고 한다. 그 다음에 사람은 자기 내부의 일부 거부감에도 불구하고 자기 자유로움을 추구하는 방향으로 결국 움직이게 된다. 즉, 사람은 스스로 주위로부터 나름의 해방을 추구하게 된다고 한다. 이처럼 지드에 따르면 사람은 고정된 관습이나 사고를 부단히 거부하게 되고 스스로를 자유롭게 사유하고 행동하고자 하며, 이 과정에서 사회에 순응을 거부하며 종국에는 극단적인 자유를 성취하려는 생명체이다. 결국 지드가 말하는 사람은 모든 형식이나 권위를 갖는 가치관을 벗어나 자기 내면의 이질성을 길러나가는 자기 증식 과정을 겪게 된다.

유사하게 로렌스 또한 세상과 사회가 사람의 자유의식을 고취한다고 보기보다 그 자유를 탈취하려 한다고 생각한다. 사람마다 타고난 에너지와 충동이 있지만 세상은 이를 위협하는 대상으로 인식된다. 사람이 자유롭게 살고 싶은 욕구나 욕망에 늘 영향을 미치게 되는 세상의 형식이나 권위를 거부하는 자세에서 로렌스는 지드와 크게 다르지가 않다. 자유의식을 강조하는 지드와 달리 로렌스는 본능적으로 일어나는 충동과 힘에 의지하는 사람을 가장 아름답게 본다. 그의 대부분 소설이 기독교적인 가치보다 사람의 원초적인 본능을 가장 자연스럽게 표현하고 있기 때문이고, 사람의 순수한 열정을 더 높이 찬양하기 때문이다.

지드의 대표적인 작품 <좁은 문>은 예수의 가르침을 연상시킨다. 사람은 그 악한 천성 때문에 천국에 들어가는 좁은 문을 통과하기 어려운 존재로 설명된다. 이를 부정하는 지드이기는 하지만 여전히 성서로부터 자유로울 수가 없어 보인다. 지드나 로렌스 모두 종교적 가치에 의해 권위적으로 혹은 형식적으로 규정되는 부자연스러운 사람을 거부한다. 오히려 사람은 부조리하고 모순 속에서도 스스로를 가장 자유롭게 살려는 가치를 추구하는 생명체이다. 로렌스는 지드 보다 훨씬 사람 내부의 생득적인 자유를 갈망하고 있는 작가이다.

릴케는 신과 죽음과 같은 궁극적인 문제에 비추어 사람의 문제를 다루고 있다. 릴케 또한 종교에서 말하는 사람의 의미를 받아들이지 않는다. 그는 기존의 종교가 사람의 자유의식과 삶의 문제를 진정으로 설명하지 못한다고 생각한다. 그에 따르면 종교에서 이야기하는 신과 죽음은 사람의 삶에 낯설고 이질적이다. 오히려 사람 자신이 미지의 것에 대한 공포 때문에 이를 해소하고자 신과 죽음에 관한 기독교 문화를 가져온 장본인이라는 릴케의 주장이다. 이로 보아 사람은 사람으로서 본래 타고난 권리를 찾고 원래의 상태로 되돌아가게 된다. 릴케로서는 종교 문화보다 예술이나 문학이 그러한 사람의 모습을 타고난 대로 승화시킬 수 있는 영역으로 생각한다.

그래서 칸딘스키는 사람의 자유의식과 삶을 구체적으로 예술의 정신에서 찾게 된다. 그에 따르면 예술은 사람의 전체성과 본질을 추구하기 때문에 예술가는 도덕이나 윤리로부터 사람을 해방시키고 세속세계에 부단히 대항하는 주체이다. 그러므로 예술은 모든 인위적인 문화의 형식이나 제도로부터 사람을 자유로울 수 있게 하는 공간으로 인식된다. 이처럼 예술을 통해 사람의 자유의식은 완전하고 충만하게 그려질 수 있다고 믿게 되고 이러한 깨달음은 점차 현실에서 예술적 자유의식을 추구하려는 힘으로 성장하게 된다.

사람의 자유의식에 대한 생각은 헨리 제임스(Henry James)에 의해 더 명확하게 설명된다. 제임스는 사람의 실체는 자유의식에 있으며 삶의 세계는 오히려 그러한 자유의식의 주변에 놓여있을 뿐이라고 한다. 소설을 쓸 때 제임스는 주로 등장인물의 심리를 이야기의 중심에 위치하게 두고 에피소드는 등장인물의 감정과 생각에 따라 진행시킨다. 그래서 그는 사람을 둘러싼 객관적인 상황이나 그 가치관들을 단순하게 기록하는 형식을 취한다. 제임스는 19세기 리얼리즘 계열의 소설가로 알려져 있다. 그가 말하는 리얼리즘은 사람의 자유의식을 중심으로 하고 현실은 상황만을 연출하는 글쓰기를 말한다.

제임스 문학에서의 사람 모습은 스토리의 배경과 시점과는 별개로 진행되지 않고 사람이 세상을 소유하고 정의하는 자유스러운 생명체이다. 이러한 소설 기법은 윌리엄 제임스(William James)의 전통 심리학에서 많은 영향을 받게 된다. 윌리엄은 사람은 결코 정적일 수 없는 존재이며 늘 의식이 흐르고 있어 변화를 모색하는 생명체라고 생각한다. 그는 사람의 의식과 체험을 지속적이며 영구적으로 변화하는 자유로운 '흐름'으로 생각하게 된다. 이후 예술이나 문학은 이러한 윌리엄 제임스의 '의식의 흐름'(stream of consciousness) 기법을 즐겨 사용하게 된다.

철학자 베르그송(Henry Bergson)은 사람의 의식의 흐름을 '바닥이 없는, 뚝 없는 강'(bottomless, bankless river)으로 비유한다. 베르그송의 유명한 표현을 빌리면 사람의 자유의식은 일종의 강처럼 끝없이 흐르면서도 '지속성'(duration)을 가지고 있다. 이는 사람의 의식이 자유롭기는 하지만 늘 시간과 공간 속에서 만들어진다는 것이다. 베르그송에 의하면 사람은 자신을 늘 지속적으로 창조하게 되며 그 과정에 사람의 의식은 과거와 현재가 다르며 미래로 자유롭게 움직이게 된다. 그래서 사람의 자유의식은 과거로부터 현재로 지속되며 실타래처럼 연속성을 갖게 된다.

베르그송에 의한 사람은 결코 지적인 개념에 의해 포착될 수 없는 연속성을 갖는 생명체이다. 사람은 오로지 직관에 의해 인식될 수 있는 생명체이다. 마르셀 프루스트(Marcel Proust)란 작가는 이러한 사람의 연속적인 체험을 기억으로 정의하기도 한다. 체험과 기억은 사람을 규정하는 데 매우 중요한 개념들이다. 체험이 없는 기억이 있을 수 있다. 일종의 저장된 기억으로 오늘날 기계의 프로그래밍에 의해 만들어지기도 한다. 따라서 사람을 정의하는 데 있어 체험으로 만들어지는 기억은 기계인간이나 인조인간이 만들 수 있는 기억이 아니다.

영화 <블레이드 러너> 스토리를 대표적으로 보면 인조 인간을 식별하는 주 도구는 오랫동안 문화적이고 사회적인 환경하에서 체험되는 섬세한 정서 검증에 있다. 무엇을 싫어하고 좋아하는 정서는 문화적인 오랜 전통에서 만들어지는 산물이다. 개고기가 그 산물의 하나이다. 서구 사람들이 갖는 정서적 혐오감은 인조인간이 가질 수 없는 사람만의 독특한 기억이다.

프루스트의 기억 개념은 미래형 사람을 설명하는 데도 매우 유용하다. 기억은 지성이 단순화한 경험형태를 의미하며 나중에 어떤 감각에 의해 활동을 하게 되어 있다. 물론 모든 기억이 감각의 자극을 받아 활동하는 것은 아니라고 현대 과학은 밝히고 있지만 사람을 살아 있는 생명체로 보는 데는 매우 유용한 개념이기는 한다. 프루스트를 통해 적어도 사람은 과거의 체험을 통해 기억의 지속성이라는 의식 세계를 형성하게 된다. 이러한 사람의 의식에 대한 개념은 20세기 철학자나 예술가들에게 사람에 대해 매우 중요한 의미로 수용된다. 이들이 사람의 의식, 시간, 그리고 자신이 속한 세상과의 관계를 어떻게 설명하느냐에 따라 사람에 대한 존재의 의미를 살펴볼 수 있게 된다. 이 사람의 의식 개념은 예술에 있어 상징주의 사고나 이상적 상징주의 형태로까지 전개된다.

예를 들면 아일랜드 대 시인인 예이츠(W. B. Yeats)의 경우 초기 시이기는 하지만 환상세계나 이상세계를 시적 상징을 통해 재현시키는 능력을 갖는 존재는 사람이다. 사람의 의식이 자유롭게 환상세계와 이상세계를 넘나들면서 이를 재현시키는 상징들을 시인들이 만들어 낸다. 자유로운 의식을 넘어 시인의 무한한 상상력이 사람이 갖는 또 다른 능력으로 고려되는 셈이다. 체험에 기반을 둔 기억이라는 개념은 무한한 상상력에 의해 연상으로 확대되고 있다.

엘리엇(T. S. Eliot)의 <황무지>에서처럼 4월의 자연은 시적 은유이기는 하지만 겨울의 죽은 기억에서 봄에 소생하는 욕망으로까지 사람의 기억은 연상 개념으로 확대된다. 엘리엇의 경우 사람의 자유의식은 기억과 욕망이라는 두 내적인 힘으로 형상화되고 있다. 이는 융의 신화적 개념과 유사한 것으로 우리 내면에 무의식적으로 잠재되어 있는 기억이 언제든지 의식의 세계로 부상하는 것을 말한다. 예술과 문학은 이를 형상화시키고 내적인 욕망에 형태를 부여하게 된다. 예술가는 이처럼 무의식의 욕망을 의식의 세계에 자유롭게 표현하는 형태로 사람의 자유로운 삶을 강조하게 된다.

더욱이 사람의 자유의식에는 몇 개의 다른 의식이 활동한다고 말한다. 소위 분리된 의식, 혹은 분리된 자아로 오늘날 정신분석학적 입장에서는 흔한 용어로 인식되지만 사람의 의식 형태를 잘 알지 못하던 20세기 초에는 어느 면에서 혁명적이었다. 그 영향인지 몰라도 쉴레겔(Friedrich Schlegel)은 사람의 생각은 내적인 대화 형태임을 주장하게 된다. 지드처럼 쉴레겔에 따르면 사람의 의식은 그 자체 내에 다양한 목소리를 연출하게 된다. 헤겔은 이러한 다양한 내면의 목소리들을 사람 심리의 갈등 개념으로 표현하기도 한다. 헤겔은 변하는 사람의 의식과 변하지 않는 보편적 가치사이에서 일어나는 갈등을 가리킨다. 사람의 자유로운 의식과 사회의 보편적 가치 간에 자연스럽게 충돌하는 현상을 사람을 늘 경험하기는 한다.

헤겔에 따르면 이 두 가치관은 나름대로의 독립성을 갖고 있기 때문에 상호 해를 끼치며 결국 개인의 의식은 부정적으로 발전하게 된다. 그러나 이러한 가치관들은 실제 내적인 가치관과 외적인 가치관으로 분리되며 사람의 내부에서 다르게 발전하게 된다. 이런 분리되는 경험을 거친 이후에 이 두 가치관은 사람의 의식 속에서 어떤 형태로든 서로 화해하게 되고, 사람은 결국 주위에 잘 적응하고 수용하려는 자세를 보이게 된다. 잘 아는 대로 헤겔의 정, 반, 합이라는 의식 구조의 전개는 사람의 내적 자아와 외적 환경과의 갈등을 통해 이루어지는 사회화 과정으로 설명되고 있다.

마르크스는 이러한 사람의 갈등 의식을 경제적인 조건으로 설명하려고 한다. 그는 사람이 제공하는 노동과 사람이 만든 상품에 대한 사회적 경제적 조건을 따지며 사람의 자유의식과 삶을 바라보게 된다. 사람은 물건을 자신이 만든다고 하더라도 일단 만들어진 물건 가치에 자신의 의식을 반영할 수가 없게 된다. 이러한 마르크스적 소외 의식은 사람의 자유의식을 설명하는 주요 개념으로 전개되게 된다. 마르크스에 따르면 사람이 노동에 의한 생산 결과에 관심을 가질 수 없기 때문에 자신의 생산 행위에 개인적인 의식을 개입시키지 않게 된다. 결국 사람은 생산 과정에서 자신이 만드는 물건과 자연히 소외되는 결과를 초래하게 된다. 그저 물건을 만드는 사람으로서가 아니라 모든 활동에 외적인 환경과 자기의식이 통합된, 혹은 유기적으로 살아 있는 의미에서의 사람을 마르크스는 찾게 된다. 일과 사람, 사람과 자유의식, 그리고 일의 가치를 서로 공유하는 새로운 사회가 마르크스가 추구하는 이상 사회의 형태라면 사람은 사회나 경제의 주체로서 사람답게 사는 모습이어야 한다.

　이로 보아 사람의 자유의식과 삶에 대한 다양한 설명으로 보건데 사람 내부의 욕구에 의해 다양하게 생성되는 의식도 의식이지만 사회적 조건이나 경제적 시스템에 의한 사람의 삶 또한 매우 중요한 과제로 보인다. 아무튼 사람이 내적 자신과 외적 환경에 의해 늘 움직이는 생명체라는 사실은 분명해 보인다. 사람은 때로 내적으로 분리되어 보이고, 혹은 의식과 무의식 간의 갈등이 있어 보이고, 때로는 외적인 조건인 사회나 문화의 영향을 받아 갈등을 겪게 되고, 혹은 현실 삶에 대한 불만족으로 인해 온전한 모습을 갖추지 못하기도 한다. 이러한 사람과 환경은 예술이나 문학에서 자주 거론되고 있고, 철학자나 사회학자의 관심이 되기도 한다.

　키에르케고르는 사람이 온전한 모습으로 가기 위해서는 반어적이든 혹은 부정적이든 사람의 개별 존재를 올바르게 정의하는 일이라고 주장한다. 이 말에 따르면 헤겔식 혹은 마르크스 식의 사람은 외적인 조건에 의해 결정적 영향을 받게 되지만 사실 이러한 주장은 환상에 불과할 수가 있다. 즉, 사람에게 개인적인 것과 보편적인 것 사이는 통합되기보다 그 긴장은 늘 남아 있게 마련이라는 사실을 가리킨다. 사람은 보편적인 가치에 자신을 동화시킬수록 점점 자기 자신을 상실하게 된다. 사람이 보다 객관적인 가치관이나 실체에 접근하면 할수록 사람의 정신과 몸은 늘 분리되기 마련이다. 반대로 사람은 자신이 부족함에도 불구하고 늘 변화할 수 있는 자신을 발견하고 외적 조건을 스스로의 행복으로 만들어갈 수 있는 모습을 만들어가게 된다. 참된 진리란 보편적인 진리에서보다 오로지 사람 개개인이 체험을 통해서만 얻어지게 되며 이에 대한 직접적인 언급은 언어로 할 수 없다는 의미이다. 그러므로 모든 보편적인 진리와의 대화 노력은 간접적이고 반어적이며, 예술적이며, 심지어 기만적일 수밖에 없다는 키에르케고르의 지적은 오늘날 디지털기술 시대에서도 시사하는 바가 크다.

그의 예술에 대한 생각을 살펴보면 작가의 글쓰기는 삶에 대한 긍정적인 환상을 주지만 삶의 현실과는 다르기 때문에 결국 사람을 부정적으로 이끌게 된다. 이를 소크라테스에 비유하면 사람은 자신의 체험조차도 겉으로 긍정적으로 보지만 사실은 환상에 불과한 것일 수가 있다. 따라서 물질세계를 벗어나 어떤 보편적인 진리와 화해하고 새로운 통합을 이루려는 자세 또한 모두가 비현실적이라고 말할 수가 있다. 물질세계는 늘 사람을 좌절시키고 고통을 주고 삶을 포기하도록 이끄는 실체이기도 한다. 사람은 극한 상황에 직면하게 되면 오히려 역설적으로 자유를 체험하게 된다고 한다. 극한 상황이란 빠져나갈 수 없는, 출구가 없는 방에 갇혔을 때 느끼는 절망상태로 사람은 나름대로 이를 탈출하려는 공간을 찾게 된다. 사람은 이러한 탈출을 예술 세계나 상상력의 세계에서 창출하게 되고 탈출 과정을 재현시키는 습성이 있다.

이런 비현실 형태의 화합은 사실 기만적일 수밖에 없다. 이런 의미에서 사람은 현실적으로는 결과가 없다는 것을 알면서도 상상세계에서 나름의 자유와 해방을 모색하기도 하고, 다른 사람이 공유하기 어려운 언어의 표현을 가지고자 노력하기도 한다. 어쩌면 예술은 그 완결된 형식과 내용 때문에 실제가 아니라 허상이며, 결국 사람에게 자기기만을 주게 된다. 이처럼 키에르케고르에 의하면 사람의 자유의식과 삶은 이 세상의 삶에 비추어 볼 때 끊임없이 불확실하고 비현실 자체이다.

20세기 후반 프랑스 철학자 데리다(Jacque Derrida)에 따르면 예술이나 글쓰기는 사람에게 자기기만을 주는 게 아니라 그러한 기만을 만들고 있는 구조에 해당된다. 기존의 사람에 대한 주체와 삶에 대해 새로운 지평을 연 데리다는 문학뿐만 아니라 철학, 역사, 문화, 그리고 신학까지 영향을 미치게 된다. 그는 「인문학의 담론에 있어서 구조, 기호, 그리고 유희」("Structure, Sign, and Play in the Discourse of Human Sciences")라는 논문을 1966년 미국 존스 홉킨스 대학의 한 초청 세미나에서 발표하게 된다. 세계가 깜짝 놀랐다고 한다. 데리다는 이 논문을 통해 서구 담론 중심의 휴머니즘에 대한 서구 형이상학의 실체를 파헤치게 된다. 사람 중심의 서구 휴머니즘은 단지 언어의 유희에 불과하다는 것과 글쓰기는 이러한 언어 게임을 만드는 구조에 해당될 뿐이다.

데리다는 사람 중심의 담론에 늘 어떤 중심이 있다고 한다. 중심이란 어떤 구조를 지배하는 개념으로 사람은 오랫동안 "현존으로서 존재"("being as presence")를 의미하는 실체로 인식되고 있다고 한다. 예를 들면, 우리가 "나"라고 말할 때 "나"는 나의 정신과 육신의 중심을 의미하고 나를 중심으로 주위나 환경을 통합하려고 한다. 데카르트의 "나는 생각하므로 존재한다"의 의미는 "나"가 모든 사유체계의 중심이며, 나의 존재가 없이 어떠한 다른 것도 이해되지 않는다는 뜻이다.

프로이트는 사람의 중심을 의식보다 무의식에 두어 기존의 사람의 주체 개념을 붕괴시켰다. 그러니까 사람 중심이라고 할 때 사람의 중심에 무엇을 두는가에 대한 철학적 변화라고 할 수가 있다. 프로이트가 무의식을 중심으로 사람의 주체와 삶을 살펴본 것이라면, 혹은 마르크스가 사람의 사회적 조건을 중심으로 사람의 주체와 삶을 살펴본 것이라면, 데리다는 사람이 사용하는 언어의 변이와 그 저변에 있는 구조를 중심으로 사람의 주체와 삶을 살펴본 것이다.

고전주의이든 낭만주의이든, 혹은 리얼리즘이든 자연주의이든 사회주의이든 사람의 주체와 삶을 규정하기 위해 대체적으로 기존의 철학자나 사회학자들이 사람과 환경을 중심으로 살펴 본 게라면 데리다는 이들이 쓰고 있는 언어에 초점을 맞추게 된다. 데리다에 따르면 분야만 다를 뿐 이들에게는 늘 어떤 중심이 있고, 그 중심을 설명하는 언어들이 서로 다르게 적용되고 있을 뿐이다. 소위 '이항 대립'(binary opposition)으로 늘 사람은 무엇을 설명하기 위해 이분법의 사유체계를 동원하고 있다고 한다. 선/악, 정신/ 육체, 이상/현실, 이성/우상, 이성/감정, 남/여, 理/氣, 신/사람, 太極/無極, 有/無 등의 언어를 보면 전자나 후자 어느 한 쪽의 우위가 사람의 의식구조를 형성하게 된다고 한다. 선/악은 신학적인 측면에서 사람을 악으로 하든가 인문학적 측면에서 사람을 선으로 하든가의 차이에 불과하다.

정신/육체 또한 마찬가지이다. 사람을 정신적인 측면에서 보든가 육체적인 측면에서 보든가 어느 한편을 중심으로 보려는 자세는 늘 사람과 삶을 규정하는 데 동원되고 있다. 나머지 이항대립 구조도 설명하기란 어렵지가 않다. 다만 이렇게 중심이 옮겨지다 보면 사람에 대해 규정하기가 정말 어렵다는 생각이 든다. 프랑스 구조주의는 이러한 이분법의 구조체계가 사람과 삶의 조건이나 문화에 본질적으로 광범위하게 내재되어 있다는 데 관심을 두고 있다. 즉, 지배하고 있는 개념을 해체하여 대립되던 개념과 상보적인 관계로 다시 정립시키면 어느 한쪽에 대한 중심은 늘 위태롭기 마련이다.

데리다의 사상적, 철학적 배경은 니체의 허무주의나 하이데거의 실존주의에서 출발하게 된다. 특히 니체의 선과 악의 가치전도, 신과 사람의 가치전도, 아폴로와 디오니소스의 가치전도 등은 선/신/아폴로 개념중심의 서구 형이상학을 전도시키는 작업에 해당된다. 이러한 글쓰기 구조에 대한 중심 해체 작업은 신 중심이든 이성 중심이든 서구문화를 근원적으로 교란시키게 된다. 결과적으로 그때까지 무시되어 오거나 배제되었던 악한 사람 혹은 디오니소스적 사람과 삶을 환원하려는 해체의 전략을 의미한다. 데리다는 이성/신 중심을 지향하는 그러한 로고스중심주의적 형이상학(logocentrism), 중심의 현전 형이상학(being as presence), 그리고 음성중심주의(phonocentrism)를 추구하던 문헌들을 상호대립 개념으로 정밀하게 추적한다.

20세기 후반에 들어 사람에 대해 어떤 식으로 규정을 하던 글쓰기 텍스트들에 내재되어 있는 중심에 관한 사유 체계를 전략적으로 교란시켜 전도된 가치관 체계를 새롭게 자리 매김하여 어떤 균형된 감각을 시도하려는 노력은 계속된다. 이는 곧 서구 담론 중심의 휴머니즘에 대한 철저한 반성을 전제로 하고 있다. 그의 저서 <그라마토로지>(*On Grammatology*)에 따르면 성서에서 언급하고 있는 "말"이란 신의 이성을 가리키는 로고스로서 신의 존재를 설명하는 언어에 해당된다. 요한복음 1장 1절에 "태초에 말씀이 계시니라. 이 말씀이 하나님과 함께 계셨으니 이 말씀은 곧 하나님이시니라."는 성서구절은 말씀이 곧 하나님이라는 존재의 근원을 의미한다. 이처럼 데리다의 해체 과정은 말씀이라는 음성이 신의 현존을 의미하게 되고, 또한 신의 화신이며 만물의 근원이며 중심이라는 서구 담론의 신 중심 휴머니즘을 추적해 나가는 작업이다.

그러므로 데리다의 해체주의란 신 중심의 휴머니즘에서 사람 중심의 휴머니즘을 구성하려는 의도라기보다 그 균형을 찾으려는 노력의 일환이다. 해체란 중심은 본래 없다는 것이다 에서 출발한다. 사람 중심의 휴머니즘 또한 사람이 중심이 아닌가 하고 의혹을 사기 마련이다. 이때의 사람은 신에 대립하는 언어이기는 하지만 21세기에는 기계에 대립하는 언어이기도 한다. 신 중심에서 사람 중심으로, 다시 기계 중심으로 이동하는 사회나 문화 현상을 설명하려면 이러한 중심이 어느 쪽에 실려 있는가를 구조적으로 살펴보면 된다. 신/사람/기계, 하지만 또한 신의 이성/감성, 사람의 이성/감성, 기계의 이성/감성 구도로 또한 깊이 들어갈 수가 있게 된다. 신/사람/기계 구도를 이성/감성 구도로 살펴보면 사실 사람의 이성/감성 구도가 그 중심에 있다는 걸 알게 된다. 이런 의미에서 사람 중심이란 이성과 감성의 균형된 실체를 말하며 기계문명에서도 인간의 이성 중심에서 감성 중심으로 움직여 가는 현상을 찾아 볼 수가 있게 된다. 단지 중심이라는 언어가 마음에 들지 않는다면 대립균형이라는 표현이 있다.

대립균형은 어느 한쪽을 잃지 않고 상호 균형을 모색한다는 의미이다. 이성이 강하면 감성 쪽을 중시하여 이성과 감성 모두를 균형있게 추구하게 되고, 감성이 강하면 이성 쪽을 중시하여 감성과 이성 모두를 균형있게 추구하는 관계가 대립균형이다. 이러한 관점에서 보면 해체는 매우 유익한 접근으로 어느 한쪽에 대한 형이상학의 변형이나 은유를 찾는 작업이기도 한다. 이러한 변형이나 은유를 찾는 작업은 근원에서의 어느 한쪽의 우위를 거부하는 자세를 가리킨다. 기계문명에서도 마찬가지이다. 서구 담론 중심의 휴머니즘은 기계에서도 이러한 대립균형이 되는 사람 중심의 휴머니즘을 기계문명에서 찾아야 한다는 의미이다. 결국 데리다 유형의 해체 작업은 철학적 전략과 텍스트를 읽는 해석학의 방법이라 할 수 있다.

최근 해석학의 범주는 사람 읽기의 방법으로 광범위하게 인식되고 있다. 이는 사람 "읽기"가 사람의 자유의식과 삶의 제반 양식을 해석하고 분석하는 행위라 할 수가 있기 때문이다. 특히 사람이 삶을 경험하는 과정은 단순한 심리적 행위라기보다 사회 혹은 문화 행위에 해당된다고 여겨진다. 이는 복잡한 양식을 가진 사회나 문화의 틀 내에서 사람의 조건을 이해하고 이를 체험하는 과정 자체가 사람의 심리와 행위일 수 있고, 또한 사람은 생존하는 한 자신과 삶에 대한 읽기를 피할 수 없는 연유에서다.

예를 들어 사람 읽기란 그 형태가 철학이든 사상이든, 혹은 종교이든 문화이든, 혹은 사회이든 정치이든 이것이 사람의 삶 자체일 수가 있다. 따라서 사람의 심리와 행위를 해석하고 분석하는 자체가 사람과 삶을 읽는 의미일 수 있다는 것이다. 데리다의 해체주의 역시 서구 담론 중심의 휴머니즘을 읽는 한 방식에 해당된다. 다만 그는 사람이 사용하고 있는 언어 구조가 사람과 사람의 삶을 구조적으로 반영하고 있다고 본 게다. 사람은 늘 "중심"이라는 주제로 자신과 사물을 본다는 것이다. 따라서 서구 담론 중심의 휴머니즘은 서구인의 의식과 삶의 양식을 규명해내는 일련의 작업이기도 한다. 크게는 이러한 작업이 사람 읽기의 범주일 수 있다. 데리다에게 영향을 미쳤던 니체의 경우는 매우 단적인 예이다. 니체는 사람을 아폴로 문화의 산물로 해석하려는 서구 담론을 살펴보고 있기 때문에 그는 다시 사람을 디오니소스적 문화로 사람을 살펴보려는 자세에서 사람 읽기를 시도한 것이다.

이를 보면 20세기에 들어 서구 사회 혹은 문화의 정체성을 규명하고, 다시 이를 해석하고 해체하려는 행위는 그간의 서구 휴머니즘 담론에 대한 반성에 해당된다. 사람 읽기는 결국 사람을 새로운 삶의 현실에 비추어 의미를 찾아보고 과거로부터 새로운 의미를 찾아보려는 현실적 노력이라 할 수가 있다. 이처럼 현대는 사람에 대한 해석과 반성을 통해 사람이 처한 현실 삶의 모순을 가장 철저하게 규명하려는 노력이 크던 시기임에 틀림없다.

다시 말하면 사람이 존재한다는 의미를 찾으려는 실존주의에서부터 사람의 자의식을 통해 사람의 주체와 삶을 찾아보려는 과정은 사람의 의미를 시대에 따라 다시 찾아보려는 시도이다. 어느 시대보다 현대는 사람의 자아와 실존의 문제에 관심을 많이 기울였던 것은 사실이다. 어느 시대이든 사람은 삶의 과정을 통해 사람의 조건을 새롭게 이해하고 자신이 처한 모순을 보여주고 때로는 극복하고 때로는 해체한다.

사실상 서구 휴머니즘 담론 중에서도 기존의 글에 서술되어 있는 사람의 모습을 찾아보려는 노력은 데리다의 해체주의 이전 해석학이 주목된다. 해석학은 훗설(Edmund Husserl)의 현상학과 하이데거(Martin Heidegger)의 존재론과 방법론과 관련이 깊다. 이들은 단순한 사람 읽기를 넘어 사람이 남긴 유산, 역사 과정, 문화 축적 과정, 사상의 형성 등에 나타나는 다양한 사람들의 현상을 읽어 보려는 시도를 하게 된다. 이들의 중요한 자세는 직관과 통찰력에 있다.

하이데거는 기존의 사람들을 전체적으로 이해하려면 어떤 직관이 작용하게 된다고 한다. 그는 직관을 "理解의 前構造"라고 한다. 가다머(Hans Georg Gadamer)는 사람에 대한 "모든 이해는 선입견(prejudice)에 의한" 것이라며 다른 개념에 의해 이를 설명하고자 한다. 가다머의 다른 개념은 "이해의 지평"(horizon of understanding)이다. 즉, 해석학의 대상은 항상 동일한 형태로 있는 게 아니라 그 대상을 상이한 물음에 의해 늘 새롭게 구성하려는 사람에 달려있게 된다. 이점은 어떤 예정된 공식과 법칙을 준수하는 자연과학과는 달리 글에 있는 사람의 다양한 형태에 자유롭게 개입하려는 사람의 특성을 의미한다.

훗설의 현상학은 사람에 대한 "지향적"(intentional) 해석을 시도하려는 사람의 주관주의적 해석 입장이라고 할 수가 있다. 사람이라는 존재들과 역사적으로 다양하게 나타나 있는 사람의 현상들에 대한 해석은 실존했던 사람의 모습을 기록한 글에 대한 통찰력과 직관력에 의존하게 된다. 하이데거와 유사하게 훗설 또한 사람의 다양한 현상을 살펴보기 위해 사람의 직관에 의존하기 때문에 사람을 역사적으로 이해하려는 가다머의 '역사의 이해' 혹은 '이해의 역사성'에 직접적으로 영향을 미치게 된다. 이렇게 현상학적 직관에 의해 역사에 실재한 다양한 사람의 모습을 해석하려는 행위는 정신과학의 기본 입장을 가리킨다.

자연과학의 방법론과 다른 정신과학은 딜타이(W. Dilthey)에 의해 객관적 과학으로 성장하게 된다. 사실상 정신과학은 헤겔 이후 정신현상학을 거쳐

훗설과 하이데거에 의해 사람의 존재를 해석하려는 방법론으로 발전하게 되고, 이미 언급한 데리다에 의해 사람이 사용한 언어구조를 해석하려는 방법론으로 발전하게 된다. 이는 사람에 대한 해석이 기존 글쓰기를 어떻게 읽을 것인가에 대한 방법의 차이에 의해 결정되기도 하지만, 사람에 대한 역사를 모두 통찰하려는 해석자의 담론에 의해 결정되기도 한다. 말하자면 여전히 사람에 대한 해석의 경우 해석자의 이해나 혹은 그의 선입관이나 편견이 담론 형식으로 작용하고 있는 것을 의미한다. 그러나 이러한 담론 체계가 보여주는 경직성과, 해석에 임할 때의 입장을 보면 사람에 대한 해석은 늘 열려 있는 공간에서 다시 출발한다고 볼 수 있다. 이처럼 해석의 열린 공간이란 의미는 어떤 규범적이고 틀에 의해 사람과 사람의 삶을 통찰하려는 입장을 제한시키게 된다. 서구 휴머니즘 담론이 해석자의 특수한 목적에 따라, 즉 현상학이나 존재론, 혹은 '이해의 전구조'나 '이해의 지평' 개념에서 성장하고 있는 점이 주목된다.

결과적으로 사람에 대한 이해가 사전에 구조화(이해의 전구조)된 어떤 메커니즘에 의해 인과율적으로 결정되고 있는가 아니면 우연적으로 결정되고 있는가 하는 문제는 사람을 이해하는 데 있어 객관성/주관성의 문제를 제기하게 된다. 객관적으로 사람을 보려고 하는가, 혹은 주관적으로 사람을 보려고 하는가의 입장은 해석이 해석자의 편견에 따라 이루어지고 있다는 사실을 말한다. 따라서 정신과학은 사람의 정신을 객관적으로 설명을 하든지 간에 사람에 대해 나름의 입장을 갖게 되는 성격 때문에 그 동안 과학으로 여겨질 수가 없다.

객관적 과학이란 정신현상학을 객관화할 수 있는 연구라는 말과 같다. 이는 사람이 직관에 의해 사람의 역사와 유산에 대해 일련의 법칙을 발견하는 이치를 말한다. 따라서 모두가 이해할 수 있는 일반적이고 보편적인 법칙이란 있을 수가 없지만 적어도 다음 현상을 이해할 수 있는 이해의 전구조를 의식적으로 형성할 수는 있다. 사람은 결국 의식적이든 무의식적이든 사람 나름의 이해의 구조가 형성되기 마련이라는 시각이다. 정신현상학은 이렇게 객관성을 확보하면서 자연과학과 더불어 하나의 과학을 이루고 있기 때문에 서구 휴머니즘 담론의 흐름을 미래의 디지털 문명 하에서도 예상할 수가 있게 된다.

제5장

디오니소스적 휴머니즘

디오니소스적 휴머니즘은 사람의 자유와 선택에 있다. 신과 이성을 중심으로 한 아폴론 휴머니즘에 대항하여 성장하게 된 사람과 감성을 중심으로 한 디오니소스 휴머니즘은 개개인의 자유와 선택으로부터 사람의 가치를 찾는다. 신의 이성이나 혹은 초자연적인 존재로부터 종교적 휴머니즘을 찾던 시대와는 달리 사람은 점차 자신의 이성과 선택을 철저하게 신뢰할 수밖에 없는 외로운 존재로 생각되게 된다. 20세기 들어 비록 신 중심(신의 이성) 세계로는, 혹은 합리주의 사고(사람의 이성)로는, 혹은 신비적인 체험(사람의 감성)을 벗어나 사람의 모습을 다르게 찾아보려는 움직임이 강했다. 이러한 변화는 모두 사람에 대한 변화된 인식을 중시하려는 경향으로 사실 새로운 휴머니즘 사상이다.

그 휴머니즘 흐름은 사람 중심의 가치 표현과 사람의 자유를 표현하려는 지적인 욕망, 그리고 삶에 대한 가치 지향적인 측면을 디오니소스적 측면에서 재조명하려는 작업이다. 이러한 작업은 보기에 과거와 관습으로부터 철저하게 단절되어 보이기도 하지만 그러한 노력 속에 여전히 사람의 자유의 문제, 사람의 선택의 문제가 부정적이든 긍정적이든 모색된다.

사람에게 사람의 존재와 삶은 서로 분리되어 생각할 수 없는 개념들이다. 그리고 이 둘은 단순히 심리적인 현상에 의존하고 있지도 않다. 우선 개인과 사회의 갈등, 확실한 생존에 대한 몸부림, 그리고 자유를 위한 번민과 욕망 등은 직접적으로 사람의 삶과 밀착되어 있다. 디오니소스적 휴머니즘에 대한 사고를 크게 부각시킨 인물로는 물론 19세기의 니체이다. 니체와 달리 또 다른 인물로는 키에르케고르이다. 니체가 반기독교적인 방향이라면 키에르케고르는 기독교적인 방향에서다. 어떤 의미에서 니체는 반기독교적이라기보다 기독교 이외의 방향에서 사람의 디오니소스적 자유와 선택을 다루게 된다. 아무튼 이 두 인물은 반기독교적인 경향과 기독교적인 경향을 보이면서도 디오니소스적 휴머니즘을 추구하게 되고 오늘날의 디오니소스적 문화에 상당한 영향을 미치게 된다. 그 근원적인 영향을 탐색하려는 목적은 사람이란 디지털 기술과 기계문명 하에서도 늘 곤경에 처하고 있다는 시대의 인식이다.

이런 시대에 대한 인식은 궁극적으로 사람 개개인에 대한 관심으로 기울어지게 된다. 그럼으로써 사람 자체의 특수성과 구체성, 그 역동적인 힘, 그리고 개개인의 다양한 삶의 형태가 적극적으로 관심을 받게 되기 때문이다. 사람은 이제 무엇인가 신처럼 되려거나 기술과 기계에 의해 신이 되려는 꿈에 강하게 집착하게 된다. 사람은 그전 정신문화에서나 추구하던 사람의 모습을 이제 디지털 기술에 의해 가능하게 하는 작업에 몰두하고 있다. 사실상 사람 중심의 휴머니즘은 새로운 형태로 전이되고 있다. 이제는 기술과 기계에 의해 프랑켄스타인 의사처럼 사람의 오랜 꿈인 신의 몸과 영혼을 추구할 수 있게 된다는 사실이다.

사람의 영원성을 추구하려는 이러한 대응 형태는 사르트르 유형의 실존주의 문학에서 주로 개개 인간의 고통, 소외, 절망을 다룬 동시대의 보편적인 서구 문화의 특성에 이미 잘 나타나 있다. 실존주의 휴머니즘이나, 부조리 사상, 그리고 이후 서구 문화의 해체는 다른 한편으로 서구 기독교 신앙의 변화를 이해할 수 있는 과정으로 볼 수가 있다. 우선, 기독교 신앙의 변화를 실존주의와 함께 살펴볼 수 있는 것도 실존주의 문학이 신앙에 대한 다양한 시대적 욕구와 표현양식을 보여주고 있기 때문이다.

그러한 배경에 신 중심으로 살펴보던 휴머니즘에 대한 깨달음과 새로운 목표가 있다. 그 목표는 사람 개개인 중심으로 사람의 가치를 삶의 영역으로 끌어들이면서 출발한다. 그래서 서구의 휴머니즘은 사람의 존재, 자유, 선택을 다루던 문학의 내용과 형식을 크게 벗어나 본적이 없다. 서구에서 기독교는 그리스도가 중심인, 융이 말하는 집단 무의식처럼 서구인들과 서구문화의 근본에 해당된다. 하지만 그리스도의 본질은 늘 그대로이지만 사람의 믿음은 환경과 함께 새로운 형태로 늘 진화한다. 그리고 서구 문학은 그러한 그리스도의 신성에 대한 개개인의 대응과 체험을 긍정적이든 부정적이든 이야기 구조와 캐릭터를 통해 다양하게 그려낸다. 종종 사람은 정신적으로는 그리스도의 신성에서부터 육체적으로는 부활을 모색하는 그리스도의 불멸성에서 그 모델을 찾는다. 그리스도에 대한 신앙 유형은 종교적 형태라기보다는 점차 그 성육화 개념에 대한 개개인의 종교철학적 인식에서부터 포스트모던 문화의 특성까지 현대인의 일상 삶에 폭 넓게 미치게 된다.

우선 육체에 앞서 사람이 정신적으로나마 신성을 추구하던 시기는 꽤 오래된 과제에 해당된다. 신의 신성을 사람의 신성으로 추구하던 문학은 상당히 오랜 전통을 갖고 있다. 일찍이 영국의 시인 블레이크(William Blake)는 사람의 신성은 무의식적인 무신론자가 아니라 참회한 무신론자에서 그 전형이 발견된다고 한다. 그에 따르면 자신 시대의 사람들은 습관적으로 교회를 다니며 부활을 바라는 위선적인 자세를 보이고 있다고 한다. 블레이크 시대처럼 키에르케고르 또한 당시 정신적인 부활을 바라는 위선자를 질타하게 된다. 도스토예프스키(F. M. Dostoevskii)는 사람의 물질 숭배와 주술적인 신비주의 경향을 비판하게 된다. 그는 사람의 죄에 대한 그 심리적인 근원성을 다시 상기시키고 있다.

특히 카라마조프의 형제들처럼 이반의 이야기에서 도스토예프스키는 사람을 정신적으로나 육체적으로 죄인이라는 의식을 다시 불러일으킨다. 그에 따르면 사람의 자유와 책임은 개개인의 능력을 넘어서고 있다. 그 실제는 궁극적으로 그리스도에 대한 해석에서 비롯된다. 사람과 사람의 신성에 대한 도스토예프스키 소설의 전개는 몇 가지 시대적인 증후를 보여주는 좋은 예이다. 요약하면 정신적으로나마 그리스도의 신성에 대한 블레이크나 키에르케코르의 영향을 어떤 형태로든 받지 않을 수 없던 도스토예프스키가 그리고자 한 사람은 정신적인 자유를 가진 세속적인 의미에서의 사람 형태이다.

이들은 서로 간의 방향은 다르지만 그리스도의 신성처럼 인간의 신성은 그들에게 영원한 구원의 실체일 수 있다. 즉, 시인의 영원한 힘처럼 그리스도에게서 본 신성은 제도나 법규보다 인간의 감성과 정신에 따라 자유롭게 행동하는 실체이다. 다만 키에르케고르나 도스토예프스키 등은 사람의 신성보다 그리스도 신성을 구현하는 사람의 신성에 더 관심을 갖게 된다. 이들에게 디오니소스적 쾌락은 육체보다 정신에 있고 이 정신적 쾌락 또한 신을 향한 그리스도의 신성에서 벗어나지 않아야 한다.

이제 니체에 이르러 그리스도에 대한 신성은 가장 훌륭한 사람으로서 사람의 신성을 의미하게 된다. 사람의 신성은 정신적인 즐거움은 물론 육체적인 쾌락을 의미하게 된다. 거기에는 다른 추상적인 모습의 신이나 신의 존재는 없다. 사람이 스스로 정신이나 육체에서 보두 그 신성을 추구할 때 신이 재현된다는 뜻이다. 이런 자세는 때로는 비기독교적이거나 반기독교적어서 비신앙으로 비치게 된다. 아무튼 그리스도의 신성이든 사람의 신성이든 모두 사람의 자유와 선택을 중시하게 된다. 이러한 시대적 정서는 니체와 같은 급진 자유주의 사상을 잉태시킬 수 있는 환경이 되기도 한다.

이렇게 니체 유형의 사람의 신성은 육체에서부터도 매우 낭만적이었고 자유주의적이어서 오늘날의 개개인의 쾌락주의에 기여한 바가 크다. 니체는 사람은 영리한 동물이어서 자기에게 유용한 것만이 좋다는 시각을 갖게 되는, 철저하게 실용적인 자세를 보이게 된다. 이는 소위 낭만적 실용주의 자세라고 볼 수 있다. 그 중심은 그리스도로부터 인간 개개인의 정서와 창조력을 가장 쓸모 있게 찾는 일이다. 이러한 흐름은 인간의 타고난 능력을 불신하거나 인간의 본성을 인간 이외의 외적인 체계로 접근하던 기존 사상이나 정신 중심의 그리스도의 신성을 거부한다.

이처럼 개인의 감성과 창의력을 유용하게 생각하는 낭만적 자유주의 사상은 사람의 의미를 새롭게 주도하며 종교에서든 사회에서든 사람에 대한 생각을 크게 바꾸게 한다. 이 흐름에 니체는 매우 중요한 인물이다. 니체는 자신 이전의 블레이크처럼 사람과 삶의 의미를 유용성의 가치로 표현하려는 언어와 사유 체계를 갖고 사람의 신성을 정의하려고 한다. 그의 유명한 말인 "신은 죽었다"는 주장은 초자연적인 신성의 의미에서 더 이상 인간의 삶을 생각하지 않는다는 태도이다. 블레이크의 생각에는 사람 내면에 성스러운 체험이 존재한다는 것이고 니체는 이를 사람의 욕망에 대한 창조적 의지로 본다.

다시 말하면 니체에게 신의 신성을 파괴한다는 생각 자체는 사람의 창조적 의지를 회복한다는 의미이기도 하지만 사람 스스로 초자연적인 신성을 갖게 된다는 사실을 의미한다. 이처럼 니체는 인간의 의지로 인간의 한계를 극복하고자 하고, 그 의지 자체로부터 초인간이라는 사람 중심의 '신' 이미지를 창출시킨다. 따라서 신의 신성에 집착하는 일은 사람의 자기 창조를 크게 방해하는 일로 비치게 되고, 뛰어난 사람의 능력을 저하시키는 행위로 여기게 된다. 그에게 신의 신성의 의미는 없고 그리스도의 초인간적인 신성은 창의성에 대한 사람의 능력을 의미하게 된다.

사실상 니체는 여기에서 독일 사상의 한 핵이라 할 수 있는 이상주의로 되돌아간다. 그가 추구하는 초인간형은 궁극적으로 이상적인 자유인이다. 니체는 초인간을 통해 기존의 모든 제도나 사상의 틀로부터 해방과 인간의 자유를 선언하고자 한다. "짜라투스트라는 이렇게 말했다"를 통해 니체의 초인간은 인간의 자기 극복이라는 형태로, 때로는 종교에 가까운 열정으로 가득 차게 되고, 때로는 영웅으로서 사람을 구세주로 그리게 된다. 블레이크로부터 신은 인간이 되고 니체로부터 인간은 다시 구세주인 그리스도의 신성으로 재탄생하게 된다.

니체의 글은 형식에 있어 거의 자서전적인 소설이라고 할 수가 있다. 그의 짜라투스트라는 시인의 이미지로 그려지고 있으나 그의 내면은 방황하는 시적인 욕망과 열정의 화신으로 가득 채워진다. 이는 시의 체험으로부터 열정적인 신성을 찾던 블레이크와 같은 시인을 육체적 욕구와 욕망까지 포함한 구도자의 이미지로 더욱 구체화하고 이상화한 것이다.

시와 신성에 대한 이런 관계는 영국 시인 아놀드(Matthew Arnold)에게도 조금은 다른 유형이지만 지속적으로 전개된다. 아놀드는 빅토리안 시대의 시인이며 문화 비평가이지만 이전 낭만주의 정신으로부터 자유로울 수는 없다. 이점에서 그도 낭만적 자유주의를 배경으로 한 현대적 의미의 신성을 받아들인다. 아놀드의 경우 블레이크가 시로부터 신앙의 정신을 예찬한 만큼은 아니지만 기본적으로 시의 구도의 가능성을 받아들여 시의 정신과 사람의 신성을 인정한다. 그러나 신의 신성의 경우에서는 니체처럼 신에 대한 기존의 이해방식에 대하여 심각하게 부정적이다.

블레이크나 니체와는 달리 아놀드는 사람의 창조적인 의지 안에서 무엇인가 신성한 신앙을 찾지는 않는다. 아놀드는 반기독교적이라기보다 그리스도를 사실로 인식하고 싶어 하지만 대신 그 종교에 대한 감정을 보다 객관화할 수 있는 신앙의 영역을 찾게 된다. 이것이 아놀드에게도 시의 영역인 셈이다. 그래서 시는 과학이 가져다 준 삶의 불안정한 가치관을 탈피할 수 있는 새로운 토대로 여겨지게 된다. 아놀드에게 시의 감성은 사람을 사람답게 만드는 능력이 있다고 여기기 때문에 그는 시로부터 사람의 신성이라는 고유한 가치를 갖게 된다. 그는 사람이 남긴 우수하고 이상적인 문화유산이 사람의 질병을 치유할 수 있는 가치가 있다고 생각하게 된다. 유럽 문화의 보편성이 그리스도 신성에 두고 있는 사실을 생각하면 위대하고 올바른 사람의 가치를 시에서 찾던 아놀드의 자세는 이해가 된다.

시와 사람의 신성에 대한 생각에는 니체의 디오니소스적 쾌락이 크게 작용하지만 사실 육체에 대한 디오니소스적 쾌락은 다른 작가에게서 찾아지게 된다. 로렌스(D. H. Lawrence)는 육체의 성스러움을 통해 종교적 차원의 신성을 가지려고 한다. 그리스도의 신성에서도 그의 육체를 비유하여 쾌락적인 자연인을 통해 로렌스는 사람 육체의 신성과 부활을 모색한다. 본능과 정서적인 삶이 돈과 기계 중심의 세상을 이길 수 있다는 이들의 생각은 그리스도가 육체적으로 부활하였다는 것과 자연인으로서의 인간만이 삶과 실존의 근원이라는 원시 기독교 신앙에 기반을 두게 된다.

로렌스의 그러한 디오니소스적 쾌락에는 당시의 사람에 대한 평가가 매우 불확실하거나 불균형적이었음을 반증하고 있다. 사람과 삶에 있어서 사람의 이성과 감성의 조화를 추구하기보다는 분열의 원리를 더욱 강화시키고 있다는 시대의 진단이 크게 작용한 결과이다. 이성의 입장에서 보면 오늘날처럼 삶은 더욱 기계화되어 가고, 감성의 입장에서 보면 사람은 본능에 더욱 충실하며 이단적으로 세속화되어 간다.

그렇다고 니체의 디오니소스적 자유주의가 시대의 대세는 아니다. 어떤 의미에서 신은 유기적인 삶의 형태보다 생명이 없는 추상적인 형태로 예술이 추상화시키는 바람에 사람들은 고도의 스타일을 찾게 된다는 지적도 있다. 이런 식으로 서구 문화와 전통을 이해한다면 서구의 신은 서구인들의 의식 혹은 무의식을 지배하는 거대한 공룡과도 같다. 신의 신성이 기존의 형태는 아니지만 어떤 형태로든 서구 문화 속에 큰 틀을 유지하고 있을 것이라는 가정은 반기독교적인 색채가 강한 니체의 디오니소스적 휴머니즘에서도 적나라하게 나타나고 있기 때문이다. 여기에 주목되는 현상은 실존적 휴머니즘의 영향 때문에 반동 신보수주의 경향인 신 중심의 휴머니즘이 다시 등장하기도 하지만, 동시에 문학이나 철학을 통해 사람의 신성에 대한 급진 자유주의 견해도 계속 발전하게 된다.

신성에 대한 신 중심의 신보수주의자들, 혹은 휴머니즘을 사람의 이성 중심으로 보는 사람들 모두 로렌스나 니체 같은 감성 중심의 자유주의자들을 신랄하게 비난하게 된다. 즉, 육체의 자유로움이나 감성 중심의 자유주의 논리는 인간은 진보한다는 믿음에 있다. 하지만 이는 인간에 대해 지나친 신뢰를 주는 것을 꺼리는 사람들에게 이러한 믿음은 오히려 불신과 위기를 가져다준다. 어떤 면에서 이러한 결과는 자유주의가 가져온 논리적인 귀결일 수밖에 없다. 인간의 잠재력과 능력을 결정적으로 호소하던 20세기에는 그처럼 자유주의가 사회에 대한 근본적인 책임을 회피하고 있어 보인 것도 사실이다. 이런 연유에도 불구하고 사람은 기술을 발전시키고 사람의 신성을 물질세계에서 구현시키며 사람의 한계를 인정하지 않으려고 한다.

21세기에 들어서도 사람의 자유와 존엄을 부정하는 어떤 식의 입장에도 불구하고 사람은 자유와 선택을 자신의 유용한 측면에서 찾게 된다. 아이러니하지만 사람의 그 욕구는 니체가 말한 디오니소스적 쾌락을 버리기보다 오히려 그 진화를 모색하게 된다. 그것은 사람과 삶의 문제는 지속된다는 것이고 사람은 자신의 구원 문제를 다른 차원에서 해결하려는 움직임을 멈출 수 없다는 인식에서다. 이로부터 사람의 신성은 사람의 존재와 가치에서도 부활이나 구원을 찾게 되지만 다른 한편으로 스스로에게 신성을 부여하려는 열정을 포기하지 않는다. 디지털기술 시대에서도 사람은 초월의 문제를 다루게 된다. 거기에는 사람의 쾌락에 대한 욕구가 있다. 어떤 형태로든 사람이 삶을 초월하려는 노력을 버릴 수 없기 때문에 세상 속에서 삶의 불멸성을 창조하려는 사람의 욕망은 멈추지 않는다.

결국 사람은 어느 시기에도 그러하듯이 자신의 자유와 선택에 따라 구원 자체를 열망하게 된다. 그래서 블레이크나 니체에 의해서도 그러한 쾌락은 방향만 다를 뿐 사람에게 부활이나 구원은 정신이나 육체 어느 방향에서 출발을 하든 개개인의 선택에 의해 찾아지는 그 무엇이다. 이처럼 사람은 독특한 사회적, 역사적 유산, 즉 특별한 환경에 따라 다양하게 대응할 수 있는 능력을 보이게 된다. 디지털기술 시대가 도래한다고 하더라도 사람은 때로는 자신의 자유를 부정하기도 하지만 새로운 삶의 환경에 적응하게 된다. 특히 사람은 이중의 가능성, 즉 확실하게 살 수도 있고 불확실하게 살 수도 있다는 자유와 선택을 자연스럽게 받아들이게 된다.

어떤 의미에서 불확실한 삶이란 개인이 기계문명이나 물질세계의 결정에 따라 사는 것을 의미하기도 한다. 그럼에도 사람은 자기의 안전을 기계나 물질에서 다시 찾게 된다. 죽음의 문제에서도 사람은 스스로 벗어날 수 없지만 자기의 삶을 스스로 살아야만 한다는 사실을 깨닫게 된다. 삶과 죽음은 철저히 자기 개인의 문제임을 또한 깨닫게 된다. 그래서 디오니소스적 휴머니즘의 의미에서 보면 확실한 삶이란 사람 개개인이 자기 자신에 대한 자유로운 삶을 가정할 때에만 의미를 갖는다.

종교의 경우에도 자유주의는 사람이 전력을 다하여 사회에 적응하고 있다는 사실을 알게 해준다. 이러한 이면에는 종교철학이 이미 낡은 사고라는 인식되기는 하지만 그럼에도 종교로서 서구의 기독교는 디오니소스적 휴머니즘을 적극 옹호하게 된다. 결국 기독교 신앙이 디오니소스적 휴머니즘을 수용할 수 있다는 시각에는 성경에 대한 접근을 어떻게 할 것인가 하는 문제이기 때문이다. 단적으로 키에르케고르의 경우 성경에 대한 디오니소스적 휴머니즘을 보여준 한 예일 뿐 아니라 사람의 신성을 초월적으로나 세속적으로 동시에 수용하려는 자세를 보여주게 된다. 이는 디오니소스적 휴머니즘 기반의 기독교 신앙을 가리킨다. 성경에 대한 그 나름의 디오니소스적 해석이 가능한 것은 성경의 진리가 인간의 이성으로 모두 이해될 수 있는 것이 아니기 때문으로 보인다. 거기에는 감성과 육체에 대한 욕구나 욕망이 쾌락적이라고 하더라도 사람에게 어떤 가치를 보여주고 있기 때문이다.

사람의 문제를 신 중심이나 혹은 이성 중심으로 해결할 수가 있다면 무엇 때문에 성경과 오랫동안 옥신각신할 필요가 있으며, 무엇 때문에 이성의 진리에 대해 철학에서나 윤리에서나 서로 논쟁을 거듭할 필요가 있겠는가. 신앙에서도 그리스도가 유일한 구원자로서 신과 인간에 대한 사랑밖에 제시할 것이 없다면 논쟁을 더 이상 할 필요가 없다. 그러나 무엇보다 지드가 보여준 것처럼 예수가 하늘의 사명을 자각한 사람이고, 또한 사람의 구원을 위한 신의 택하신 자로 스스로를 선포한 사람이라면 사람의 가치는 기존의 방식과는 다른 방향에서 찾게 마련이다. 다시 말하면 사람에게 적어도 자신의 신성이나 불멸성에 관해서는 예수의 신성을 자신에게 유용하게 해석하여 찾게 된다.

정신에서든 육체에서든 사람의 신성은 이미 디오니소스적 의미에서 세속화를 거쳤기에 과거의 정통 윤리나 신학이나 철학 사상으로 되돌아 갈 수는 없다. 일단 디오니소스적 휴머니즘에 대한 가치를 발견한 이상 사람은 이를 가능한 모든 수단을 통해 적극적으로 찾게 된다. 신앙에서나 철학에서나 문학에서나 사람의 자유와 선택의 문제는 신보수주의에 대응하면서도 자신의 가치를 철저하게 실현하려는 의식과 관련이 깊다. 이러한 새로운 사명에 대해 사람은 늘 새로운 변화를 모색하게 될 것이다. 문학은 이러한 사명에 충실하게 새로운 서사구조와 캐릭터를 창출할 것이다. 누구도 미래의 사람의 유형에 대해 예단하기는 쉽지 않을 것이다.

최근 댄 브라운의 <다빈치 코드>는 여성과 육체에 대한 억압을 받던 사람의 자유와 해방에 관한 이야기일 수가 있다. 또한 사람의 원시성을 회복하려는 새로운 시대의 자유와 해방에 관한 이야기일 수가 있다. 이제 사람과 삶은 모든 것으로부터 해방을 추구하며, 자유를 누리는 쾌락에서 조차도 휴머니즘의 본분에 충실하려고 할 것이다. 디오니소스적 원시 유형의 쾌락이란 원시 인간이 누렸던 육체 그대로의 기쁨, 육체와 결합된 정신적인 희열을 나타내며, 사람은 이러한 쾌락과 희열을 중시하던 원시사회를 디지털기술과 기계문명 사회에서도 회복하고 싶어 한다. 기독교 역시 예외는 아니다.

<다빈치 코드>의 장미는 오래전에 인간의 역사로부터 사라져버렸던 원시 신앙의 상징이라 할 쾌락의 장미를 찾으려는 디오니소스적 신앙의 열망

을 담고 있어 보인다. 이로 보아 미래의 휴머니즘은 사람의 본질적 의미를 담은 영원한 해방과 구원을 찾는 데 있겠지만 그 형태는 정신보다 육체에 기반을 두게 될 것이다. 사람의 육체 또한 정신문화에서처럼 늘 성지를 찾아가는 순례자의 행진에 비유된다.

21세기 『다빈치 코드』의 이야기 내용은 놀라울 것이 없다. 사람은 그 신성을 찾는 나름의 도전을 끝없이 보여주며 진화를 모색한 역사가 있다. 사람을 구원한다는 예수의 가르침은 오랫동안 세상을 이끄는 힘이 되었지만 그의 신성은 사람의 자유와 선택에 관해 이야기를 하고 있어 보인다. 상상력과 사실을 바탕으로 그려낸 이야기, <다빈치 코드>는 현실과 이상, 속과 성의 세계를 넘나들고, 동시에 사람이 살아가는 세계를 이야기하고 우리가 어떻게 살아가야 하는지를 제시하며, 사람과 세상을 이해하는 이야기 형식이다. 이처럼 문학은 사람의 가치와 삶의 방식을 전달하는 아주 일반적인 디오니소스적 휴머니즘 형식이며, 동시에 특별한 서사 구조와 캐릭터를 통해 그 나름의 진정한 사람의 가치를 찾아 나서게 된다.

전통적인 신의 가치나 신성이 쇠퇴하고 사람 중심의 휴머니즘이 성장하게 된 것은 19세기에서 20세기에 걸쳐 서구 문화의 급격한 변화중의 하나이다. 오늘날의 사회와 사람의 의식은 이런 문화적인 변화에 중대한 영향을 받고 있다. 블레이크, 아놀드, 로렌스 등 문학의 글쓰기는 가장 철저하게 세속화한 형태를 나타내는 디오니소스적 휴머니즘의 어휘로 변하여 간다. 키에르케고르와 니체에게서 보듯이 기독교를 향하든 반기독교를 지향하든 사람 개인의 가치와 평가는 엄청나게 다양하게 전개된다. 이점은 신의 신성에 대한 불신에서 비롯되고, 사람의 신성이 다각도로 시도되고 있음을 의미한다. 또한 동시에 문학에서는 도스토예프스키나 신학에서는 틸리히(Paul Tillich)에게서 보듯이, 현대는 개인의 존재의 중요성을 인식하고 종교에서도 이에 따라

신의 의미를 재해석하는 작업을 시도하게 된다. 20세기는 이를 둘러싸고 사람의 신성에 대한 의의와 종교상의 새로운 논쟁을 가열시키기도 한다.

개개인의 자유와 선택을 중시하게 된 디오니소스적 휴머니즘 연구는 사실상 지난 몇 세기에 걸친 서구 담론 중심의 휴머니즘의 흐름을 이해하는 데 도움이 된다. 사람에 대한 다양한 인식과 정의가 사람의 체험이나 의식을 다양하게 살펴볼 수 있는 시대적 특성이라고 한다면, 사람의 주체에 대한 의미를 규정하려는 새로운 노력은 신앙은 물론 문학, 철학에서도 부단하게 지속되고 있다. 그것은 사람의 실존적 상황이나 조건이 부단히 변하고 있기 때문이기도 하지만 사람의 생존방식이 변하고 있기 때문이다.

사람과 삶에 대한 정의에 앞서 사람이 추구하는 자유와 해방은 어느 시대 어느 공간에서도 있던 사람과 세계 사이에서 사람 개개인의 자기 이해적 과정이라 생각되어 진다. 종교 또한 사람의 존재와 그 존재를 둘러싸고 있는 세상을 이해하는 방식이라면, 사람과 사람이 살아가는 조건을 살펴보고 살아야 하는 것이 무엇이며 어떻게 살아야할 것인가를 그 나름으로 폭넓게 그린 셈이다. 사람에 대한 이러한 그림은 어느 의미에서든 동시대의 사람에 대한 성찰을 벗어날 수 없는 부분이 있다. 그러므로 삶의 조건으로부터 생존에 대한 자유를 갈망하던 사람은 현대라는 시공간은 물론 종교를 벗어나면서까지 물질에서도 더욱 절실하게 찾게 될 것이다.

결국 사람은 자신의 삶의 가치, 그리고 자유로운 의식을 지향하는 그 무엇을 늘 찾기 마련이다. 다양한 사람의 모습 속에서도 크게 보아 20세기 사람의 두 가지 형태는 삶의 세계를 전향적으로 수정하려는 의식적 자세, 그리고 방황하고 고통을 받는 무의식적이면서도 무기력한 자세로 나누어 질 수 있다. 후자의 경우도 단지 방황하고 고통을 받기보다 그 자체의 체험에서 새로운 모습의 사람의 가치를 찾게 된다. 실제적으로 거세어지는 물질위주와 세속주의의 등장은 사람의 무가치와 사람의 한계를 다루게 되지만 그런 과정은 새로운 질서를 자연스럽게 가져오게 된다. 즉, 사회의 비대화와 몰가치성이 커지면 커질수록 어떤 형태로든 새로운 가치 질서를 지향하려는 인간의 욕망은 더욱 분출시키는 계기가 된다. 여기에 사람의 이성이든 감성이든 사람에 대한 가치를 자유와 해방에 둔 디오니소스적 휴머니즘의 경향을 목격하게 된다. 사람은 감성이나 심지어 육체의 욕구나 본능에 호소함으로써 본질적인 사람다움의 가치를 지향하기까지 하게 된다.

우선 문학의 세계는 사람의 허무와 삶의 몰가치를 비관적으로 그리고, 소외와 격리 혹은 의미 없이 표류하고 정처 없이 방황하는 사람의 실존 위기와 부조리한 상황을 기술하게 된다. 그러면서도 이러한 문학 세계 역시 새로운 삶의 가치와 자유를 함께 그려내고 있다. 소위 포스트모던 정신이나 기계문명은 이러한 사람 중심의 자기중심적 자유와 욕망이 만든 산물이다. 디오니소스적 휴머니즘은 이러한 과정에 의해 극단적인 시험대에 오르게 되고, 우리가 오늘날 경험하고 있는 디지털기술과 기계문명의 삶의 형태로 진화되어 간다.

그럼에도 불구하고 다른 한편으로 현대 문학과 철학은 부정을 확실한 긍정으로 승화시키려는 키에르케고르적 신앙 체험 또한 거대한 흐름으로 인식한다. 그리스도의 신성은 신보다 사람에게 찾게 되고, 신의 신성조차도 사람에게서 실현하려는 움직임은 멈추지 않는다. 즉, 디오니소스적 신앙 또한 그리스도를 사람에게서 찾게 되고, 그리스도 안에서 부정과 부조리를 통해 사람의 주관적인 열정을 확실하게 체험하는 형식으로 전개된다. 디오니소스적 휴머니즘 문학은 어떤 면에서 종교의 해체를 통해 원시적 신앙의 감정을 복원하려고 노력한다. 고통, 죄의식, 죽음, 회의, 부정, 사랑 등은 복합적으로 디오니소스적 휴머니즘 문학에서 체험되는 자유와 해방이라는 역설적인 구원들로 묘사된다.

　　결국 사람의 자유와 물질에 대한 욕구는 문학의 서사구조와 캐릭터를 통해 그 궁극의 의미를 표현하려는 욕망으로 나타나기도 하고, 궁극적인 것을 구현하려는 종교 미학의 열망과 종종 일치하기도 한다. 이처럼 사람은 문학의 형식에서 그 나름의 디오니소스적 신앙 형태를 구현시키는 속성을 보여주기도 한다. 이처럼 현대의 디오니소스적 휴머니즘 정신은 인간이 소외를 벗어나려는 격렬한 반동 정신이지만, 동시에 사람의 측면에서 어떤 형태이든 현실 삶의 조건을 벗어나 본 적이 없다. 나아가 이러한 정신은 시대별 특성은 다르지만 사람 개개인의 삶과 자유로운 선택에 기반을 두고 있게 된다.

제6장

공동체적 휴머니즘

20세기 후반부 이후에도 서구의 기독교와 사람 중심에 대한 논쟁은 줄어들지 않는다. 기독교가 아무래도 신 중심이라는 오랜 문화적 배경과 역사가 있기 때문에 니체나 키에르케고르 등에 의해 제기된 사람 중심의 기독교나 반기독교 정서에도 불구하고 여전히 사람에 대한 관심이 줄어들지는 않고 있다. 아마 줄어들지도 않겠지만 예수에 대한 해석을 사람 중심으로 하게 될 경우 오히려 새로운 종교 차원의 디오니소스적 휴머니즘일 수 있을 게다. 여기에서는 현대 영국의 대표적인 여성 작가인 아이리스 머독의 1958년 픽션 <종>이 니체 이후 1세기 정도가 지나 있기는 한다. 하지만 서구의 기독교적 관심이 적지 않은 현실을 감안할 때 종교 차원의 디오니소스적 휴머니즘은 여전히 세인의 관심을 끌게 한다.

20세기 중반의 머독의 작품에는 대체로 종교적인 관심이 지배적이며 선악의 주제가 다루어지고 있기는 한다. 하지만 과거 신 자체에 대한 관심보다 사회 중심의 종교에 관심을 많이 보이는 변화를 볼 수가 있다. 물론 사회 중심이란 사람 중심의 선악의 문제보다 사회관계에서 만들어지는 선악의 문제를 말하고 있다. 그 만큼 사회 속의 사람과 사람들의 삶이 종교 문제의 중심이 되고 있다. <종>이라는 작품도 예외는 아니어서, 머독을 보면 서구인들의 선악의 문제가 여전히 가볍지 않지만 과거 종교 자체의 논란에 비추어 선악의 문제를 보려는 자세와는 사뭇 다르다.

그럼에도 현대는 종교의 기능이 크게 쇠퇴한 시기임에도 불구하고 20세기 후반에 활동한 저명한 현대 작가라 할 수 있는 머독에게서 선악의 문제가 크게 대두되는 거는 서구 사회의 기독교 뿌리가 가볍지 않다는 것을 느끼게 해준다. 사실 사람들이 과거보다 종교에 많은 관심을 갖고 있지 않는 것은 사실이다. 표면적으로 현대의 종교는 과거보다 보편화되어 있지 않고, 이미 사회내부에서 더 이상 중요한 사회적 기능을 하고 있지 못할 정도로 세속화되어 있다고 믿어진다. 따라서 종교의 선악의 문제는 문학에서 직접적인 주제로 나타나는 정도가 과거보다 매우 적게 보이는 것도 사실이다. 그렇지만 머독에게서 보듯이 실상은 종교에 대한 관심이 뿌리가 깊어 문화 현상이나 문학 세계에서 표면상 사라졌다고 보기 어렵다. 오히려 머독의 경우처럼 현대 이야기는 종교적인 문제를 직접적으로 다루기보다 매우 상징적으로 드러낸다.

무엇보다 문학은 종교의 상징과 관련된 주제를 다양하게 표현하는 수사학의 범주에 속한다. 문학의 수사학이란 내러티브 형식을 통해 그 말하고자 하는 주제의 효과를 극대화시키는 방법론에 해당된다. 실제로 선악의 문제는 종교의 본질세계 보다 사람의 상상력에 의해 세속화될 때 그 주제가 더욱 현실감 있게 전달된다. 이때 문학, 즉 이야기 말하기는 세속에 대한 환유 구조를 가리키고 종교적인 관심은 그 은유에 해당되는 수사학의 양대 기본 틀이다. 예를 들면 머독의 내러티브 구조에는 다양한 사회 형태와 종교의 문제가 어우러진 현대인의 삶의 이야기가 전개된다. 이 삶의 이야기가 전개되는 문맥 자체가 환유의 틀에서 이루어지고 있다. 이처럼 환유란 이야기 구조 자체를 가리키기 때문에 매우 현실적인 특성을 갖고 있다. 대체적으로 사실적으로 느껴지는 문학 세계는 문학 내의 모든 요소들이 상호 유기적으로 관계를 맺고 매우 현실감을 주며 함께 움직인다.

<종>의 경우 이러한 텍스트의 문맥인 환유의 구조로부터 우리를 그 텍스트의 주제라 할 수 있는 구원의 문제인 은유로 인도한다. 문학은 이런 수사학의 견지에서 종교적인 제의의 한 형태일 수 있다. 따라서 문학은 때로 종교의 이데올로기 양식으로 오인을 받기도 한다. 하지만 문학 속에 구원의 경험과 형식이 존재하고 있는 것을 부정하기가 어렵다. 머독의 문학은 형식뿐만 아니라 내용에서도 선악에 관한 구원의 문제를 다루고 있는 점에서 그녀의 내러티브는 삶 중심의 종교적 수사학이라 하여도 지나친 표현은 아니다.

삶의 관점에서 휴머니즘을 전달하는 형태로서 문학의 수사학은 현대 영국 작가들에게도 흔히 발견된다. 그 중에서는 노벨 문학상을 받은 윌리엄 골딩은 사람의 선악의 문제를 시험해 보기 위해 다소 비현실적인 인물과 공간이기는 하지만 신 자체에 대한 논쟁보다 사람들이 살아가면 만들어 내는 선악에 대한 성찰을 다루어 본다. 다시 말하면 종교적인 본질을 다루는 식의 신앙 문제를 사람의 삶에 직접적으로 끌어들이지 않고 가상현실을 통해 사람관계에서 만들어지는 선악의 문제를 다룬다. 이러한 가상현실에 대한 내러티브는 삶 중심의 휴머니즘을 효과적으로 표현하려는 수사학에 해당된다.

이런 양상은 골딩 이전에도 토마스 하디의 이야기 세계에서도 보여 진다. 하디는 일찍이 현대의 가치관이 개인이나 사회 문제를 모두 해결할 수 없다고 인식하고 이를 대체할 수 있는 가치관으로 전통적인 기독교 세계관을 그리고 있기는 한다. 하지만 그 역시 자신의 문학 세계에서 사람의 가치를 종교적인 차원에서 직접적으로 논하지는 않는다. 머독처럼 하디나 골딩 모두 자신의 문학이 매우 종교적이라 느끼게 할 수 있는 부분에서는 신중하다. 따라서 이들의 휴머니즘은 보다 직접적으로 그 이전 시대와는 달리 사람의 선악 문제보다 상징적으로 사회의 악이나 인간의 선악을 처리하는 데서 다소 다른 양상을 보이게 된다.

예를 들면 <종>의 '임버 공동체'는 종교 수련원 형태의 집단 사회로 한편으로는 알레고리적이면서도 동시에 리얼리즘의 형태를 취하고 있다. 골딩의 <파리떼의 대왕> 역시 우리가 직접 살아가는 사회를 떠난 섬이라는 설정과, 사람의 선악 문제가 원시적인 자연의 환경에서 일어나고 있는 상황이 주목된다. 이때 골딩의 내러티브는 섬이라는 환경으로 인해 알레고리적인 형태를 취하게 된다. 근친혼에 대한 하디의 내러티브의 경우 영국 내륙의 지리와 사회라는 환경으로 인해 골딩보다 훨씬 많은 사실감을 주게 된다. 이들 모두 문학이 내용상 사람의 선악의 문제를 다루고 있는 점에서 내러티브의 형태는 수사 방법의 문제일 뿐 종교 차원의 디오니소스적 휴머니즘을 상징적으로 시험하고 있는 것이 사실이다.

『종』의 내러티브는 '종'이라는 상징을 통해 사람의 의식 변화와 사람관계를 기반으로 한 휴머니즘을 다소 다른 이야기 방식으로 전개할 뿐이다. 하지만 수사학의 구조상 파리떼, 근친혼, 그리고 종은 모두 종교적 상징을 나타내는 은유에 해당되며 본질은 모두 긍정적인 의미이든 부정적인 의미이든 사람과 이들의 삶에 대한 디오니소스적 쾌락을 시험하고 있다. 이 상징을 표현해내는 이야기 과정은 서로간의 다소 다른 내러티브 구조를 가지고 있는 각기 다른 세속의 틀에 해당된다.

머독의 구원론에 따르면 사람은 육신으로 인한 갈등이 생기기 이전, 경험 세계 이전에 희미하게나마 이상적인 선이 존재한다고 인식하여야 한다. 데보라 존슨이 지적한 것처럼 플라톤의 이데아처럼 사람에게는 직관에 의해서만 이를 수 있는 어떤 이상적인 형태가 있다고 머독은 믿게 된다. 이러한 선의 경지를 실제 사람이 살아가면서 이룰 수 있다면 이는 사랑이라고 생각하게 된다. 그렇지만 종교에서 말하는 추상적인 의미의, 혹은 늘 듣거나 말하는 사랑이라기보다 머독이 말하는 사랑은 사회생활 자체에서 나타나는 사람의 의식과 행위에서 비롯되는 궁극적인 그 무엇이다. 사람은 본래 자기중심만으로 환상을 하는 디오니소스적 경향이 있기 때문에 세속 삶에서 남을 사랑하지 못하게 되면 공동체의 선을 지향하기가 어려워지게 된다는 지론이다. 어쩌면 이러한 자기중심적 경향을 이기심으로 표현할 수 있지만 이기심이 자기중심적으로 모든 사물을 판단하고 자기의 이해만을 추구하게 된다면 사람이 선하게 사람다워지기가 어렵다는 뜻이기도 한다.

머독이 말하고자 하는 삶 중심의 공동체적 휴머니즘은 사람이 자기중심적으로 환상하고 자기 세계에 빠져 자기만의 중심으로 세상을 바라보게 될 경우 이는 일종의 나르시스적 환상일 뿐 사람을 악으로 볼 수는 없다는데서 출발한다. 그래서 이기심은 인간 내면에 존재하는 악의 근원이 될 수 있지만 자기중심적인 환상은 악은 아니다. 어쩌면 이러한 자기중심주의는 사람에게 너무 당연한 현상일 수 있음에도 종교적인 관점에서 사람을 악으로 규정한 역사가 있다. 하지만 자기중심주의는 남을 진정으로 이해할 수 없게 되기 때문에 사람이 악의 화신이라기보다는 세상의 악에 쉽게 빠지게 된다는 거다. 그래서 사람은 이 악에 빠지지 않기 위해서 부단한 자기수행을 필요로 하고,

남을 진정으로 사랑할 수 있어야 한다는 머독의 현실적 휴머니즘이 공동체를 기반으로 제기된다.

이처럼 <종>은 공동체 문제와 디오니소스적 휴머니즘 문제를 이야기 말하기 형식(여기에서는 수사학적인 측면에서 환유의 방식)으로 전달하고 있는 측면에서 크게는 알레고리 형식이다. 그래서 우리는 문학으로부터 공동체 관련 디오니소스적 휴머니즘의 형식을 새롭게 발견하게 된다. 물론 문학이 휴머니즘에 관한 모든 주제를 대신하게 된다는 생각에 머독이 동의하지는 않겠지만, 적어도 문학이 이를 표현할 수 있는 적절한 수사학의 양식이라는 생각은 부정하기가 어렵다. 특히 머독의 <종>은 쾌락의 문제를 매우 사실적으로 제시하면서도 여성 작가의 섬세함에서 비롯될 수 있는 사람간의 내면세계를 매우 섬세하게 표현하고 있다. 그러므로 그녀의 문학 세계는 에피소드 중심이나 다소 환상적인 세계를 이루고 있는 하다나 골딩의 문학보다 동시대적이라는 느낌을 준다. 우선 사람들의 섬세한 심리 묘사나 정신분열증, 그리고 사회악의 원인으로 보는 마약이나 동성연애 등을 이야기 과정의 중심으로 끌어들이는 측면에서 그런 느낌을 우리에게 강하게 준다. <종>은 여기에 쾌락의 문제가 어떻게 이러한 사람들의 심리나 사회 구조와 관련이 있을 수 있는지를 공동체의 형태로 탐구하고 있다.

<종>은 도라와 폴이라는 인물이 스토리의 주요한 구성을 이루게 된다. 머독이 여성 작가이기 때문에 당연히 여주인공인 도라가 이야기의 중심을 형성하고 있을 거라는 기대와는 달리 상대역인 폴에 대한 내레이션이 비슷한 수준으로 전개된다. 이러한 개별 인물중심의 다중 형식의 이야기 전개는 독자에게 각 인물의 내면 과정과 행동 양식을 살펴보게 해준다. 머독은 사실 여성으로서보다 내레이션을 양성 모두에 균등하게 조정한다. 이러한 기법은 다양한 사람들의 내면과 성격을 들여다 볼 수 있게 한다. 인물들의 이러한

다면적 배치는 한 사람을 중심으로 사건을 배열하던 전통적인 소설 기법을 지양하며, 여성 특유의 자기 희생과 착한 이미지를 지나치게 설정하는 자세를 피한다.

사람 모두는 사회라는 구조 안에서 상호 관련되어 있게 되며 어느 정도 타락하고 부정하고 완전하지 못한 쾌락의 존재로 그려진다. 머독에 따르면 사람들은 육체나 심리 모두에 있어 어느 정도 병이 들어 있는 존재들이다. 또한 신을 향한 사람들의 욕망은 있지만 신은 오히려 사람들에게 만족스럽지 못한 삶을 반영하는 존재이다. 또한 신의 "힘이나 특성은 세상을 완전하게 굴복시키지 못하기 때문에 너무나 빠른 속도와 기계적이며 기술적인 구조로 인해 사회가 사람들에게 안락함을 제공하지 못한다." 그러다 보니 사람은 준비가 안되어 있는 채 늘 세상에 노출되어 열려있게 된다. 그래서 어떤 사람의 성격이 그릇되어 있거나 잘못되어 있기보다, 백지상태로 보이는 자연 그대로의 성격이 현실과 충돌하는 과정에서 드러나게 된다. 존슨은 결국 사람이 "보다 깊은 자기 시험에 대한 실패와 자신들의 삶을 지배하였던 잘못된 구조를 해체하려는 시도"를 하게 된다고 한다.

<종>은 쾌락의 주제를 중심으로 많은 인물이 등장하지만 딱히 주인공을 말할 수가 없는 이야기이다. 그러나 이야기 속의 개개인의 심리 묘사라든가 각각의 인물에 대한 내면적인 상황이 깊이 있게 드러난다. 등장하는 인물들은 지극히 선하지도 악하지도 않고 각자 자신의 쾌락에 충실하다. 각자 자신에게 충실하다보니 사회관계는 갈등이 빚어질 수밖에 없다. 이 이야기는 몇 가지 사건들을 통해 각 사람의 성격이 드러나고, 또 그 성격으로 인해 사람들은 갈등을 빚어낸다. 대략 살펴보면 도라-폴, 도라-토비, 도라-노엘, 마이클-닉, 마이클-토비, 닉-캐서린, 폴-캐서린, 마이클-제임스 등 사람들의 관계 속에서 사건이 빚어진다. 그리고 이들은 한 공동체에서 서로의 다른 시각으

로 부딪히게 된다. 이렇게 형성된 사회라는 공동체는 사람의 의도와는 달리 해체의 운명을 맞게 되며 사람 또한 해체되고 분해된다.

존슨이 지적한 것처럼 스토리텔러 머독의 이야기 구조는 현실 사회를 배경으로 하고 있지만 대체적으로 전설이나 신화와 연관성을 주어 사회 공동체의 공통분모를 찾으려고 한다. 개개 인물들의 움직임이나 얽혀진 사건은 개별적이면서도 이러한 전설이나 신화와 상징적으로 관련되어 있다. 종과 임버 공동체는 두 가지 중요한 종교적 상징을 보여준다. 우선 종에 대한 전설과 이를 중심으로 얽혀지고 있는 이야기의 구조와, 그리고 임버 공동체의 종교적인 임무나 목표가 개개 인물들의 행위와 사건에 따라 전개된다. 이때 종이나 임버 공동체 모두 사람을 구원하는 은유 형태를 보이게 된다. 이야기의 후반부에 나타나는 종소리와 그 종소리에 감응하며 울리는 도라의 영혼은 이러한 극적인 예에 해당된다. "천둥 같은 종소리는 수세기 동안 말없이 묻혀있던 소리이지만 일단 울려 퍼지자 무엇인가 새롭고 위대한 일이 세상에 돌아온다." "종을 계속해 울리는 일을 제외하고는 모든 것을 망각해버린 도라는 그 종소리의 경이로움과 소리에 거의 압도된다."

우선 임버 공동체는 신앙은 사라진, 그러기에 무엇인가 궁극적인 가치를 찾아보려는 사람들이 모이고 있는 곳이다. 이들이 떠나온 세속 세계는 사람의 부도덕성을 부추기며 본능을 자극하는 세상이다. 사람들은 이러한 세상의 악에 그대로 노출되어 주어진 삶을 살아가는 사회를 벗어나고자 한다. 아이러니컬하게도 임버 공동체는 그러한 세상의 악을 정화시키는 곳으로 사람들이 모이게 되지만 오히려 그 안은 악을 부추기는 수많은 쾌락이 가득 차 있다. 머독이 보기에 공동체 내부처럼 사람은 구원을 위해 노력하지만 사회는 구원이 없다. 도덕적인 선은 존재하지만 가까이 하기에는 이룰 수 없는 경계 밖에 있으며, 사람은 이에 좌절하고 죄악을 저지르게 된다. 임버 공동체는 엘리엇의 '황무지'를 상징하고 있을 정도이다. 여기에는 악에 대한 무지로 인해, 혹은 악에 대한 특별한 의식이 없는 관계로, 오늘날의 사람은 무의식적으로 혹은 본능적으로 타락하게 된다.

어떤 의미에서 임버 공동체는 완전히 신앙적인 곳도 아닌, 완전히 세속적인 곳도 아닌 중간 지점의 수련원으로 두 곳을 위한 완충적 역할을 하는 곳이다. 여 수도원장은 마이클에게 "수도원과 세상사이의 완충 형태로 임버 코트를 수도원에 딸린 영구적인 평신도 공동체"로 만들라는 제안을 하게 된다. 빅토리아풍의 그린필드 저택인 이 임버 수련원은 일종의 이러한 수련원으로 신앙 생활을 통해 자신의 문제를 해결하고자하는 열망이 가득 찬 사람들이 공동체를 형성하고 있다. 이 공동체는 여러 사람이 모여 자급자족하는 종교 수련원 형태의 집단 사회로 만들어진다. 수도원은 아니지만 신앙촌 같은 생활을 하며 각 구성원들은 세속적인 삶에서 경험했던 죄악을 직접 고난과 수행을 통해 극복하고자 한다. 하지만 이 공동체에 살고 있는 인물들은 서로간의 사회관계에서 오히려 자기 검열의 시간과 체험을 갖게 된다. 그래서 각 인물들은 사회에서 가졌던 부패하고 타락한 모습 그대로이며 서로의 모습을 보면서 오히려 도덕적인 거부감을 줄인다. 따라서 공동체 속에서 이들은 자신이 한 행위에 맞는 대가를 치르게 된다. 이 임버 공동체의 배경인 수도원은 이러한 인물들의 도덕적인 해이와 극적으로 대비되어 있다.

일반적으로 강하고 능력이 있는 여주인공과는 달리 이야기 속의 도라에 대한 묘사는 흥미롭다. 그녀는 "추하고 가난한 학생으로", "뚱뚱하며 복숭아 같이" 생겼으며, 가진 것이라고는 "약간의 호주머니 돈"뿐이다. 여주인공인 도라는 예쁘지도 않고, 돈도 없는 가난한 학생으로 자라지만, 대학을 가게 되면서 인생의 전환점을 맞이하게 된다. 폴은 33살의 대학 강사 시절 학생이 었던 20살인 도라의 꾸밈없는 모습에 이끌려 결혼하게 된다. 그는 결혼 등

가족을 중시하고 아이를 원하는 보수적인 인물이다. 그래서 그는 겉으로 엄격하고 근엄한 모습은 물론 안으로 자기관리가 철저한 모습을 보이면서도 사회적으로는 경제적 능력을 갖춘 인물이다. 폴에 비해 도라는 사회적 관습이나 환경에 잘 순응하지 못한 여성으로 자신의 환경이나 처지를 그러한 폴을 통해 보상받고자 한다. 도라의 생각과는 달리 폴은 엄격하고 냉정한 겉모습에 비추어 다소 폭력적인 이중적인 인물로 그려진다. 도라는 그러한 폴의 딱딱하고 엄격한 모습과 폭력적인 성격에 결국 견디지 못하게 되고 둘 사이에는 갈등의 요소가 갈수록 커져만 가게 된다.

결혼 후 둘 사이에 "곧 시작된 싸움은 도라에게 [결혼이] 어떤 즐거움도 안겨주지를 못한데다 그녀를 굴욕감"에 점점 지치게 한다. 그러던 차에 도라는 젊은 기자인 노엘을 만나게 된다. 노엘은 "폴과 약간 아는 사이로, 그녀의 남편에 대한 조롱"은 늘 정곡을 찌르고 지극히 냉소적이어서 도라의 마음을 시원하게 해준다. 그보다 노엘은 종종 "심하게 술을 마시는 친구"들과 어울리며 사는 매우 개방적이고 자유로운 사람으로 도라의 해방감을 자극하는 인물이다. 심지어 그는 무신론자인데다 어디에 구속되는 것을 매우 싫어하는 사람이다. 그래서 도라는 삶을 적당히 즐길 줄 아는 노엘과 자연스럽게 어울리게 되고 그에게서 자유를 누리게 된다. 점차 노엘은 도라의 연인으로 발전하게 되고, 그 비중은 남편인 폴과 거의 비슷해진다.

노엘과의 관계로 보아 도라는 폴에 비해 다소 무절제하고 자기 방임주의를 좋아한다. 그럼에도 때로는 천진하며 순진하기도 한 그녀는 사회생활에 대한 것을 잘 모르는 소녀와 같다. 이러한 도라의 상반된 이미지는 성격적으로 노엘과 유사한 부분이 있다. 노엘의 무절제한 행동은 의도적이라기보다 복잡하고 기계적인 삶의 틀에서 벗어 나고자하는 사람의 본능에 가깝다. 이러한 노엘의 행동은 도라의 탈출구로서 잠시 기능한다. 하지만 노엘의 무절제한 삶이 잠시 위안을 주기는 하지만 궁극적으로 도라에게 만족을 주지는 못한다. 그녀는 한동안 남편과 연인을 오고가며 방황한다. 이 세 인물 모두는 우리 주변에 흔한 전형적인 인물들이다. 노엘과 폴은 많은 면에서 반대의 성격과 행동을 보이고 있고, 결혼 생활에 만족을 하지 못하는 젊은 도라는 이중적인 삶을 살아가는 여성이다. 그래서 노엘이나 도라나 폴 모두의 성격이 도덕적으로 잘못되어 있기보다는 사람이 가질 수 있는 다양한 성격들이 사회 현실과 충돌하는 다양한 모습으로 비쳐진다.

겉으로 보기에는 엄격하지만 내면에 열정을 갖고 있는 폴은 너무나 이질적인 성격을 가진 도라이지만 그녀의 열정을 또한 즐기며 좋아한다. 폴은 대체로 냉정한 측면이 많고 도라는 열정이 많아 서로는 자주 다투게 된다. 그러한 열정과 자유롭고 개방적인 성격 때문에 가끔 집을 나간 도라 때문에 폴은 종종 괴롭고 고통스러워한다. 싸움이 커지면서 도라는 바람둥이 노엘과 동거하게 되고 폴은 이 둘 모두를 비난하면서도 도라를 그리워한다. 사실 폴은 어린 그녀와 결혼하였지만 정신적으로 성숙해 지기를 기대하며 계속 애정을 지키고 싶어 한다. 도라의 방황은 한동안 계속된다. 노엘과의 삶에 환멸을 갖게 된 도라는 결혼과는 다른 안정적인 삶을 또 다시 찾게 된다. 그래서 결국 그녀는 다시 폴에게 돌아갈 수밖에 없지만 여전히 새로운 삶을 갈망한다.

그 삶은 폴과 함께 임버 공동체에서 찾게 된다. 임버 공동체에도 다양한 세속 삶을 가진 인물들이 살고 있게 된다. 임버 공동체도 결국 하나의 세속 사회인 셈이다. 도라가 만나게 되는 다양한 인물들은 사회 현실 속에서 부딪히게 되는 다양한 삶의 모습을 상징한다. 결국 이러한 관계는 도라에게 다시 혼란스러움을 주며 그녀의 성격의 단면이 원색적으로 드러나게 된다.

임버 공동체에서 만난 젊은 토비에게 끌린 도라의 삶은 그녀의 여성적인

매력에서 보다 본능에 치우치는 그녀의 성격과 주위 상황에 대한 무지에서
비롯된다. 동성애자인 마이클에게 도라는 너무나 감상적이며 무척이나 변덕
스러운 여성의 이미지를 또한 심어준다. 이는 여성에 대한 마이클의 평소 부
정적인 이미지를 더욱 강화시켜주게 된다. 성격과 행동에 있어서 있는 그대
로의 생동감과 생명감을 주는 도라는 냉정한 그녀의 남편과 무척 대조되어
보이지만 젊은 토비에게는 아름답게 비친다. 이러한 도라의 개방적인 성격은
임버 공동체에서 요구하는 여성 고유의 잡일에 역겨움을 느끼게 하고, 얼마
되지 않아 자신만의 방식에 충실하게 된다. 그러는 과정에 도라는 점차 남편
과 연인뿐만 아니라 공동체에서 만난 사람들로부터 독립심을 얻게 된다.

이야기의 끝에 도라는 결혼하기 전에 그만 두었던 화가의 일로 되돌아가
며 임버 공동체의 삶에 대한 일련의 수채화를 그린다. 임버 공동체는 도라의
이상과 꿈을 심어 준 곳이고, 그 곳에서 만난 다양한 인물들의 모습과 삶에
대한 수채화일 것이다. 아마 임버 공동체의 생활은 도라에게 결정적으로 인
생에 대한 새로운 비전을 제시해 주었는지 모른다. 현실에서 얻을 수 없는
궁극적인 선에 대한 막연한 기대는 임버 공동체에도 찾을 수가 없다. 궁극적
인 선은 도라의 주변 인물들이 좌절하는 모습에서처럼 이 세속 세계에서는
가질 수 없는 신기루와 같은 것인지 모른다.

도라가 보이는 디오니소스적 쾌락도 환희도 일반 사람에게서는 찾기 어
려운 가치로 비쳐지기는 한다. 디오니소스적 쾌락을 어떤 사람은 정신적인
삶에서, 어떤 사람은 육체적인 삶에서 찾고는 있지만 모두 세속적인 삶에서
는 찾기 어려운 가치에 해당된다. 디오니소스적 쾌락이란 삶에 부정적이라기
보다 사람이 자기에게 유익한 가치를 찾으려는 본성에서 비롯되고 있다.

그럼에도 임버 공동체는 디오니소스적 쾌락이 사람들의 공동체 삶에 매
우 불안정하고 혼란스러움을 준다는 메시지를 던진다. 디오니소스적 쾌락은

사람이 갖는 속성이어서 어떤 억압적인 힘으로부터 벗어나는 해방과 자유를 상징하지만 동시에 여러 사람들과의 관계에 의해 살아가야만 하는 공동체의 가치에서는 의문을 주게 된다. 즉, 개개인의 삶과 사회적 가치에는 늘 충돌하는 그 무엇인가가 있어 보인다. 그 무엇은 사람 중심의 휴머니즘 가치이면서도 사람의 정신과 육체만으로 설명하기 어려운 가치로 느껴지기 때문에 도라에게서 그 의문점을 찾아보게 한다.

도라의 삶에서 보듯이 사람에 대한 회의와 진정한 사랑에 대한 실패 모두 자기중심적인 삶과 디오니소스적 환상에서 비롯되고 있다. 이때의 자기중심적인 삶이란 자신에게 좋고 유리한 사람 관계를 원하고 있기 때문에 이기심과는 다르다. 즉, 자기중심적 삶이란 다른 사람들과의 관계에서 만들어지고 다듬어지지 않는 사람 개개인의 정신과 영혼 그대로이다. 결국 사람들과의 관계에서 만들어지는 그 무엇인가가 개인과 공동체의 선을 위해 깨달아야 할 어떤 궁극적인 가치이다.

그 깨달음 자체가 어떻게 살아가야하는 가를 가르쳐주는 체험으로서 도라의 영혼을 새롭게 바꾸어 주게 된다. 임버 공동체를 떠난 이후 도라는 물질적 성공에 대한 욕망도 없다. 자신만의 전적인 즐거움만을 위해 그림을 그릴뿐 재능에도 관심이 없다. 그럼에도 도라의 삶은 좌절이 계속될 것처럼 보이며, 성적인 충동 역시 완전히 절제될 것 같지는 않아 보인다. 이러한 도라의 모습은 디오니소스적 휴머니즘에 대한 작가의 냉정한 성찰을 보여주는 것이며, 사회 관계로 만들어지는 사람의 악을 심판하는 듯 보인다. 따라서 도라의 경우 어쩔 수 없이 사람은 자신의 본능과 욕구에 충실할 수밖에 없지만 그 자체가 악일 수는 없고 사람들과의 관계에서 늘 선하고자 하는 노력을 해야 할 과제를 주게 된다.

도라 만큼 중요한 인물로는 마이클이 있다. 도라가 이야기의 전개에 따라 변화와 성장을 보여주는 인물이라면, 마이클은 변화와 성장을 바라지만 오히려 반대로 실패하고 만다. 마이클 또한 정도는 다르지만 사람에게 타고 난 디오니소스적 쾌락을 추구한다. 그래서 마이클은 도라, 폴, 노엘, 토비 등의 주변 인물들처럼 성적인 충동을 보이는 부분에서는 이성적이라기보다 본능에 가깝다. 그 정도에서 마이클은 도라와 유사하다. 다만 사회적인 관계에서 이를 처리하는 과정은 서로 상반되어 보인다.

성에 대한 문제에 있어 도라의 경우 본능적이기는 하지만 역설적으로 육체에 대한 열정은 순수한 부분이 있다. 마이클의 경우 육체에 대한 욕망은 성에 대한 추한 이미지를 던지고 있다. 여성 수도원장과 개인적인 친분이 있고, 임버 공동체의 사실상 소유자이기도 한 마이클은 이 공동체의 지도자이다. 하지만 그의 성격은 토비와 닉과의 관계를 통해 드러난다. 마이클은 동성애자이다. 그가 보인 닉과의 동성애적 성 관계나 토비에 대한 동성애적 성 충동은 아름답게 그려지기보다는 추하고 위선적으로 비쳐진다. 육체를 토대로 한 디오니소스적 휴머니즘은 동성애라는 또 다른 사회적 가치에 의해 시험을 받게 된다.

토비는 종교적 지도자 제임스를 따라 임버 공동체에 들어 온 사람이다. 종교적 가치를 몸소 실천하여 새로운 삶을 살아가려고 공동체에 들어 온 토비는 동성애자인 마이클에 의해 심한 도덕적 상처를 받게 된다. 닉은 본래 마이클과의 과거 성 관계가 있던 인물로 임버 공동체에서 다시 만나게 된 마이클로 인해 과거의 상처가 되살아나는 악몽을 갖게 된다. 사실 마이클 때문에 닉은 매우 냉소적인 사람이 된데다 공동체내에서 누구보다 그의 정체를 잘 아는 사람이어서 다소 괴팍한 성격을 드러낸다. 여기서 제임스는 가장 도덕적인 인물로 한 사회가 따라야 할 등대와 같은 인물로 그려진다. 그는 늘 항상 좋은 말과 선한 말로 사회집단을 이끈다.

닉은 과거 마이클에게 당한 성추행을 잊지 못해 토비에게 자신의 경험을 고백하며 마이클의 정체를 폭로하고자 한다. 그러한 악몽이 있었든지 닉은 자신의 쌍둥이 여동생인 캐서린과 함께 공동체에 들어오게 된다. 캐서린은 가까이 있는 수녀원에서 수녀가 되기 위해 공동체에서 몸과 마음을 닦는 수행 목표가 있다. 하지만 닉은 자기 동생이 수녀가 되는 것을 원치 않는다. 조금 묘한 관계지만 닉과 캐서린은 쌍둥이이라기보다 너무나 밀착된 연인처럼 보이기도 한다. 보기에 둘은 근친상간의 원형처럼 그려지며 실제로 너무 가까워 보여 부부처럼 오해를 사게 된다. 이들에게도 시험이 닥치게 된다.

수녀원에 새 종이 들여오는 날 사건이 벌어지게 된다. 수녀원에 들여오는 새 종이 그만 운반 과정에서 연못에 떨어져 빠지게 된다. 캐서린은 본래 수녀가 되고 싶었지만 그녀의 쌍둥이 오빠인 닉은 그녀를 수녀가 되지 못하게 하고 캐서린에 관심을 보이는 마이클을 파멸시키고자 한다. 그러한 닉은 결국 다른 사람들에게 의심을 받게 된다. 사건의 전말은 그 종이 연못에 빠지자 캐서린이 무의식적으로 물속으로 들어가 종을 구하려 하는 데서 증폭된다. 마침 이를 보던 도라가 참지 못해 물속에 들어가 그녀를 구하려하지만 허우적거리게 된다. 이때 한 수녀가 도라의 목숨을 건지려고 물속에 들어가게 되고, 허우적거리는 캐서린은 마이클이 구하게 된다. 하지만 캐서린이 마이클에게 안겨있는 모습에 닉은 배신감과 죄책감으로 괴로워한다. 닉은 결국 권총으로 자살을 선택한다.

이처럼 <종>은 제목처럼 종에 관한 에피소드를 중심으로 사람들과의 다양한 관계를 살펴보게 한다. 임버 공동체가 세속적인 이야기를 구성하고 있다면, 종에 관한 전설은 다른 종교적인 이야기를 구성하고 있다. 수녀가 되려는 캐서린이 종이 물에 빠지는 순간 물에 뛰어든 이유를 종에 관한 전설로 풀어내주고 있다. 이 전설은 오래 전 어떤 수녀가 있었는데 그녀가 수도원의 규칙을 깨는 에피소드로 시작한다. 그래서 수도원장이 규칙을 깬 수녀를 찾아내려 하지만 찾지를 못한다. 이후 그 수녀는 연못에서 시체로 발견된다. 그 뒤로 이미 물에 빠진 종에서 한 밤중이면 간혹 종소리가 울려 퍼진다. 이후 수도원의 수녀들은 이 신비한 종소리가 죽은 수녀와 어떤 관계가 있다고 생각하게 된다. 그 죽은 수녀가 자신의 결백을 주장하기 위해 신비한 종소리를 낸다는 것이다.

폴은 회관 앞 호수의 건너편에 있는 수도원의 역사를 연구하게 된다. 그런 과정에서 폴은 일찍이 이 종에 얽힌 이야기를 알게 된다. 어느 날 가브리엘이라는 성서 이야기에서 종의 전설을 알게 되는 데 전설인즉 어떤 한 수녀가 수도원 밖에 애인이 있다는 사실을 주교에게 들키게 된다. 수녀가 그 죄를 회개하지 않는다는 이유로 주교의 저주를 받게 된다. 그래서 종이 호수에 떨어져 빠지게 되자 이 수녀는 그 종이 자신의 죄로 인해 빠지게 되었다는 죄의식으로 자살하게 된다.

호수와 종과 죽은 수녀는 마침내 임버 공동체 내 개개인의 운명을 바꾸게 된다. 수녀의 죄를 밝혀내려 했던 주교는 그녀를 용서하지 않는 점에서 사랑이 없는 죽은 신 중심 종교의 상징이다. 그녀의 자살을 통해 종교재판에서나 볼 수 있었던 마녀 사냥에 해당되는 기존의 종교는 인간의 순수한 영혼을 파괴하는 부정한 힘으로 나타난다. 거기에는 용서할 줄 모르는 종교의 계율만이 사람의 행위를 엄격하게 심판하게 된다.

사실상 이 수도원의 주요사건은 모두 '종'과 관련이 되어 있다. 수도원은 그간 종이 없는 관계로 새 종을 다시 구입하게 된다. 수도원으로 들어오던 새 종이 그만 호수 속으로 다시 빠져 버린 것이다. 이 사건은 임버 공동체에 큰 파장을 일으킨다. 순결한 수녀의 자살과 호수에 빠진 종에 대한 에피소드를 통해 그 수녀처럼 캐서린은 자신이 마이클을 사랑하고 있다는 사실을 깨닫게 된다. 종이 빠지는 일에 이루어질 수 없는 사랑 이야기의 수녀처럼 물에 빠져 죽으려던 캐서린이다. 마이클을 저주하던 닉은 캐서린의 이런 사랑을 받아들일 수가 없다. 그가 자살한 이유도 캐서린과 마이클에 있다.

모두가 추락하고 있기 때문에 구원의 문제를 다룰 종교적 주제는 주요 인물인 제임스와 마이클에서 발견된다. 둘은 종교에 대해 서로 다른 시각을 지니고 있다. 제임스는 종교를 절대적으로 보고 열심히 믿는 사람이다. 반면 마이클은 종교적이면서도 다른 한편으로 동성애의 충동을 극복하지 못해 늘 갈등을 한다. 이 공동체의 주요한 인물인 마이클은 성적 욕구를 절제하지 못하지만 그럼에도 늘 선에 도달하려고 애쓰는 인물이다.

마이클은 본래 교사로서 자신이 다니던 고등학교에서 닉과의 동성애가 발각되어 파면을 당한 경력이 있다. 그러한 상처에도 불구하고 마이클과 닉은 공동체 내에서도 다시 은밀한 동성애를 갖게 된다. 하지만 마이클과 동성애를 증오하면서도 닉은 내면에 비밀을 간직하고 있는 모순을 보여준다. 오히려 마이클은 이러한 닉과의 동성애를 전혀 없는 일처럼 이중적인 모습을 보이게 된다. 그러면서도 마이클은 토비를 보고, 미소년의 느낌 때문에 성적 충동을 또한 느끼기도 한다. 결국 마이클은 내적 충동을 억제하지 못하고 토비에게 키스를 하는 사건이 일어난다. 그러나 닉이 이러한 마이클의 디오니소스적 쾌락을 눈치 챘다. 마이클을 증오하면서도 닉은 토비가 마이클의 성적 노리개가 되기를 은근히 바라며, 마이클에 대한 이중적인 애증을 드러낸다. 이런 닉의 상반된 감정을 느끼게 된 마이클은 닉이 자신을 어떻게 생각할까하며 자괴감에 빠지고는 한다.

처음 토비 또한 임버 공동체에서 완전한 신앙인의 길을 모색하고자 한다. 그래서 그는 공동체의 사람들이 신앙을 지키며 신앙적으로 살아가는 모습을 보면서 매력을 느낀다. 그래서 마이클의 접근에 혐오감을 느끼던 토비는 순수한 도라에게 관심을 갖게 된다. 도라는 토비에게 호수에 빠져 있던 옛날 종을 꺼내자고 제안을 하게 된다. 신선한 느낌을 받게 된 토비는 도라에게 관심을 갖게 된다. 결국 호수 주변에서 우연하게 둘은 성 관계를 갖게 된다. 이때의 이 둘의 육체 관계는 부도덕하게 그려지기보다 아름답게 비치지게 된다. 토비와의 사랑에 비추어 실제 도라는 폴과 불행한 결혼 생활로 행복하지 못한 여성이다.

사랑 때문에 자살한 수녀의 이야기는 도라와 토비 관계에서 진정한 사랑으로 승화된다. 나이 차이가 많이 나는 폴과의 관계에서나 반종교적이고 지나치게 부도덕한 노엘과의 관계에서도 진정하고 순수한 사랑은 찾기가 어렵다. 노엘은 반종교적이고 무신론자로서 도라에게 신이 없다고 주장하는 인물이다. 공동체내에서 캐서린은 매우 매혹적인 인물로 나오며 한때 폴하고의 관계를 은연중 암시하기도 한다. 캐서린에게 호감을 갖게 된 폴은 도라에게 캐서린을 좋게 말하기도 한다. 이런 관계는 이들 부부 간의 갈등을 더욱 증폭시키게 된다. 수녀가 되려는 캐서린은 여러 남자들과의 관계에서 쾌락을 추구하는 도덕적이지 못한 모습을 보이게 된다. 닉과 마이클 앞에서 훤히 드러나는 다리를 보이고 있다든지 하는 행위는 물론 캐서린은 자신의 쌍둥이 오빠인 닉과의 밀착된 모습에서도 매우 부도덕하게 비친다. 도라와 토비에 의해 호수에 빠졌던 옛 종이 발견되면서 결국 캐서린은 자살을 시도하게 되지만 이후 정신병원에 가게 된다. 후에 임버 공동체는 닉이 자살하고 사람들은 다 떠나면서 도라와 마이클만 남게 되어 해체의 운명을 맞게 된다.

<종>은 사회관계에서 오는 사람의 번민과 죽음, 그리고 정신적 성숙을 주제로 다룬 소설이다. 중세 수도원의 옆에 있는 호수에 빠져 있던 종은 하나의 은유로서 구원의 힘을 상징하며 사람 간의 진정한 사랑을 나타낸다. 옛 종 옆에서 순간이나마 토비와 도라는 순진해지며 위선적이지 않고 가식적이

지 않는 본능에 충실한 존재로 나타난다. 하지만 폴은 이성을 중요시하며 근엄하며 엄격한 존재이지만 진정한 사랑을 모른다. 또한 제임스는 절대적인 신념과 엄격한 신앙을 가진 인물이지만 인간애는 결핍된 인물이다. 마이클 역시 이성적인 사고를 하지만 행동에 있어서는 자신의 충동을 극복하지 못한 부족한 인물이다.

또 다른 은유로서 임버 공동체는 성서의 에덴동산이라는 낙원을 연상시킨다. 하지만 이 낙원은 인위적이며 가식에 둘려 쌓인 환상의 공간이다. 낙원은 각 구성원들이 무엇인가 영적인 구원을 열망하는 곳이다. 하지만 모두가 그것이 자기가 만든 헛된 환상이라는 것을 곧 깨닫게 된다. 낙원에서 일어나는 사건들은 그러한 구원에 대한 열망이 얼마나 환상인가를 깨우쳐준다.

이 낙원은 결국 붕괴되지만 결코 어느 누구의 음모에 의해 조작된 것이라고 할 수는 없다. 사람은 나름대로의 사고와 행동 양식이 있기 때문에 이들의 행위를 무조건 사악하게 생각할 수가 없다. 이때 종의 상징성은 종교와 선이라는 관점에서 생각해 볼 수 있다. 신은 선이며 보이지 않으나 사람을 끌게 하는 존재이다. 뭔가 선한 것은 존재하므로 종교의 힘이 필요하다고 여긴다. 선의 문제에 있어서 사람은 본래 악하지는 않으나 정신적 의지가 약해지면 쉽게 타락한다고 여겨지기 때문이다. 종의 상징성은 구원에 있으나 반대로 경고의 메시지를 울린다. 그것은 인간은 본래 악하지 않지만 그 디오니소스적 본능을 제어하지 못하면 타락하게 된다. 그러나 이러한 본능을 제어할 수 있는 능력은 종교 자체 보다 선을 향한 의지에 있어 보인다. 옛 종과 죽은 수녀에 대한 신화를 통해 작가는 부단한 자기 수행과 참된 사랑을 깨닫게 한다.

<종>처럼 대체적으로 이러한 디오니소스적 쾌락의 문제를 다룬 문학의 경우 사람은 본래 선하지만 사회 구조가 그런 선을 악으로 자라게 한다는 담

론이나, 달리 사람은 본래 악하기 때문에 사회악이 필연적일 수밖에 없다는 담론이나 모두 사람에 대해 비관적이다. 근친혼이나 부정한 성 관계를 통해 하디의 주인공들이 타락하고 부정하고 죄악을 저지르게 된다는 이야기 또한 사람의 잘못된 디오니소스적 욕망이 자신을 죄악으로 이끌 수 있다는 메시지를 제시한다. 파리떼를 통해 골딩의 주인공들 역시 인간의 내면에 자리하고 있는 악의 존재를 드러내고자 한다. 섬과 어린아이들을 실험 대상으로 설정하고 있기 때문에 다소 성인 사회를 대상으로 하고 있는 하디보다 덜 현실적으로 느껴지지만 골딩의 실험은 사람의 근원적인 악과 사회악을 다루고 있다. 그리고 자연이라는 덜 타락해 보이는 배경에서 벌어지는 사건이기에 더욱 사람에 부정과 공포를 심어준다.

이때 사회나 문명은 사람의 근원적인 악을 통제하고 제어하는 기능이 있는 것 같지만 그것은 일시적일 뿐이고 오히려 억압되었던 악을 부추기며, 사람의 디오니소스적 본능을 자연스럽게 충동질하게 된다. 하디나 골딩 모두 사람의 디오니소스적 본능은 사회나 문명의 힘이 가장 적다고 보여 지는 공간인 자연 속에서 가장 자연스럽게 재현되고 있는 모순을 경험시켜준다. <종>과는 달리 단지 사람의 디오니소스적 본능은 가려져 있을 뿐 자연 자체가 가장 적절한 형식으로 그 본능을 부추긴다. 자연은 오히려 선이나 악 모두에 중립적이다.

따라서 <종>의 경우에서처럼 시대와 문화의 차이에 따라 그 양상이나 표현 방식이 차이가 있을 수 있지만, 무엇보다 휴머니즘에 대한 시험은 디오니소스적 쾌락에 대해서도 의문을 제기하게 된다. 디오니소스적 쾌락이 사람의 해방과 자유를 상징하며 예찬되기는 하지만 오늘날 다양한 방식으로 시험받게 된다. 디오니소스적 쾌락이 가져다주는 사회의 위기와 이에 대한 공동체의 문제를 다양하게 제시하는 현상에 주목할 필요가 있다. 이처럼

<종>의 이야기는 종교의 선악 문제와 사회악을 중심으로 한 사람에 관한 이야기이지만 디오니소스적 쾌락만으로 사람이나 사회가 구원받을 수 있다고 생각하지 않는 것 같다.

아이러니컬하게도 <종>의 주제는 수도원과 임버 공동체를 통해 상당한 종교적인 색깔을 노출시키고 있으면서도 덜 종교적인 차원에서 다루어지고 있다. 도라, 토비, 마이클의 행위를 통해 작가는 본능과 자발성에 기초한 사람의 모습에서 가장 종교적인 형태를 발견하고자 한 듯싶다. 이는 가장 덜 종교적인 이야기 구조, 즉 종교철학적인 남성적 목소리에 작가의 여성적 목소리가 강하게 융화되어 있다. 마치 옛 종에 걸친 전설 속에서 수녀의 세속적인 사랑이 가장 타락해 보이면서도 죽음을 통해 가장 순결한 영혼으로 승화하는 과정은 디오니소스적 쾌락이 순수한 사랑으로 승화되어야 하는 당위성을 설명하고 있다. 이는 사람은 각기 문제가 있으며 공동체의 생활 속에서 나름의 문제를 해결하려면 영혼의 순화를 거쳐야 한다는 메시지이다.

결국 공동체 인식이 부족한 우매한 사람들이 디오니소스적 쾌락을 추구한다면 진정한 해방과 자유를 가질 수가 없다. 사람들이 참된 사랑과 책임을 다하지 못하므로 겪게 되는 실패와 이런 실패를 통해서 비로소 타인의 존재를 인정하고, 사랑하게 되는 종에 대한 이야기는 디오니소스적 휴머니즘의 반성에 해당된다.

<종> 이야기를 쓴 머독은 종과 수녀의 죽음을 통해 선은 존재하나 사람에게 가까이 있지 않다고 말하고 싶어 한다. 사람은 선과 악을 다 가지고 있지만 중립적이어서 사회 관계에서 어떻게 선택하느냐가 문제로 보여 진다. 제임스는 평신도로서 가장 도덕적인 인물이다. 제임스의 설교는 머독의 철학을 대변한다고 할 수 있다. '선은 밖으로 드러나지 않고 암시로만 알 수 있다'라는 머독의 철학은 제임스의 신념이기도 한다. 사람의 어쩔 수 없는 욕

망 때문에 선한 모습보다 타락의 길로 빠지는 모습은 선을 행하기 위한 자기 중심주의 '에고'를 버리는 일이 쉽지 않다는 메시지이다.

그리고 이런 사람의 욕망과 본능이 낳은 죄악은 공동체의 해체를 통해 선을 추구하는 일 결코 쉽지 않음을 보여준다. 살펴 본 것처럼 종교적 의식과 함께 진실한 사랑에 대한 개개 사람의 이해와 이를 바탕으로 한 인간애를 형성하는 것이 사람 중심의 휴머니즘, 나아가 디오니소스적 휴머니즘의 방향이라고 하겠다.

머독에게 디오니소스적 휴머니즘은 세상에 있는 악 때문에 사람은 결국 악에 굴복하며 선이 필연적으로 패배를 하는 숙명을 안고 있다. 이때 디오니소스적 휴머니즘의 선은 수도원의 경우처럼 이상적인 형태를 갖고 있고 사람의 곁에 항상 머물러 있지만, 다다를 수도 없고 정의될 수도 없는 경지로 보여 진다. 그래서 가상세계인 임버 공동체 역시 사람들이 사실상 모두가 악한 인물은 아니지만 사람들의 악의 행위는 다양한 사회적인 현상이다.

선은 있지만 사람은 쉽게 도달할 수 없는 목표가 아니라는 역설적인 교훈이 있다. 이에 따르면 모든 디오니소스적 사람들은 언제든지 다시 사회악에 의해 타락해질 수 있는 가능성에 노출되어 있다. 임버 공동체는 참된 사랑이 없다면 사람의 열망이 만들어 내는 헛된 허상에 불과함을 잘 보여주는 가상사회일 뿐이다. <종>은 각각의 부도덕하고, 무절제한 악행이 원죄에서 비롯되고 있다기보다, 사람이 선하고자하는 의지는 있지만 부단한 노력과 절제 없이는 참된 휴머니즘에 이를 수 없다는 비극을 말하고자 한다.

여성 중심 휴머니즘

도라의 모습에서 사람의 디오니소스적 쾌락은 사회 관계에서
문제가 될 수가 있다는 것을 알 수가 있다. 그래서 사람은 공동체의 구성원
으로서 사회 관계에서 다른 사람과의 상호작용이 무엇보다 중요하게 인식된
다. 상호작용이 없는 디오니소스적 쾌락은 곧 환멸과 동시에 진정한 자유의
식도 무의미해짐을 볼 수가 있다. 건전한 디오니소스적 쾌락은 건전한 공동
체 구성원이 없이는 진정으로 이루어지기가 어렵다는 게다.

사실상 공동체의 구성원 간의 문제는 남녀간의 관계에서 출발한다고 생
각되어진다. 사람 개개인의 자유의식과 육체까지도 종교나 사회의 관습으로
부터 자유롭게 해방되는 삶은 여전히 사람이라는 관점에서 살펴보아지고 있
는 게 사실이다. 그래서 이제 그 사람 중심의 휴머니즘도 여성에 대한 쟁점

이 점차 차지하게 된다. 21세기는 여성 중심의 사회라고 한다. 그래서 근래 사람에 대한 문제는 결국 여성의 자유의식으로 확대되고 있다. 심지어 여성의 육체 또한 종교나 사회의 그릇된 관습으로부터 자유로워질 수 있어야 한다는 깨달음으로 휴머니즘은 성장하게 된다.

앞서 살펴 본대로 그간 휴머니즘은 서구적 경험이나 담론을 토대로 자유, 해방, 주체라는 관점으로 사람의 정신에 대해 살펴보게 하고, 이어 더 구체적으로 사람의 육체, 즉 육체적 욕구나 본능에 의한 디오니소스적 쾌락의 관점으로 개개인의 특성을 살펴보게 한다. 또한 공동체 내에서 개개인의 욕구와 특성이 어떻게 원만해질 수 있는가에 대한 성찰이 또한 필요해진다. 다음으로 공동체 내의 개인 상호간의 건전성을 토대로 휴머니즘에 대해 살펴보게 하지만 거기에는 남성과 여성간의 문제가 늘 미해결된 상태로 남아 있는 현상이 주목된다. 여기에 새로운 21세기의 화두인 여성의 가치와 사회진출이 주목되고 있는 시기에 여성을 중심으로 한 휴머니즘에 대한 관심이 커지고 있다.

디지털 시대의 여성의 가치와 사회 진출은 사람 중심의 휴머니즘을 새로운 방향으로 살펴보게 해준다. 특히 여성의 가치에 대한 새로운 발견과 활발한 여성의 사회 관계는 여성 중심의 휴머니즘 과제를 던지고 있다. 이는 그간 사람 중심의 담론이 사람을 남성이나 여성 할 것 없이 구분하지 않고 있던 것에 비해 대체적으로 남성 중심의 사람을 의미한 바가 크다. 댄 브라운의 <다빈치코드>는 여성에 대한 사회적 흐름을 중심으로 사람 중심의 휴머니즘을 완성시켜 본 이야기의 전범에 해당된다.

브라운은 <다빈치 코드>에서 이단의 문제와 여성의 문제를 정면으로 다루게 된다. 이단의 문제는 서구의 종교적 관습이 여전히 일상 삶에 그 뿌리가 커 영향이 적지 않음을 말하고 있고, 여성 해방은 사람의 자유와 삶의 가치에서 이제는 여성을 솔직하게 다루어야 할 문제로 인식하게 한다. 여성의 해방, 혹은 페미니즘 문제는 여성이 명목상이나 실제적으로나 정치적 자유와 권리를 얻었다고 생각하게 한다. 하지만 사람 중심의 휴머니즘 문제로 볼 때 여전히 종교적 편견과 사회적 편견으로부터 여성이 자유롭지 못한 것 또한 사실이다. 이런 상황에서 브라운의 소설은 여성의 자유와 삶을 다루면서도 성서 내용의 역사성과 정당성에 도전해 보이는 스토리 내용 때문에 그 진실성에 의문을 갖게 한다.

브라운의 스토리는 예수는 인간이었으며 막달라 마리아와 결혼하였고 그들 사이에 후손이 있었다는 다소 껄끄러운 관심에 있다. 사실 그는 그 나름의 역사적 근거를 제시하며 예수의 후손을 둘러싼 조직적인 살인사건을 다루게 된다. 살인은 어느 시대에나 있을 수 있는 일상의 사건이기는 하지만 살인 사건의 원인과 이를 해결하는 과정에서 드러나는 성서에 관한, 특히 예수와 막달라 마리아 간의 삶은 여성의 자유와 해방에 대한 특별한 관심을 불러일으킨다.

스토리 내용은 예수는 12제자보다 막달라 마리아를 가장 많이 사랑하여 그녀로부터 자녀를 두게 되고, 그녀를 예수 가르침의 뜻과 취지를 가장 잘 이해한, 동시에 이를 철저하게 실천하며 전도한 인물로 그리고 있다. 특히 그녀는 예수 사후 예수를 추종하였던 인물들을 핍박하는 현실을 피해 이집트로 피신하였다가 70여인의 사람들과 함께 프랑스 남부에 정착하여 죽을 때까지 그곳에 살면서 예수의 후손을 키우며 서유럽에 초기 기독교를 정착시킨 인물로 그려진다.

줄거리에 따르면 가톨릭교회는 예수와 막달라 마리아 간의 이러한 사실을 숨겼고, 기독교의 신성, 즉 예수의 신성을 보존하고자 그녀의 존재를 부정하고, 예수의 제자였던 베드로를 사제로 남성 중심의 가부장사회 지배력을 유지하였다고 한다. 그리고 가톨릭교회는 초기 예수의 정신을 죽을 때까지 실천하였던 막달라 마리아의 헌신과 공헌을 지워버렸고, 그 신성한 여인을 현대 종교로부터 지워버렸다고 한다.

그 결과로 '시온수도회'라는 조직은 예수 후손을 보호하고 그 후손의 존재를 알리는 증거를 보존하고자 1099년 구성된 것으로 알려져 있다. 대신 가톨릭교회는 이 후손과 그 증거를 없애고자 '오푸스데이'라는 비밀단체를 만들고, 이 조직은 시온수도회를 오랫동안 추적하며 예수의 후손과 증거 문서를 없애려는 특별한 임무를 갖게 된다. 구체적으로 스토리는 막달라 마리아의 유골과 그녀의 후손, 그리고 이를 입증하고 있는 기록을 보호하려는 세력과 이를 추적하여 없애려는 두 세력 간의 역사적 싸움을 픽션 형식으로 증언하고 있다. 하지만 거기에는 서구 문화 속에 차지하고 있는 여성의 가치와 여성 중심의 삶에 대한 성찰이 주목된다.

구체적으로 성서 역사학자로 나오는 레이 티빙 경은 레오나르도 다빈치의 <최후의 만찬> 그림을 분석하게 된다. 그 과정에서 티빙은 암호해독 에이전트인 여자 주인공 소피 느뵈에게 예수의 혼인을 통해 기독교에서의 여성의 가치와 의미를 역사적 사실처럼 설명한다. 티빙은 <최후의 만찬>에 숨겨진 한 여인에 주목한다. 예수 오른 쪽 반대편 측 베드로에 기대고 있는 요한에 주목한다. 티빙에 따르면 이 요한은 사실 여성이며 예수가 가장 사랑하였던 막달라 마리아라는 게다. 레오나르도가 이러한 진실을 알고 있었기에 그림에서 이 여성을 요한처럼 그렸다고 티빙은 말한다.

티빙은 레오나르도의 <최후의 만찬>을 해독하며 성서의 내용으로 인한 여성에 대한 근본적인 편견을 제기한다. 왜 요한을 그렇게 여성처럼 그려지게 하였는가? 예수가 제자들과 함께 만찬을 가졌다면 포도주를 마신 그 잔은 어디에 있는가? 요한의 모습이 본래 여성인지 아닌지 정말 알 수가 없게 그려져 있기도 하지만 그들이 마신 잔을 소위 성배라고 한다. 티빙의 설명에 의하면 사실 그림 속의 요한은 예수의 반대편으로 기울어져 있다. 그 요한의 팔은 테이블 위치로 보아 "V"자를 형성하고 있는 것도 사실이다.

하지만 티빙의 말대로 이 모양은 고대 여신 숭배를 상징하는 '잔' 형태인가? 혹은 식탁위에 성배는 없고 대신 그 성배가 성스러운 여성을 가리킨다면 그 여성은 누구인가? 더욱이 이게 사실이라면 요한 대신에 앉아 있는 여성이 막달라 마리아인가? 그녀가 막달라 마리아라면 그것은 무엇을 의미하는가? 성서 역사가 티빙은 레오나르도가 <최후의 만찬>을 그릴 때 이 여성의 의미와 가치를 보호하기 위해 나름대로의 비밀 디자인과 코드를 사용하게 되었다고 말한다.

그러면 레오나르도가 자신의 그림에 보통 사람이 알 수 없는 여러 비밀 기호 혹은 비밀 코드를 만든 이유는 무엇인가? 특히 그 이유에 대해 명백한 답을 줄 수 있는 사안이 아니기 때문에 그림에 대한 이러한 해석은 독실한 기독교인들을 놀라게 한다. 우선 예수의 신성, 즉 그리스도의 신성을 의심하지 않는 가톨릭교회에게는 예수가 인간으로서 결혼을 하였고 최후의 만찬 때 자신 옆에 마리아를 앉혔다는 주장은 놀랄만한 것이다.

예수의 어머니 이외의 막달라 마리아라는 인물에 대한 관심은 성서를 읽어 보아도 예사롭지 않은 것이 사실이다. 그녀가 예수와 결혼하였다는 주장을 예수의 측근에서 예수를 섬기며 십자가에 마지막까지 같이 한 여성이라는 사실은 주목받을만한 사건이기는 한다. 나아가 그들 사이의 자녀가 어디엔가 생존하고 있다는 주장은 예수가 신의 아들로 부활하였다는 기독교 교리의 토대를 무너뜨리려는 사건이다. 만약 이게 사실이라면 예수의 동반자인 막달라 마리아에 대한 역사적인 진실과 그 비밀은 가톨릭교회가 선언한 성서 역사와 진실과 엄청 모순되게 된다.

레오나르도의 그림 <최후의 만찬>의 구성을 둘러 싼 다양한 해석이 있을 수가 있다. 예수 사후 예수를 부활한 신으로 숭배하게 되었다는 가톨릭교회의 믿음은 그간 많은 사람의 의문을 받고 있다. 결국 가톨릭교회가 예수가 사람으로서 여인과 사랑하며 결혼까지 하고 자식을 낳은 사실을 숨기고 있다고 생각하는 사람들이 있다는 게다. 그 지식인 중에는 레오나르도 같은 예술가가 있다. 이들은 자신의 글이나 작품을 통해 이 사실을 알리고 싶은 욕구를 감추지 못한 걸로 추정된다. 즉, 이들은 막달라 마리아라는 신성한 여성에 대한 나름의 은밀한 지식을 가진, 혹은 이와 관련이 있는 인물들이다.

<다빈치 코드>가 쓰이기 이전 일찍이 프로이트는 <레오나르도 다빈치와 그의 어린 시절의 기억>이라는 정신분석 소설에서 레오나르도의 작품을 그의 성격을 중심으로 해독해 보려고 시도한 적이 있다. 프로이트는 유연한 이미지와 부드러운 모습을 보이는 여성스러운 형태를 레오나르도의 작품에서 많이 발견할 수가 있다고 한다.

레오나르도가 여성 혹은 여성스러운 남성에 대한 관심이 많았다는 주장은 더 구체적으로 지적되고 있다. 에이슬러라는 비평가는 레오나르도 작품에 보여 지는 여성스러운 모습들은 레오나르도에게 치료적 카타르시스를 제공하게 된다고 한다. 에이슬러는 레오나르도가 동성애적 경향이 있고 사생아로 출생한 배경 때문에 늘 죄의식에 시달렸고 이에 대한 분노를 해소하기 위해 여성스러운 남성을 자주 그렸다고 주장한다.

더 나아가 브라운은 소설형식이지만 <최후의 만찬>에 그려진 여성스러운 형태가 가톨릭교회가 숨겨온 엄청난 비밀을 간직하고 있다고 지적한다. 브라운에게 <최후의 만찬>의 비밀코드는 레오나르도의 의도가 무엇이었든 간에 신성한 여성을 숭배하였던 고대 여신 숭배 사상과 초기 기독교의 사람 중심 사상을 재현시키는 암호에 해당된다. 브라운은 남성 중심 문화와 사상에 의해 억압되던 여성의 이미지와 여성의 가치문제를 이 그림에서 찾고 있다. 브라운은 남녀 평등을 레오나르도 그림의 코드에서 찾게 된다. 그 종국에 예수의 인성을 드러내고 사람으로서 사람다운 삶을 살아간 예수와 마리아를 드러내고자 한다.

이러한 밑그림으로 브라운의 <다빈치 코드>는 과거 기독교의 정체성에 대한 역사적이고 종교적 형성 과정에 의문을 제기하게 되지만, 그 보다는 종교의 신화에 감추어진 사람의 모습, 특히 여성의 모습에 주목하게 된 것이다. 이와 유사한 전 작품 <천사와 악마>의 경우를 보더라도 브라운의 소설은 대체로 서구의 역사적, 사회문화적, 종교적인 쟁점, 특히 종교의 역사성에 대한 관심이 지배적이지만, 종교와 과학자나 종교와 여성간의 정치적인 사안들에 초점을 맞추고 있다.

특히 페미니스트로 알려진 줄리아 크리스테바는 모성애적 근간이나 여성성의 부정은 인류 역사, 나아가 서구 주류 문화라 할 기독교 문화의 그릇된 역사관과 인간관에서 비롯되었다고 한다. 기독교 중심의 문화는 육체, 성과 관련된 여성의 의미와 가치를 부정적으로 표현하는 다양한 기호들을 생산하게 된다. 그래서 민감한 종교적인 사안, 혹은 정치적인 사안들 때문에 레오나르도의 경우도 여성을 남성으로 표현하는 기호나 비밀코드를 사용하고 있지 않나 추정하게 된다. <다빈치 코드>같은 문학 텍스트는 유명한 예술가와 그 그림을 통해 역사나 문화에 감추어진 그러한 여성 기호나 비밀코드를 다양하게 해석하는 능력을 보인다.

<다빈치 코드>는 여성 중심 주제와 성 해방을 더욱 효과적으로 제시하는 이야기에 속한다. <다빈치 코드>의 내러티브 구조는 다양한 문화 형태와 종교의 문제가 어우러져 있지만 근원적으로 여성에 대한 이야기를 전달하고자 한다. 이 여성에 대한 이야기가 전개되는 문맥 자체는 종교적이지만

사실 여성을 둘러싼 살인 사건을 다루고 있기에 매우 현실적인 특성을 보여준다. 이처럼 <다빈치 코드>는 역사적 사실을 바탕으로 한 여성 중심의 휴머니즘을 다룬 픽션 형태이다.

무엇보다 성배가 사실에 근거해 보이지만 대부분은 성배와 관련된 이야기, 즉 알레고리이다. 이야기는 일정한 형식을 갖추고 있고 우리는 그 형식을 통해 현실과 이상, 속과 성의 세계를 넘나들고, 동시에 우리가 살아가는 세계를 이해하는 의사소통에 해당된다. 이렇게 보면 브라운의 <다빈치 코드> 이야기는 기존 종교의 이데올로기를 비판한다는 오인을 받을 수 있지만, 그의 여성에 관한 이야기는 여성의 존재에 대한 새로운 깨달음이며, 은밀한 기호를 통해 전수되고 있는 여성 문화의 한 형태라 볼 수 있다. 예를 들어 예수의 반대편에 만들어 진 "V"자는 여성을 상징하는 잔이며, 이는 막달라 마리아의 성스러운 여성성을 지시하고 있다는 해석은 그러한 여성 문화의 역사성을 살펴보려는 노력의 하나이다.

성배 학자 티빙은 최후의 만찬의 성배는 물건이 아니라 사람, 특히 여성이라고 답한다. 그는 잔의 형태 "V"는 잃어버린 여신을 상징한다고 한다. 티빙에 따르면 성배는 보통 사람이 아닌 아주 강력한 비밀을 가진 여성이며, 만일 그것이 공개되면 기독교의 기틀을 송두리째 뒤엎을 정도로 아주 위협적인 여성이다. 그에 따르면 성배는 또한 예수의 혈통을 품은 자궁을 가리키기도 한다. <최후의 만찬>의 "V" 형태는 성배 모양 형태로서 오늘날까지 여성 신, 성배, 장미, 그리고 신성한 어머니를 의미하며 막달라 마리아를 상징하고 있다고 한다.

<다빈치 코드> 이야기는 마치 진실 게임을 하듯이 표면상 살인 사건을 추적하지만 심층적으로는 시온수도회 단체의 비밀과 성배의 역사를 한 꺼풀씩 벗겨 나간다. 그 살인 사건의 중심에 성배에 대한 진실이 있다. 이 살인

사건의 배경에 오직 두 가지 이유로 사람들은 성배를 쫓고 있다고 말한다. 한쪽은 오랜 세월동안 잃어버린 예수의 잔을 찾아 헤맨다고 믿는 것이다. 다른 하나는 진실을 알기 때문에 역사적으로 가톨릭교회내의 오푸스데이 같은 극우 단체가 성배를 파괴할 목적으로 성배를 쫓고 있다고 믿게 한다.

성배를 은폐하고 계속 보존하길 바라는 시온수도회는 이 두 번째 믿음의 성배가 공개될까 두려워 고위 서열에 있는 네 사람을 제외하고는 회원들에게까지도 비밀로 하고 있다. 수장을 포함한 이 네 사람은 이 성배가 있는 곳과 성배에 대한 진실을 비밀 코드로 암호화하여 다음 후계자에게 전승한다. 레오나르도 또한 그 수장의 한 사람이었으며, 자신의 그림 <최후의 만찬>에 이 비밀을 아무도 모르게 기호로 그려 넣었다고 티빙은 전한다.

이야기의 남자 주인공인 기호학자 하버드 대학 교수 로버트 랭던은 "하나의 기호가 무엇을 의미하는지 이야기 한다는 것은 노래가 어떤 기분을 느끼게 해주는지 이야기하는 것과 같아서 그 의미는 모든 사람들에게 달랐다"라는 말로 "우리가 즐길 수 있는 것과 즐겨서는 안 될 것을 교회가 우리에게 지시하도록 허용해서는 안 된다"며 합리적인 판단과 냉철한 이성을 가진 인물로 소개된다.

오푸스데이에 의해 피살된 프랑스 루브르박물관 큐레이터인 소니에르는 이 시대의 마지막 시온수도회의 수장으로 그려진다. 랭던 교수의 파트너로 기호 해독자인 소피는 부드러운 용모에도 불구하고 베일에 가려진 듯 신비로움이 가득 찬 복합적인 모습으로 그려진다. 물론 소피는 이야기의 마지막까지 할아버지의 정체를 모르며 예수와 막달라 마리아가 자신의 혈통인지도 모른다. 살인의 추적 과정에서 할아버지가 자신의 진짜 할아버지가 아니며 시온수도회의 수장으로서 예수의 혈통인 자신을 보호하고 성배가 묻힌 곳, 즉 막달라 마리아의 무덤과 관련된 진실을 소피는 나중에 알게 된다.

    이런 소피의 모습에서 진실과 거짓, 은폐와 노출의 양대 구조에서 기호로서 성배의 의미를 찾아볼 수가 있다. 성배의 진실은 그 형태보다 그것에 지닌 기호학적 상징에 있다. 서구인들의 경우 성배의 신비에 현혹되기도 하지만 그 역사적 진실을 찾고자 티빙처럼 일생을 보내기도 한다. 우리가 사는 역사와 그 속에 숨겨진 여성에 대한 진실은 성배로 상징되고 있다. 결국 성배는 역사의 이면에 은폐되고 격리된 그 무엇을 탐색하는 대상을 가리키게 되고, 그 대상이 여성이란 점이다. 이 은폐 대상인 소피를 어떻게 해석하느냐는 여성에 대한 브라운의 탐색에서 찾아진다.

    먼저 여신 숭배이다. 여신이란 사랑, 성, 다산 등을 의미하며 고대 종교에서의 여신 숭배 사상에서 많이 나타난다. 즉, 신의 성은 본래 여성이었으며 인간은 남녀간의 성적 합일을 최고의 환희로 추구함으로서 진정한 행복과 기쁨을 누릴 수 있고 생산을 얻을 수 있게 된다. 그래서 고대 사회의 경우 신에게 드리는 제사로 신전에서의 육체적 성행위를 신성시하였으며 여성을 제의 문화의 주요 사제로서 경외하였다. <다빈치 코드>는 이러한 여성의 성과 디오니소스적 쾌락을 동일선 상에서 다루며 여성의 육체와 성행위를 신성시한다. 고대 여신 숭배 사상은 인간의 쾌락과 원초적 본능을 중시한다고 보기 때문에 남성 신 중심의 기독교와 정면으로 반대되는 속성을 가진다.

    종교의 역사와 믿음에 대한 문제는 브라운의 이야기 내내 제기되는 의문이기는 하지만 그 이야기의 중심에는 늘 여성 담론이 차지하게 된다. 브라운에 앞서 움베르토 에코의 <장미의 이름>은 장미의 총체적이고 중의적인 의미에서 브라운의 여성 담론의 원형을 보이고 있다. 장미는 본래 오랫동안 너무나 많은 의미로써 많은 사람들에 의해 사용되었던 상징이다. 장미는 사라질 뿐 그 이름만 남긴다는 에코의 고백은 장미를 상징하는 은유만 존재할 뿐 장미를 가리키던 본래적 의미의 여성은 사라졌다는 뜻이다.

에코에 따르면 사라지는 것들은 그 흔적으로 이름만을 남긴다. 우리는 그 실체를 볼 수 없지만 실체를 가리키는 이름은 남아 있기에 이름을 통해 실체를 기억하게 된다. 이름은 언어이다. 언어는 이 세상에 존재하지 않는 것은 물론이고 사라진 존재까지도 드러내는 지시어로 그 사물을 적절히 대변하는 기호에 해당된다.

에코의 <장미의 이름>은 명백한 대립항인 이단과 정통, 창녀와 처녀, 악마와 신, 어둠과 밝음, 죽음과 삶 등을 지시하는 다중 의미의 기호이지만 상세히 들여다보면 이 기호는 다중의 의미이면서도 여성에 대한 종교 문화적 의미에 초점을 맞추고 있다.

<장미의 이름>의 화자인 앗소는 프란치스코 수도회의 수도사인 윌리엄 신부의 수하에 들어 그를 수행하고 스승으로 따르는 인물이다. 앗소는 이야기의 과정에 한 집시 여인을 만나 성 관계를 갖는다. 그녀와의 우연적인 사랑을 통해 얻게 된 여성에 대한 존재와 종교의 진실은 마지막 부분에서 전달되고 있다. "나는 이제 이 원고를 남기지만, 누구를 위해서 남기는 지는 나도 모르겠다. 무엇을 쓰고자 했는지도 모르겠다. 지난날의 장미는 이제 그 이름뿐, 우리에게 남은 것은 그 덧없는 이름뿐." 앗소에게 이 집시 여인은 과거의 아릿한 기억이지만 하나의 상징으로서 장미라는 이름으로 기억되는 존재이다.

앗소에게 기억된 과거의 두 인물이었던 윌리엄 신부와 호르헤 신부 간의 논쟁은 여성을 상징하는 장미의 해석에 대한 서구의 오래된 해묵은 논쟁을 보여준다. 그들은 처음 만나는 날 '웃음'에 대해 논쟁을 벌이게 된다. 웃음의 코드는 마치 브라운의 성배 코드나 레오나르도가 암호화하였다는 <최후의 만찬>에 그려진 여성 코드에 대한 논쟁의 시작이다.

웃음의 해독과 관련하여 윌리엄에게 신은 가장 왜곡된 것을 통해서도 영광을 드러낸다. 사람은 세속적인 재미에서도 신의 모습을 볼 수 있어야 한다는 윌리엄에게 꼭 선하고 좋은 모습에만 신이 역사하는 게 아니라, 가장 흉하고 열정에 찬 모습에서 더욱 신의 존귀함이 드러나게 된다. 반면에 호르헤는 신은 그런 어리석은 행동이나 힘을 빌리지 않고도 사람에게 곱고 좋은 길을 보여줄 수 있다며 오로지 신을 영광스러운 모습, 좋은 모습으로 바라보아야 한다고 한다.

윌리엄은 웃음이라는 것은 사람의 기분을 바꾸어주고 육체에 낀 안개를 걷어 준다고 한 반면에 호르헤는 웃음이란 육체를 뒤흔들고 얼굴의 형상을 일그러뜨려 사람을 원숭이로 격하시키며, 웃음은 의혹을 일으킨다고 설파한다. 윌리엄은 의혹도 약이 될 수 있다고 하며 사람의 희극성을 더욱 강조한다.

살인 사건의 원인이라고 할 수 있는 아리스토텔레스의 <시학>에 대해서도 두 인물은 이처럼 상반된 시각을 보이게 된다. 윌리엄은 아리스토텔레스가 <시학> 제2부에서 웃음의 문제를 마음을 다해 다루었다면, 혹은 그렇게 위대한 철인이 서책 한권을 웃음에 바쳤다면 필시 웃음이라는 것이 그만큼 중요하기 때문이 아니겠는가 한다. 윌리엄은 웃음이 참으로 우리 삶에 바람직한 것일 수 있고 진리의 도구일 수 있다고 주장한다.

그러나 수도원의 장서를 지키는 일이 자신의 의무라고 생각하는 호르헤에게 아리스토텔레스의 서책은 가볍지가 않다. 호르헤가 보기에 <시학> 2편은 기독교가 수세기에 걸쳐 축적했던 지식의 일부를 좀먹고 웃음은 사람의 허약함, 부패, 육신의 어리석음을 드러내는 작업에 지나지 않는다. 그에게 웃음은 예술로 과대평가 되어있고 식자들의 마음을 여는 세상의 문으로 과장되어있다. 그래서 호르헤는 웃음이 신의 율법과 자연의 이치를 부정할 것이라고 말하며 웃음을 극단적인 병폐의 현상으로 몰아간다.

이렇듯이 윌리엄의 모습에는 브라운의 <다빈치 코드>의 두 인물인 랭던과 티빙의 두 얼굴의 모습이 겹친다. 윌리엄은 신을 오로지 섬겨야 할 대상이거나 신의 신탁에 절대적인 순종을 거부한다. 윌리엄은 경험을 통해 역사의 진실을 실천하며 이교도를 통하여서도 신을 볼 수 있다는 사람 중시의 측면을 강조한다. 그러나 호르헤는 오로지 믿음이다. 신의 뜻을 오로지 자신의 삶에 부여하며 자신의 행동 또한 신의 뜻이라고 굳게 믿는 이 모습은 광신도의 모습으로까지 비춰지고 있다. 이 모습에는 <다빈치 코드>의 교황청의 주교 아링가로사와 그 수하인 사일러스의 두 얼굴이 겹친다. 물론 <장미의 이름>에 나오는 이단 심문관 베르나르도 귀는 <다빈치 코드>의 로마교회의 비밀단체 오푸스데이의 수장인 아링가로사 주교의 이미지와 흡사하다.

웃음의 코드는 동시에 이름 없는 여인의 코드이며 외설적인 세속의 기호이다. 이 여인과 요한으로 그려진 막달라 마리아에 대한 해석도 외설적인 성의 이미지를 강조하며 전통 가톨릭의 엄격한 윤리를 거부하고 있다. 윌리엄 자신이 수도하는 입장에도 불구하고 외설적인 내용의 욕을 하는 모습이나 사건의 전말을 파헤치는 과정에서 쓰는 다양한 그의 지식들은 신과 관련된 종교적 지식보다 사람 중심의 세속적인 측면이 강하다.

장미의 이름은 호르헤에게 악마이다. 악마의 소행으로 보고 싶은 호르헤와 아링가로사에게 장미는 웃음과 이름 없는 여인의 코드이다. 하지만 윌리엄과 랭던에게 장미는 육체적 성과 막달라 마리아라는 여성 코드이다. 웃음과 장미에 대한 증오는 인간성에 대한 증오로, 일그러지는 호르헤의 얼굴에서 여성에 대한 서구문화의 흔적이 강력하게 전달된다. 서구 전통에서 <장미의 이름>에서의 장미란 여성의 열정이나 성적 열망에 대한 다양한 진실형태일 것이다. 유사하게 성배 기호 역시 장미를 상징하며 막달라 마리아의 은유 형태이다.

<다빈치 코드> 이야기의 표면에서는 '성배'를 보존하고 반대로 이를 제거하려는 역사의 두 세력인 시온수도회와 오푸스데이 간의 반목과 투쟁을 담고 있다. 하지만 이야기의 중심에 소피는 여성으로서 이 투쟁 역사의 한가운데 존재하게 된다. 비록 이야기이지만 여성으로서 성배 기호는 이처럼 과거의 여성을 의미하는 상징이며 현재를 가리키는 지표로 보인다. <다빈치 코드>의 열쇠인 성배는 결국 막달라 마리아의 자궁에서 태어난 여자 아이 '사라'를 말하며 아직도 존재한다는 예수의 자손을 의미하고자 한다.

여성을 'V' 형태의 기호로 자주 표기하는 배경에는 고대 수메르부터 내려오는 전통적 표기법이라고 한다. 이것은 현대에 들어서도 은연중 자궁과 여성의 상징으로 자주 인용되고 있다.

브라운의 논리에 따르면 예수의 제자들 사이에서 여성의 위치는 12제자들을 능가하는 무엇인가가 있다. 이 여성은 예수의 씨를 잉태한 막달라 마리아를 여성성의 전면으로 내세우고 가장 성스러운 남자와 결합시켜 가장 성스러운 존재이다. 무엇보다 이 남녀의 결합은 위대한 역사적, 종교적 성과로 설명되고 있다. 이들의 성행위는 성스러운 피의 잉태를 말하지만 예수를 교회의 근원적 페미니스트로 소개하며 막달라 마리아를 통한 예수의 설계와 의도가 전달된다. 이는 예수를 신성화하려는 가톨릭의 근본과 가톨릭 역사에서 수많은 여성을 마녀로 몰아 죽였던 교회와 베드로 중심의 남사제와 의도적으로 관련이 있어 보인다.

그러한 역사적인 증거로 브라운은 여성은 남성에 의해 늘 견제와 통제를 당하고 여성의 권익과 목소리가 높아질 때마다 종교는 마녀사냥과 교리위배라는 이유로 그 싹을 제거해 나갔다고 설명하고 있다. 이 부분은 오백만명 이상의 여성을 마녀로 죽인 서구 종교재판 역사의 기록을 사실처럼 제시하게 된다. 이 두 관계의 진실성은 논란의 여지가 있지만 소설이라는 공간에서 브라운은 여성 억압의 역사와 교회의 마녀사냥을 의도적으로 관련이 있게 한다.

<다빈치 코드>는 이러한 관련성을 예수의 자손을 색출하여 죽이려는 가톨릭의 음모로 끌고 간다. 이로 보아 가톨릭의 역사는 여성에 대한 핍박의 역사의 장을 주도한 실체로 보인다. 사실상 이야기는 교회의 성배와 여성 의미의 성배 자체보다 성배를 통해 이러한 상실된 여성의 위치와 핍박의 역사를 다루고 있다.

또한 성배와 함께 있다는 비밀의 문건들은 여성의 상실된 위치와 여성 핍박의 역사에 대한 다른 진실을 포함하고 있을 것으로 추정하게 한다. 이론상 다른 사람들도 예수의 행적을 기록할 가능성은 있다. 우리가 보는 성경은 몇몇 발견된 사본들을 복원하여 이뤄낸 것으로 원본은 하나도 없다고 한다. 성서에 포함될 수 없는 '외경'이라는 존재는 신빙성과 정확성이 떨어진다고 판단되는 복음서들이지만 <다빈치 코드>에 언급되는 기록들이란 그러한 외경서에 가까운 것들로 암시하고 있다.

물론 그 외경서의 기록은 예수는 사람에게서 낳고 막달라 마리아와 결혼하였으며 자식도 낳았다는 비밀 역사를 담고 있을 것으로 추정하고 있다. 하지만 보다 본질적인 부분은 막달라 마리아 복음서에서 베드로가 언급하고 있는 예수와 막달라 마리아의 진정한 사랑이다. 이 부분을 추정이기는 하지만 브라운은 의도적으로 부각시키고 있다.

이처럼 <최후의 만찬>에 그려진 여성스러운 사내에 대한 <다빈치 코드> 이야기는 성스러운 남녀의 사랑을 말하는 다른 플롯을 유지하고 있다. <다빈치 코드>는 종교적인 메시지를 담고 있지만 동시에 이야기의 출발이 되는 여성스러운 사내에 대한 코드 해석에 중점을 둔다. 이 코드는 막달라 마리아이며 예수와의 사랑을 결혼으로 이끌었던 소위 러브스토리를 보여주고자 한다. 그러기 위해 여성의 사랑과 믿음 중 무엇이 우선이며 최선인가 질문을 던진다. 이처럼 <다빈치 코드>의 여성성의 이미지는 다분히 여성 중시의 사랑 형태이다.

성스러운 남성과 여성의 육체적인 의미를 갖는 사랑에 대한 이야기의 전형은 1982년 초판으로 나온 마이클 배전트 등의 <홀리 블러드, 홀리 그레일>에서 찾아 볼 수 있다. 배전트 등은 전통적인 기독교 믿음과 신앙 체계를 뒤흔들 수 있는 내용들을 철저한 현장 검증과 증언, 그리고 역사적 고증과 흔적을 토대로 추적한다. 이들은 막달라 마라아가 예수 사후 이집트에서 그의 아이를 낳고 배를 타고 프랑스 남부, 지금의 피레네 산맥의 북쪽, 지중해 연안 기슭에 자리를 잡았다는 것을 집요하게 추적한다.

배전트 등은 막달라 마리아가 사랑하였던 예수의 가르침을 포교하고 교회를 짓고 말 그대로 초기 예수 추종자로서 살다가 프랑스 남부 골 지방에서 사망하였다고 한다. 후에 그녀의 후손의 하나가 고대 프랑스 왕조인 프랑코 왕족과 혼인을 하게 된다. 이로써 유대 종족 다윗의 후손인 예수와 최초의 이스라엘 왕인 베냐민 종족 사울의 후손인 막달라 마리아의 성혈이 프랑스 혈통으로 이어지게 된다. 이 예수와 막달라 마리아의 후손의 피가 성혈이며 성배는 막달라 마리아의 성스러운 육체를 의미하게 된다.

이러한 성혈은 고대 유대 왕국의 왕족이 고대 프랑스 메로빙가 왕족과 혼인 관계를 맺게 되었다는, 말 그대로 신성한 혈통을 의미하며, 그 역사적 관계뿐 아니라 원시 신앙에서의 여성 숭배사상으로 연결된다. 이러한 여성 중시의 신앙과 정통 남성 중시의 신앙 대립은 정통 기독교와 이단 기독교 간의 분쟁으로 묘사되고 있다.

<다빈치 코드>는 배전트의 성혈, 성배에 관한 탐색기록을 고전적인 성배 탐색 이야기의 형식에 의해 기독교의 민감한 문제로 끌어 들인다. 그 중

심에 성스러운 여성과 여성의 육체적 사랑 코드가 있다. 스토리에서 성배는 막달라 마리아 또는 자궁이나 장미 등 여성의 육체와 관련된 비밀스럽고 암호화된 오랜 코드를 지시하고자 한다. 이 코드의 배경에는 중세 이후 말로리의 <아더왕의 전설>, 프레이저의 <황금가지>, 엘리엇의 <황무지> 등이 보여주듯이 서구 성배 이야기들의 지속적인 흔적들이 나타나고 있다. 이로 보아 단지 성배 이야기가 허구이며 거짓이라 보기에는 서구인들의 문화 속에 뿌리 깊게 남아 있는 성배의 상상력을 무시하기가 어렵다. 브라운은 이런 점에서 21세기에 이어진 성배 탐색에 대한 전문 이야기꾼이다.

<다빈치 코드>는 여성의 육체에 대한 해묵은 가톨릭의 신앙적 반목과 불신을 성배 탐색 이야기 형태로 담고 있게 된다. <다빈치 코드>는 이러한 세속적 여성 가치에 도전하는 전통 서구 기독교의 반발에 답하며, 신앙의 문제와 여성의 문제를 동일한 관계로 탐색한다. 브라운의 성배 탐색 이야기는 전통적으로 여성과 육체적 사랑에 대한 가톨릭의 부정적인 가치로부터 여성의 신성함을 복원하려고 하는 것이다.

현대 페미니스트들은 이 부분을 환영한다. 교회에 여성 성직자의 문제에서부터, 여성의 자유, 임신과 출산의 자유, 오랜 원죄의 죄의식으로부터 여성의 자유, 즉 성녀 아니면 마녀라는 극단 이분법의 사고를 가진 교회의 권위에 도전한다. 그리고 고대 원시사회, 원시 종교의 중심인 여신 숭배 사상은 여성이 사회의 중심이며 성과 종교의 가치를 수호하고 보존하는 신성한 위치에 관심을 갖는다. 이로 보아 여신이란 출산과 미래에 대한 예언이나 예지를 관장하는 신으로 성과 밀접한 관련이 있고 현대 여성의 지위를 복원시키는 전통으로 소개되고 있다.

신의 성은 여성이었으며, 성적인 교류, 성적인 합일은 사람의 육체와 영혼을 구원할 수 있다고 알려지고 있다. 디오니소스적 쾌락은 최고의 가치이며, 그 환희의 순간은 세속을 뛰어 넘는 영원의 세계를 향한 여정이라 여겨지기도 한다. 그래서 고대사회의 남녀의 성행위는 성스러운 의식으로 간주되었고 신성한 제단에서 의식으로 치러졌다고 한다. 여 사제는 여성의 고유한 권한이었으며 고대사회의 의식과 사회 구조를 지배한 중심 여성이다. 생산과 출산을 관장하는 여신은 말 그대로 성의 의식을 매우 중요하게 인식하는 공동체의 중심 인물이다. 이러한 디오니소스적 쾌락은 행복과 기쁨을 얻을 수 있는, 그래서 신에게 드리는 제사는 남녀 모두 신전에서 성행위를 통해 이루어지게 된다.

<다빈치 코드> 이야기 속의 여성스러운 사내는 쾌락의 상징이며, 성의 상징이며, 여성의 상징이다. 그 반대로 <최후의 만찬>에 사내로 비치는 여성은 비극의 상징이며, 고통의 상징이며, 슬픔의 상징이다. 레오나르도의 동성애적 충동은 현실의 억압된 비극의 형상일 수 있고 역사적으로 르네상스 예술의 생동감에서 재현되는 예수와 제자들의 비극일 수가 있다. 하지만 <다빈치 코드>의 여성스러운 사내는 그 비극의 남성으로부터 희극의 여성이 되고자 하는 사람의 열망을 담고 있다.

현실은 진실되게 보이지만 사람에게는 거짓이며, 꿈의 세계는 거짓되게 보이지만 사람에게는 희구의 세계, 즉 진실의 세계일 수 있다. 이야기의 가치는 이처럼 종교의 가치를 재현시키고자 하지만 사람의 영원한 자유와 해방에 있어 보인다. 역으로 이야기는 현실의 모순에 대항하는 투쟁의 기록이기도 하다. <다빈치 코드>는 성서 내용의 역사성과 정당성에 도전해 보이는 스토리 내용을 떠나 줄기차게 감추어진 다른 억압된 진실을 말하고자 한다. 그 과정은 여성과 육체의 궁극적인 해방과 자유를 찾아가는 여정이면서도 공동체의 구성원인 여성과 남성에 대한 새로운 발견이 된다.

제8장

인터넷 중심 휴머니즘

오늘날 인터넷을 통해 만들어지고 있는 하이퍼텍스트 형식의 글은 우리의 일상 삶에 광범위하게 자리를 잡고 있다. 이로 인해 한편으로는 인터넷 문화가 생활 전반에 큰 변화를 일으키며 사람의 사고와 삶의 유형이 달라지고 있다. 다른 한편으로는 인터넷 기술은 사람의 자유로운 사고와 활동을 지원할 뿐만 아니라 개개인의 무한한 욕망을 충족시켜주는 방향으로 발전하고 있다.

개개인은 컴퓨터 앞에 앉아 누구에게 구속감을 느끼거나 형식에 얽매이지 않고 자신의 일상적이고 사소한 이야기까지 자유롭게 생산하고 인터넷에 공개한다. 글을 쓰는 사람은 전문 직업인에서부터 너무나 평범한 사람에게까지 미치고 있고, 이를 읽는 사람 또한 다양한 계층을 형성하며, 때로는 그 이야기에 동시에 참여하여 재생산까지 한다. 사람은 모두 이러한 인터넷 기술로 인해 새로운 의사소통의 형식을 가질 뿐만 아니라, 개인적인 해방감과 자유로움을 적극 경험할 수 있게 된다.

인터넷은 사람의 창조적 해방감을 보다 포괄적으로 부여하고 있어 보인다. 이러한 인식은 글쓰기의 시뮬레이션에서 온다. 하이퍼텍스트는 일반 텍스트에 비해 사람에 대해 어떤 한계나 의미 제한을 거의 주지 않는다. 무엇보다 인터넷은 기존의 사람들이 경험할 수 없는 생동감과 활기를 준다. 그만큼 인터넷의 발전과 웹문서의 생활화는 사람에 대한 기존 인식 구조를 급격하게 변화시키고 있다.

본질적으로 인터넷과 더불어 성장하게 된 사람과 사람의 삶에 대한 새로운 인식은 사람에게 전통적인 억압 문화를 벗어나는 자유를 주고 있다. 유사하게 인터넷에서의 하이퍼텍스트 글쓰기는 이러한 사람의 의미와 삶을 새롭게 구성하며 기존의 지식 구조를 해체하는 작업의 상징에 해당된다. 하이퍼미디어와 더불어 글을 쓸 때 경험하는 사람의 자유분방함은 사람에게 해방감을 줄뿐만 아니라 더욱이 사람에 대한 기존의 권위와 지적 구속력을 약화시키고 있다.

우선 기존의 사람의 의미를 찾으려면 사람에 대한 기록을 전자화한 인터넷 데이터베이스에 접속하여 그 다양한 형태를 찾으면 된다. 사람의 형태를 기록한 인터넷 데이터베이스가 지식 구조라 한다면 인터넷의 검색엔진 서버야말로 전통적인 도서관의 색인 구조의 개념에서 출발한다. 결국 인터넷 기술이 인문학의 지식 탐구에 체계적으로 적용되기 시작하면서 사람의 의미를 광범위하게 찾아 볼 수 있게 되고, 사람 유형의 유사성과 차이를 과학적으로 찾아 볼 수 있게 해준다.

지식과 사람에 대한 이러한 인터넷 기술은 접근 방법에 있어 수사학의 구도와 매우 유사하다. 수사학은 크게 비유의 개념에 의존하고 있지만 그 기본은 은유와 환유에 두고 있다. 사람에 대한 지식 구조를 은유와 환유의 축으로 접근하여 사람들의 상호 관련성을 규명하는 일은 매우 흥미로운 과제이다. 인터넷 글쓰기 역시 이러한 수사학의 구도로부터 크게 벗어나지 않는다. 이야기의 주제가 은유라면 이 이야기의 문맥이 환유라 할 것이다. 예를 들면 사람 간의 순수한 사랑이 이야기의 주제라면 어떤 방식으로 그 주제를 효과적으로 실감나게 엮느냐가 매우 중요한 모티브로 작용한다. 하이퍼텍스트 글쓰기는 다양한 조각들을 어떻게 효과적으로 엮어 많은 이야기들을 만들어 낼 것인가에 주요 관심을 가지므로 은유에 의존하기보다 환유에 의존하는 경향이 크다.

환유는 이야기의 문맥에 해당되기 때문에 이야기의 주제가 그 문맥을 통해 그럴듯하게 느껴지도록 현실감을 준다. 따라서 사람 개개인은 기존의 텍스트에서 경험하고 있는, 즉 책을 통해 경험하고 있는 현실감을 하이퍼텍스트에서도 경험한다. 컴퓨터에 앉아 있는 개인은 인터넷을 통해 현실 속의 사람에 접하고 있는 느낌을 받는 동시에 그 현실 세계를 무한히 여행하고 무엇인가를 찾는 탐구자가 된다. 소위 사이버 문학에서도 사람은 이처럼 현실 같은 이야기를 경험하며, 다양한 삶을 탐구하는 여행자가 된다. 사이버에서의 사람 이야기 역시 비유의 관점에서 볼 때 수사학적인 알레고리의 개념에서 크게 벗어나는 것은 아니다.

수사학적 알레고리란 인터넷이 갖추고 있는 데이터베이스가 하나의 기호 체계로 기능하고 있다는 사실에서 찾아 진다. 사실 기존의 데이터 형태는 하이퍼미디어 기술에 의해 다른 기호 체계로 끊임없이 재생산되고 다양한 구조망을 갖게 된다. 이처럼 인터넷이 갖고 있는 지식 구조란 커다란 기호 체계에서 이루어지고 있는 의미 확대와 재생산의 알레고리에 해당된다. 지식

구조를 중심으로 본다면 사람을 가리키는 기호들이 가득 찬 하이퍼텍스트들이 긴밀하게 상호연관성(상호텍스트성)을 갖는다. 하이퍼텍스트는 이 구조의 망을 통해 사람을 현실세계로부터 가상세계로 인도한다. 사람은 모두 이 구조의 망에 갇히게 되고, 이 닫힌 가상세계는 모든 가능한 경험을 창조하는 일종의 알레고리 세계이며 사람의 상상력 세계의 단면이라고 할 수 있다.

다만 사이버 글쓰기는 인쇄 텍스트가 전달하기 어려운 기술을 기반으로 하이퍼텍스트의 기능을 강화시킨다. 이러한 측면에서 하이퍼텍스트는 첨단 기술로부터 사람의 의미와 사람에 대한 지적 구도를 결정하기도 하지만, 동시에 사람에 대한 새로운 지식은 새로운 기술을 촉진시킨다. 첨단 기술은 사람의 의미와 글쓰기 구조를 다양하게 생산하는데 기여할 뿐만 아니라 다양한 사회적 문맥을 풍부하게 촉진시키고, 다른 한편으로 수많은 삶의 이야기를 산출한다.

데런 토프츠는 이 사이버 글쓰기를 두 가지의 개념으로 분류한다. 하나는 가상현실과 다른 하나는 환상이다. 우선 가상현실은 컴퓨터가 가져온 사이버 문화를 지칭하는 새로운 개념이라고 볼 수가 있다. 컴퓨터와 인터넷의 발전은 하이퍼텍스트로 만든 이야기, 소위 하이퍼텍스트 픽션 혹은 하이퍼픽션을 그러한 가상현실로 구체화시킨다. 가상세계 혹은 가상 실제 속의 사람은 새로운 유형의 사람 형태이다. 가상세계에 대한 용어나 개념이 낯설지 않다는 생각은 포스트모던 문화와 밀접한 관련이 있다.

1970년대부터 나타나기 시작한 포스트모더니즘은 움베르토 에코나 쟝 루이 보드리야르를 선두로 픽션의 개념과 유사한 의미를 갖는 '카피 문화', '거짓 신앙', '초현실 문화' 등을 현대 문화의 지표로 제시했다. 일반적으로 포스트모던 문화에서는 예술과 글 속의 사람은 가공된 구조물에 불과했다. 하이퍼픽션의 특성이라 할 수 있는 가상세계와 그 속의 사람의 의미는 '가공'이라는 의미에 비추어 볼 때 이런 포스트모던 문화와 밀접한 관련이 있어 보인다.

그럼에도 가상현실 속의 사람과는 다르기는 하지만 픽션 속의 사람을 가공된 인물로 보려는 포스트모더니즘 개념 또한 사람을 진정성 있게 보려는 노력을 포기하고는 한다. 무엇보다 하이퍼픽션은 이야기 속의 사람을 '가상' 현실의 사람 또한 픽션 개념으로 접근한다. 가상현실 속의 사람을 가상 시뮬레이션으로 접근하는 하이퍼픽션이든 혹은 사람을 가공된 형태로 보는 포스트모던 문학이든 토프츠는 통틀어 이 방식을 픽션의 의미에 비추어 '환상의 출구 전략'이라고 규정한다.

인터넷 시대에 들어 사람은 자신이 살고 있는 세계가 현실이며 예술이나 글쓰기의 세계는 '재현'이다 혹은 '가상현실'이다 하는 논쟁을 지켜보게 된다. 하지만 어느 경우에 속한 사람이든 이를 이제 억지로 인식할 필요는 없다. 누가 굳이 가르쳐 주지 않아도, 혹은 어떤 이론적인 설명이 없다고 하여도 사람은 현실 세계와 존재하지 않는 세계에 대한 차이를 알고 있다. 픽션 세계 속의 사람이 포스트모더니즘이 규정하던 '거짓' 산물이든, 컴퓨터 기술이 규정하던 '시뮬레이션'의 산물이든 사람은 여전히 현실 세계 속에 살고 있다. 따라서 사람이 창조한 세계가 환상이라는 사실을 모르는 사람은 없을 것이다.

사람은 때로 착각이나 환상에 빠질 수가 있다. 그렇다고 현실을 떠나 그러한 착각이나 환상세계를 구분할 수 없을 정도는 아니다. 일반적으로 글쓰기 구조 내의 사람은 가공된 거짓 형태에 불과하다든지, 컴퓨터 구조내의 사람은 시뮬레이션 구조 내의 가상 형태에 불과하다는 주장은 의미가 없다. 물론 하이퍼텍스트 역시 '사이버'라는 말이 의미하듯이 우리가 사는 현실과는 거리가 있는 세계이다. 그럼에도 이 사이버 세계를 열린 여행에 자주 비유하듯이 하이퍼텍스트 속의 사람을 모두 폐쇄된 구조물 속의 사람으로 보지 않는 게 바람직하다.

그보다 사람이 자신의 욕망을 전자 기술에 투영하여 만든 현실 속의 사람이라는 인식이 필요하다. 다음 하이퍼픽션은 다양한 사람들에 관한 이야기이면서도 개개인의 디오니소스적 쾌락과 그 쾌락을 충족시키는 가상현실과 그 세계를 그리고 있다. 하지만 기존 현실에서는 볼 수 없는 사람의 의미와 삶이 다양한 층으로 연결되고 엮어지며 수많은 환상을 만들어 내는 인터넷 하이퍼텍스트 세계 속의 사람이지만 이 또한 사람의 단면이라는 측면에는 변함이 없다. 오히려 사람을 표현하는 디지털 기술에 주목할 필요가 있다.

사이버 글쓰기에 대한 대표적 연구가인 마크 번스타인은 하이퍼텍스트 구조 유형을 분류하여 다양한 사람의 의미와 삶을 조명해 본다. 우선 제니 웨이트의 <쌀>은 멀티미디어 몽타주 유형으로 상징적인 16개의 사진들이 한 줄에 네 개씩 네 줄에 걸쳐있고, 이어지는 각각의 사진은 측면이나 하단의 공간을 활용해 얼마간의 서술을 동시에 보여주는 구조를 갖고 있다. 모두 베트남에 대한 이야기이다. 하지만 각 사진이나 서술은 그 자체의 개성을 그대로 보유하면서도 동시에 서로를 보완하며 전체 내용을 강화시켜주고 있다.

이러한 하이퍼픽션은 하이퍼미디어의 특성을 반영한 것으로 고정된 플롯이나 확정된 종결이 없어 보이고, 줄거리가 달라 질 수 있게 함으로서 다양한 해석을 기술적으로 허용한다. 그 해석은 독자에게 여지를 남기고 있다. 그럼에도 하이퍼미디어 기술에 따라 복합적으로 만들어지고 있는 하이퍼픽션의 구조나 내러티브 전개는 다분히 의도적일 수가 있다. 역으로 그 의도는 하이퍼미디어 속의 사람의 의미와 삶을 다양하게 반영하게 된다.

하이퍼미디어 기술을 활용하기 위한 기본 단위는 웹 문서처럼 하이라이트 된 단어, 문구, 사진 등을 터치하는 클릭이다. <쌀>을 예로 할 때, 각 화면을 상호 연결시키는 단위를 보통 '링크'라하고, 떠오르는 다른 텍스트가 '노드'에 해당된다. 16개의 각 그림은 클릭한 후 링크되어 이어지는 다음 노드와 교차가 되지 않게 한 몽타주 형식으로 구성되어 있다. 그러나 그 전개 방식은 클릭하여 노드를 따라가다 보면 다시 처음 노드로 돌아오는 사이클 유형을 주로 하고 있다. 또한 시각적이고, 청각적인 효과를 그림에 부여하였지만 그림들 사이에 연관성은 없어 보인다. 그럼에도 불구하고 각각의 그림을 함께 배치한 몽타주 구조 방식은 그림 자체가 시사하는 정보 이상으로 베트남과 사람의 삶을 알 수 있게 한다.

이 하이퍼픽션은 베트남전, 베트남의 삶의 모습, 그리고 작가가 여행을 하면서 보고 듣고 느낀 생각들을 내러티브에 비중을 두기보다, 사진의 이미지와 짧은 글을 통해 현대사에 얼룩진 베트남 사람과 그들의 삶을 해체하거나 형상화시키고 있다. 그리고 이를 재현시키는 각 그림들의 망은 다양한 맥락으로 링크시키는 하이퍼미디어 기술에 의존하고 있다.

첫줄 첫 왼쪽 그림은 악어 그림이 있는 담배 갑이며, 5페이지가 연결되어있다. 각 페이지는 메콩강의 새벽, 아오자이를 입은 소녀들, 누더기 코트를 터는 노파, 자동차 사고로 죽은 아이, 사이공 주변의 육사 박물관 등의 내용으로 전개된다. 악어가 그려진 담배 갑과 그 다음 페이지들의 서술 관계는 명확하지가 않지만 짐작으로 베트남을 상징하는 강과 소녀의 복장과 노파와 죽은 아이, 육사 박물관은 묘한 대조를 이룬다. 또한 시로 형상화한 소녀와 노파, 아오자이와 누더기, 새벽과 죽음, 메콩강과 자동차 사고, 그리고 사이공과 육사 박물관의 그림 등은 그냥 지나치기에는 베트남 사회와 베트남 사람들에 대한 무거운 현대사의 한 부분이 어둠과 밝음으로 대조를 이루고 있다. 이러한 파편적인 그림 속의 사람들이나 텍스트 속의 사람들을 다양하게 연결하는 망 내부에 현실과 사람에 대한 부정적인 이미지가 재현된다.

이어 자동차 경적 소리와 함께 중국인지 베트남 노래인지 국적을 알 수 없는 노래가 나오다가 희미해진다. 화면의 내용은 'f'에 대한 설명, 'sh'에 대한 설명, 시 공장(poem factory)과 안락함(comfort)의 추구에 대한 이야기가 서술된다. 그림에서는 비키니를 입은 소녀가 광고 모델로 포즈를 잡고 있고 SIZE XXI이라는 마크가 하단에 선명하다. 베트남이 전쟁으로 인한 고통과 사회적, 경제적 어려움을 극복하고 있다는 함축된 메시지가 있는 반면에 다른 한편으로 시 공장이라는 다소 모순 된 어구를 볼 때 사회주의 베트남과 자본주의 물결 속에 모순된 베트남 사회와 사람들이 뒤틀린 모습으로 어울려 있다.

그 다음은 오리 그림이 뜨며, 클릭을 하면 파노라마식으로 바뀌며 베트남 사람들의 운명이 오리의 상황으로 묘사되어 전쟁 피해상태를 고발한다. 베트남전과 그 승리자가 미국이 아니라 베트콩이라는 것, 그리고 이 전쟁에서 얻어진 것은 단지 죽음뿐이라는 사실을 말한다. 다음 그림은 베트남을 상징하는 복숭아꽃이 그려져 있다. 복숭아는 한 밤중에 피는 꽃으로 밤과 꽃은 일종의 안락과 휴식을 찾는 베트남 사람들의 소망을 가리키는 이미지를 준다.

특이한 화면으로는 중간에 가로로 길게 주사위 그림이 4개가 있다. 각각의 주사위 그림은 작가가 찍은 사진에 대한 느낌을 간략하게 설명하고 있고, 주사위 그림을 클릭하면 또 사진이 나타나고 이어 시와 화면 오른쪽에 클릭할 수 있는 동그라미 4개가 나타난다. 시는 베트남의 사회상과 베트남 전쟁에 대한 내용과 베트남 사람들이 갖는 고향에 대한 향수를 느끼는 내용으로 이어진다. 오른쪽 4개의 동그라미를 클릭하면 새로운 노드와 시의 내용들을 한 사진이 나타난다.

그리고 'junk'라는 단어에 대한 시를 연속적인 그림 링크에 의해 보여준다. 쓰레기라는 뜻인 'junk'는 사전적 용어보다는 베트남 사회 자체를 말하고 있다. 다음 장면은 베트남의 역사와 그들의 닫혀져 있는 폐쇄적 정서를 비판하고 있다. 그 장면을 클릭하면 진실, 자유, 행복이라는 어구가 나타난다. 미국사회와 미국인들의 삶을 상징하는 이 단어들은 반어적인 의미에서 과연 미국적 민주주의 개념들이 베트남 사회와 베트남 사람들에게 정당한 것인가 하는 의문을 갖게 한다.

전체적으로 <쌀>은 글쓴이가 베트남을 여행하며 찍은 16개의 사진마다 관련된 노드가 순차적인 클릭을 통해 나타나 다시 처음 노드로 들어갈 수 있도록 구성되어 있다. 그리고 여행의 마지막을 한편의 시가 형상화하고 있다. 이 작품은 베트남의 삶의 모습들을 몽타주 링크 방식으로 서술한 멀티미디어 하이퍼픽션에 해당된다. 이 작품에서 사용하고 있는 하이퍼미디어 기술은 장황한 내러티브에 비중을 두기보다 사진으로 형상화한 압축적인 이미지와 사진이 시사하는 베트남의 과거와 현재의 이념적 갈등구조에 주로 초점을 맞춘 몽타주 형태와 사이클 망에 있다. 특히 전쟁 가해자인 미국의 잘 발전된 인터넷 기술과 피해자인 베트남의 정돈되지 않은 실상은 기술이 조작한 가상현실과 실제 현실간의 유사점을 극명하게 드러낸다.

마이클 조이스의 <이방인의 생일>의 하이퍼미디어 장치는 텍스트마다 말미에 단어나 문구를 클릭할 수 있도록 하여 이야기의 흐름을 언제든지 바뀌게 구성하고 있다. 다른 기술적인 장치로는 클릭하지 않아도 자동으로 다음 화면으로 바뀌는 유령 텍스트를 쓰고 있다. 이는 이미 선택하여 읽고 있는 글이 도중에 갑자기 아무 것도 누르지 않아도 다른 창으로 바뀌는 하이퍼 텍스트를 말한다. 그리고 이미 열린 창에서는 그 열린 창에 해당되는 단어는 아예 링크가 되지 않도록 하고 있다.

예를 들어 'a_nun(101.98)' 소 주제의 창을 열었을 때, 그 순서에 해당하는 단어는 링크가 되지 않는다. 이는 이미 열어 보고 있는 페이지를 지칭하는 단어에 대한 클릭을 의도적으로 차단시키고 있다. 그리고 하나의 창에는 하나의 사진이 나오지만, 사진과 글의 연관성은 있는 것도 있고 없는 것도 있으며, 앞에 나왔던 사진이 다른 창에 다시 쓰이기도 한다. 대체로 사진들은 도시인의 깊은 사색이나 방황과 관련이 많아 보이며, 엘리엇의 황무지를 연상시키는 도시의 음산한 분위기를 느끼게 해준다. 일반적으로 사람들은 자신의 생일이 특별하다고 느끼지만 대부분의 창에 서술되어 있는 내러티브는 낯선 도시에서 느끼는 이방인의 이러한 생일날의 외로움과 고독감을 주로 표현한다. 따라서 철학적인 사색과 과거에 대한 연상이 이야기의 주요 구조를 이루고 있고, 과거의 기억을 되살리기 위해 한 화면이 언제든지 다른 화면으로 링크될 수 있는 플래시백 장치가 즐겨 사용된다.

사진에는 좌표가 있다. 그 좌표의 숫자와 사진이 의미상 서로 연관되어 보이기도 하고, 내용을 암시하고 있어 보인다. 이 좌표는 이미지와 내용을 함께 담은 창을 한 노드로 하여 약 37개 정도의 노드를 기술적으로 개별 접근할 수 있게 하고 있다. 반면에 각 노드는 어떤 공통된 메시지를 전하고 있는 느낌을 준다. 좌표를 클릭하면 전체적인 지도 창이 떠서 지금 열려있는 창의 위치를 확인할 수 있다. 임의로 현 위치를 아무 때나 선정할 수 있도록 한 이러한 장치는 도시 내에 이곳 저곳 어떤 목표 없이 이동하는 이방인의 움직임을 상징적으로 드러내준다. 또한 사진은 사람보다 사물 중점으로 되어 있어 움직이는 이방인의 행적에 비해 정적이라는 느낌을 받게 한다. 더욱이 내러티브 내용이 매우 사색적이고 자의식인 것은 주인공이 생일 날 가이드와 함께 도시의 여러 곳을 다니면서 보고 느낀 감정을 과거의 기억과 연상시키는 의식의 흐름수법 때문이다.

내러티브는 창마다 짤막한 내용으로 되어 있다. 하지만 모두 심리적인 깊이와 철학적인 사색이 가득한 글이어서 작품의 복잡한 내용과 구성은 매우 난해하다. 예를 들면, 물고기의 지느러미를 날개로 표현한 창은 제목이 '가자미'라는 것을 모르면 그 의도를 파악하기가 어렵다. 그러므로 내러티브 내용은 이런 소제목과 당연히 관련되어 있는 것을 알 수가 있다. 이러한 복잡하고 난해한 구성은 의도적인 것으로 생일날 이리 저리 돌아다니는 지식인처럼 보이는 주인공의 행적과 복합적인 심리 현상에 치밀하게 연결되어 있는 인상을 준다. 우선 기존의 열어본 노드로 언제든지 링크가 가능하도록 한 기술은 그 끝을 알 수 없는 '탱글'(tangle)과 아무 때나 다른 창이 열리는 '미싱링크'(missing link) 방식을 사용하고 있다. 이런 기술은 목표를 읽고 낯선 도시를 방황하는, 매우 곤혹스러운 여행자로 독자를 끌어들인다.

릭 프릴의 <거짓말>은 한 창에 두 단어인 'Truth'와 'Lies'만 선택할 수 있는 스프릿(split/join) 유형으로 구성되어 있다. 매우 단순하게 보이는 구조지만 총 44개로 되어 있는 텍스트는 창마다 이 진실과 거짓을 선택하여 아래로 내려가는 구조를 보이는, 엄밀한 의미에서 '트리'(tree) 방식을 보여주고 있다. 그렇다고 이야기의 일정한 순서대로 클릭을 하도록 되어 있는 것도 아니다. 첫 노드는 편의상 정한 2번 화면과 25번 화면으로 갈라지며 2번은 3번과 13번, 그리고 25번은 26번과 27번으로 갈라지면서 크게 4개의 가지를 갖는 트리 형식으로 발전한다. 44번이 마지막으로 도착하는 가장 밑에 있는 창이지만, 낮은 번호가 다시 나오기도 한다. 그래서 32번, 41번, 42번이 이 내러티브의 결론에 해당된다.

이 이야기는 조금 복잡한 트리 구조를 보이지만 첫 노드를 따라 계속해서 진실만 클릭하여 따라가도 32번, 41번, 42의 세 개의 결론에 도달한다. 또한 이 이야기는 거짓을 따라가도 이 세 결론에 도달하며, 각 창마다 나오는 진실과 거짓을 임의로 누르며 따라가도 이 세 결론에 도달하게 된다.

이런 과정에는 '내비게이션 페인트'(navigation feint) 기술도 무시할 수가 없다. 여기에 매 노드마다 있는 스프릿은 심리적으로 다른 쪽에 대한 호기심을 자극하기 때문에 이 스프릿 방식은 매번 다른 창으로 선택을 유도하고 있다. 스프릿과 내비게이션 방식은 전체적으로 어떤 목표를 향해 움직이는 기술적인 처리로 보인다. 진실과 거짓을 임의로 선택하도록 하지만 어떤 결론을 정해 놓은 처리가 그렇고, 이 과정 사이에 다양한 진실과 거짓 내러티브가 최종 노드로 링크되어 있는 구조가 특히 주목된다.

등장 인물은 일인칭 화법을 전개하는 화자 'I'와 그의 연인 'She'가 나타나며 이들이 주인공들로 보인다. 이들의 남녀 관계를 볼 때 빨간 머리를 한 여자 가브리엘라와 다른 남자 앤토인 두 사람이 더 등장한다. 'She'는 검은 머리를 한 여자로 비밀스런 구애자로서 1년 전 교제를 시작하기 전 댄스 클럽에 'I'를 초대한다. 'She'가 'I'에게 춤을 추자고 권하지만 그는 거절한다. 그래서 'She'는 혼자 춤을 추러 간다. 술을 마시며 'She'를 쳐다보고 있을 때 'I'에게 가브리엘라가 다가온다. 그녀는 빨간 머리를 하고 있었고, 'I'보다 어렸다.

'I'와 가브리엘라 둘은 거짓말을 하기 위해서 은어를 갖게 되었다. 같이 잠자리를 하는 것을 '댄싱'(dancing) 혹은 '코크'(coke)라 불렀다. 또 다른 은어는 '여름 연인'(summer lover)인데, 그것은 그들의 일기 속에 서로의 연인을 지칭하는 용어로 쓰인다. 'She' 역시 여름 연인은 앤토인이었고 'I'의 여름 연인은 가브리엘라였다. 그들이 7월 25일에 전화를 하기 전까지 서로 간의 다른 연인관계는 가벼운 사이였다. 'She'가 'I'와 앤토인 둘에게 썼던 편지로 인해, 'I'는 자신에게 쓴 편지 내용이 은어로 쓰여진 것을 보고 그 편지가 거짓이라는 것을 알게 되었다.

어느 날 밤 'I'와 가브리엘라는 술에 취해 있었다. 'I'가 눈을 떴을 때, 그가 낯선 곳에 있다는 것을 알게 되었다. 옆방에서 어느 여자가 흥얼거리는 소리를 'I'가 듣고 빨간 머리일 것이라고 상상했다. 그러나 검은 머리인 'She'였다. 'She'에 대한 많은 의문점이 남는 대목이지만 여전히 'I'와 'She'는 잠자리를 같이하며 즐거운 시간을 보내고 있다. 이 화합의 대목이 결론 부분 42번에 해당된다.

일 년이 된 후 'She'와 'I'는 술을 마시며 축하를 했다. 그들은 함께 살지만, 거짓말 속에 산다. 지난 여름에 그들은 떨어져 있었는데 'I'는 독일에서 일하면서 가브리엘라를 만난 것이다. 그녀는 'I' 자신의 외로움을 달래주었고, 그래서 'I'는 한동안 'She'에게 죄의식이 있지만 행복하였다. 'She' 또한 앤토인과 두 번 '댄스'했다고 말했지만, 'I'는 'She'의 말을 그대로 믿지 않았다. 하지만 41번은 'I'가 여름 연인과 관계를 가졌지만 자신은 지금의 연인인 'She'에게 한 번도 같이 잔 적이 없다고 거짓말을 했으나, 그녀는 그것을 수용했다. 그녀 자신도 'She'가 한 번도 다른 이름을 가진 남자와 잔 적이 없다고 했지만 그것을 받아들이게 되었다는 내용이다.

32번은 이 픽션의 최종 결론 부분에 해당되며, 여름에 서로가 저지른 잘못이 있음에도 불구하고 함께 행복하게 살고 있고 간혹 싸우기는 하지만 함께 살기로 한 결정이다. 이 부분은 진실만을 클릭하여 따라가면 트리 구조상 바로 도달하는 결론에 해당된다. 그러므로 이야기의 결말로 가는 과정에 선택을 유도하는 다소 복잡한 구조가 있지만 현실 세계와 타협하는 해피엔딩으로 종결된다.

전체적으로 이 픽션은 두 남녀 간의 진실과 거짓에 관한 내러티브 구조를 보이고 있다. 이들을 보면 사람이 살아가는 현실이 진실이라고 믿고 싶지만 사실은 온통 거짓으로 짜여 있으며, 일상적으로 쓰고 있는 언어는 겉과 속이 전혀 다르다. 남녀 간의 대화가 모두 은어를 통해 이루어지지만 모두 결국 겉에 보이는 내용이 거짓임이 드러난다. 하지만 아이러니한 것은 거짓이 훨씬 삶에 안락과 기쁨을 준다는 사실이다. 오히려 세상에는 진실은 없고 거짓만이 존재하며, 도덕이니 양심이니 하는 윤리적인 가치관은 사람의 욕망이나 현실 삶을 억압하는 기제에 해당되어 보인다.

하이퍼미디어의 기술적인 장치는 이 기제에 대한 억압 장치와 호기심을 교묘하게 자극하고 활용하는 주요 동기로 설정되어 있다. 이 기술은 세상을 진실 혹은 거짓, 이 두 이항대립만으로 보려는 사고방식이 얼마나 어리석은지를 역으로 보여주려는 글쓴이의 고의적인 전략과 일치하고 있다. 이 구조의 망 내부가 어떤 정해진 결론으로 이끌어 지는 것처럼, 사람이 사는 삶의 세계는 현실이 아닌 거짓 컴퓨터 시뮬레이션 세계일지 모른다.

연인 사이인 한 남녀가 헤어져 있게 되면서 각자 애인이 생겼고, 이들은 예전 애인에게 거짓을 행하지만 현실은 이전에 가져 보지 못했던 편안함을 느낀다. 이들은 오히려 이 거짓된 삶에서 기쁨과 희열을 느낀다. 결국 사람의 디오니소스적 쾌락과 도덕 세계와의 갈등이 기술적으로 거짓과 진실의 선택을 뒤바꾸어 요구한다.

따라서 진실만 선택해 도달한 결론은 지극히 사실적이고 평범한 현실로 비쳐지지만, 거짓부분을 읽으면 사실이라고 믿었던 부분이 모두 거짓, 혹은 착각임에도 여기에 사람의 현실적인 욕망이 있다. 거짓은 프로이트의 무의식과 욕망의 세계로 보이며, 사람이 현실에서 이렇게 되었으면 하고 바라는 이상, 환상, 혹은 꿈의 세계이다. 이 거짓에 대한 내러티브 장치가 바로 환상의 세계이며, 바라는 삶에 대한 알레고리에 해당된다.

가빈 잉글리시의 <같은 날 테스트> 역시 유사하게 각 화면마다 두 가지 중 하나를 선택하여 다른 이야기로 전개되는 스프릿 구도이지만, 동시에 마치 한 나무에 여러 가지를 갖고 있는 트리 구조를 보여준다. 이야기는 주인공 톰이 어느 날 몇 달 전에 사귀던 가브리엘로부터 출근하기 이전 8시 47분 한 통의 전화를 받게 되면서 시작된다. 그녀는 자신이 에이즈 양성 반응이 나왔으니 그도 받아 볼 것을 권한다. 전화를 받고 나서 톰은 어떻게 해야 할지 여러 가지 고민을 하게 된다. 이 고민하는 부분을 가능한 두 가지 선택으로 계속해서 하루 시간별로 나누어 간다.

예를 들면, 이 전화를 받는 창에서 병원에 간다, 아니면 병원에 안간다는 메시지 선택이 주어진다. 이런 방식은 단순한 스프릿 구도를 넘어서고 있다. 병원에 가고자하면 이 화면은 결과를 보러간다, 아니면 결과를 보지 못한다 화면으로 이어지고, 결과를 보러간다는 창은 양성 반응, 혹은 음성 반응으로 나뉜다. 여기서 독자는 주인공이 선택할 다음 상황을 여러 가지로 예상하지만, 내비게이션 페인트 방식에서처럼 주어진 상황을 무시하지 못해 따라갈 수밖에 없는 선택을 요구받게 된다. 그 결론은 오직 하나로 나타난다. 결국 병원에 가지 않는 선택을 하였더라도 별 문제가 없었든 경우나, 심리적인 압박을 물리치지 못해 병원에 가 테스트를 했을 경우나 별 차이가 없다. 그 결과는 네거티브라는 음성 반응으로 나온다.

첫 번째 선택의 경우 가브리엘의 말을 듣지 않고 병원에 전화를 하지 않으면 그것으로 아주 간단하게 끝이 난다. 하지만 병원에 전화를 하는 선택은 병원 예약에 대한 대화로 이어진다. 다음 화요일을 원하는 톰이지만, 병원 측에서는 당일 아침 예약이 취소된 9시 45분 검사를 요청한다. 화면 끝에 갈까 말까라는 선택이 주어진다. 안가면 그것으로 간단하게 끝이 나지만 갈 경우 다음 노드에서 병원에서 일어나는 대화 내용이 전개된다. 톰은 9시 59분 병원에서 인터뷰를 하게 되고, 에이즈에 대한 두려움과 함께 테스트를 끝난 이후 그 화면 끝에 직장으로 출근할까 아니면 가지 말까하는 선택을 갖게 된다.

톰이 직장에 가지 않으면 그것으로 끝나지만, 직장에 갈 것을 선택할 경우 10시 36분 직장 상사인 데이브 텔봇이 늦게 출근한 톰에게 곱지 않은 눈길을 준다. 톰은 그에게 에이즈 테스트에 대한 결과를 기다리고 있다고 해명한다. 12시 25분 직장에서의 일에 대한 이야기와 더불어 그 화면은 직장 동료와 점심을 할까 혼자 점심을 할까하는 선택이 주어진다. 이어 혼자 점심을 하면 그것으로 그만이지만, 동료와 점심을 택하면 식당에서 일어나는 여러 이야기로 전개되고 다시 직장으로 돌아갈까 아니면 해변으로 갈까라는 선택이 주어진다. 1시 19분 해변으로 가면 그 것으로 그만이지만 직장으로 돌아가는 선택은 수리를 위해 들어온 컴퓨터 테스트로 이어지고, 일찍 퇴근하려는 마음이 생긴다. 여기에서도 마지막까지 회사에 근무할까 아니면 일찍 나갈까하는 선택이 주어진다. 일찍 퇴근하여 병원에 들른 시간이 오후 4시14분으로 간호사는 몇 가지 인적사항을 체크한 후 검사 결과를 보여준다. 그 결과는 음성 반응이다.

선택의 문제는 매우 심리적이다. 이 선택은 심리적인 상태에 따라 어떤 선택을 강요하지는 않지만 사람의 심리를 자연스럽게 유도하게 된다. 이를 위해 사용된 기술적인 장치는 하이퍼미디어가 사람의 복합적인 심리 변화를 다양하게 진단할 수 있는 매우 훌륭한 기제임을 말한다. 그러한 사람의 심리를 잘 반영하듯이 직장에 출근 할 주인공에게 의무로 해야 되는 일과 반대되는 일을 결정해야 할 두 가지 상황이 주어지게 된다. 그 상황이 올 경우 선택은 매우 혼란스러운 일이며 그날 하루의 일과에 매우 중요한 영향을 미친다.

첫 노드에서 성 관계를 가졌던 가브리엘의 전화 때문에 에이즈 전염에 대한 고민이 계속해서 톰을 압박하게 된다. 하지만 선택의 문제는 병원과 에이즈 생각으로부터 멀어지고 싶은 본능을 잘 드러난다. 명백하게 기술적으로 처리된 선택 구조는 일상적인 직장과, 무시하기 어려운 개인의 사생활 문제에 대한 사람의 심리적인 갈등과 고뇌를 잘 반영한다. 결과도 음성 반응으로 끝나 그간의 선택 구조와 이에 수반된 주인공의 고뇌가 조금은 넌센스로 보이는 흥미로움을 준다. 이 넌센스는 하이퍼미디어의 다양한 장치와 구조에 의해 의도적으로 산출되어 보이지만 사람의 일상과 너무나 닮아 있다.

릭 라자루스의 <총수의 비밀스러운 삶>은 구조상 3개 부분으로 이루어져 있다. 총 53 노드와 마지막에 에필로그로 되어 있는 이 이야기는 8 노드의 Part1과 15 노드의 Part2는 단순한 앵커(ancher)로 이루어져 있고, 나머지 노드의 Part3은 5개의 노드를 각각 클릭하여 따라가도록 만들어져 있다. Part1과 Part2는 하나의 노드에 있는 앵커를 누를 경우 다음의 이야기로 넘어가게 된다. 그리고 각각의 노드는 사진을 가지고 설명을 더한다. Part3은 이 전과는 다른 구조로 하나의 노드에 하나의 프레임을 더 추가하고 있으며 이 프레임에는 조그만 그림들이 있다. 이 그림을 클릭하게 되면 그 이전의 이야기로 넘어가게 된다. 이 프레임의 아래 부분에 연결된 이야기의 경우 ‘field journal’, ‘chief action’, ‘surveillance recording’이 쓰여 있고, 연결된 이야기는 같은 글씨체로 쓰여 있다. 또한 각 노드 상단의 그림을 클릭하면 이전 그림으로 연결되는 순서로 엮어져 단순함을 탈피하고 있다.

이 하이퍼픽션은 일반 텍스트와 유사하게 전체적으로 선형적인 구조를 보여 독자는 순서대로 따라갈 수밖에 없지만, 종종 시브(sieve) 기술로 여러 층의 선택을 요구해 독자를 걸러낸 후 다른 노드로 끌어들인다. 이러한 시브로 인해 다양한 상황이나 에피소드가 독자를 유도하지만 그 이후에도 노드들은 여러 트리로 진행된다. 이러한 기술적인 장치에 사진까지 추가됨에 따라 복합적인 이야기를 창출하는 유희성이 가중된다. 웹페이지의 주소 끝 부분 http://sobs.org/fiction/slotc/frame3_53.html에 보이는 3은 Part3이라는 프레임 안에서 일련의 노드 숫자를 가리키고 이야기 진행은 ‘next’로 이루어지고 있다.

몇 가지 특이한 연결로는 6페이지에서 두 노드로 갈라지는 곳에 있다. 여기서 7페이지로 링크되는 과정은 선형상의 구조에 해당되나 다시 10페이지로 건너 뛰어 11페이지에서 끝을 맺고 있다. 또한 22페이지는 35페이지로 건너 뛰어 이야기를 계속 이어가며 37, 41, 51페이지에서 끝을 맺는다. 20페이지는 22페이지에서 35페이지로 넘어 갈 수 있게 하고 있다. 하지만 동시에 21페이지와 35페이지로 갈라진다. 21페이지에서는 25, 27, 29, 30, 32, 33, 36, 38, 42, 44, 47, 49로 연결시켜 끝을 맺는다. 4페이지를 계속 클릭하면 53페이지에서 에필로그로 연결되어 이야기의 종결을 만나도록 구성하고 있다.

선형 구도와 트리로 갈라지는 여러 층의 다양한 상황과 에피소드는 비밀 총수가 자신을 완벽하게 복제한 개체들로 하여금 서로 다른 삶을 살게 하는 형태로 나타난다. 만들어진 복제품이 갈라진 노드에서 임무에 따라 다르게 움직이도록 어떤 개체는 일을 하고, 다른 개체는 집에 돌아가는 등, 생각에 따라 각각의 복제 개체를 만들고 그 주어진 임무에 따라 행동한다.

이 복제 개체들은 비밀 총수의 손을 떠나기까지는 완벽한 삶이었다. 처음에 복제품들은 돈을 벌 목적으로 어떤 연합 체계를 형성한다. 하지만 에필로그에 이르게 되면서 복제품중의 일부에 총수의 명령에 불복종하는 기능 장애가 일어나 총수와 복제품의 질서관계에 혼란이 발생한다. 나중에는 비밀 총수나 복제 개체가 모두 복제되어 있다는 사실이 드러나게 되고, 총수 자신 또한 복제한 개체의 일부가 되어 있다.

이 하이퍼픽션의 주제는 사이보그로 인한 사람관계의 혼란을 다루고 있다. 사전의 정의에 따르면 사이보그란 특수한 환경에서도 살 수 있게 생리기능의 일부가 기계에 의해 대행되고 있는 사람이나 생물체를 말한다. 즉, 사람이나 자연적인 환경에 컴퓨터를 비롯한 일련의 기계가 개입하고 있는 상태이다. 그러한 예로 로봇캅을 들 수 있으며, 일반적으로 사람의 유기성과 기계의 비유기성, 물질과 비물질성, 휴먼 지능과 인공 지능들이 서로 합류하고 조화되는 상황을 가리킨다.

사람의 생명이나 기계의 인공지능은 모두 자체가 보유하고 있는 일종의 피드백 능력에 의해 환경이 주는 혼란과 복잡한 경험을 합리적으로 잘 통제하고 조화하며 진화한다는 주장이다. 기계와 생명을 유사하게 보는 이러한 주장은 사이버생태학, 혹은 사이보그생태학 분야에서 다루는 영역이기도 한다. 사이보그는 주로 자연적 유기체와 인공적 유기체 사이에 일어날 수 있는 상호작용에 관한 과학기술의 산물이지만 하이퍼픽션에도 매우 유익한 개념을 주고 있다.

미국 UCLA 영문학과 교수인 캐서린 헤일즈의 말을 인용하였듯이 문학 비평과 과학 이론은 본질적으로 유사한 관계에 놓여 있어 보인다. 오늘날 사이버네틱스에서 추구하는 시뮬레이션에서도 사람의 삶을 살펴보는 일은 피할 수 없는 과제가 되고 있다. 하이퍼텍스트나 혹은 하이퍼 픽션의 경우도 단순한 기술적인 측면에 놓여 있기보다, 헤일즈가 지적한 세 가지 요인들, 즉 '가상세계', '시뮬레이터', 그리고 '관찰자'가 서로 유기적으로 작용하게 된다. 이 모든 분류는 우리가 살아가는 실제 세상, 욕망의 창조자, 그리고 그 욕망에 스스로 개입하려는 참여자의 관계를 말하며 이 관계는 텍스트이든 하이퍼픽션 장르이든 그대로 적용되고 있다.

달리 말하면 재현의 세계(혹은 가상세계), 작가, 그리고 독자의 관계는 인터넷 시기에도 컴퓨터 시뮬레이션은 픽션의 환상세계에 해당된다. 따라서 정보 혼돈의 사이버 세계와 링크와 노드로만 연결해 놓은 하이퍼픽션 세계는 분석, 통합, 균형을 만들어내는 컴퓨터의 시스템 장치처럼 사람 두뇌의 세계이다. 이 사람 두뇌는 모든 혼돈과 모자이크 이미지들을 그대로 받아들이지 않고 어떤 일정한 패턴을 발견하여 그 근원적 의미를 파악한다. 헤일즈 교수의 말을 다시 정리하면, '사람 경험의 기본 요소들은 변질되며 그 경험들이 단지 구축되는 것으로 끝나지 않는다. 경험의 가장 근원을 형성하고 있다고 믿어 왔던 사람의 주체란 그 역시 해체, 재구축되며, 이로써 자신의 본질을 변형시킨다.'

필립퍼 번의 <당신이 아는 누군가와 24시간을>은 복선의 구조를 가지고 출발하지만 마지막에 하나로 결론을 내리는 다소 환상적인 이야기이다. 첫 화면은 저택 같은 건물이 나오고 이에 따른 메시지(You turn and knock on the door)를 클릭하면 스프릿 장치에 직면한다. 약간 트리 형식을 보이지만 얼마 내려가지 않아 한 장면으로 합치게 된다. 이 화면에서는 시브 방식으로 세 개의 선택을 주어 독자의 관심을 걸러내는 과정이 이어진다. 물론 다시 그 다음 화면에서 모두 합쳐지는 비슷한 구조가 계속 반복되지만 결론은 하나로 좁혀진다. 대체적으로 이 작품은 트리와 선형적인 방식을 취한 단순 구조이면서도 사이클이나 몽타주 방식을 피하고 있다.

이 작품은 이름이 밝혀지지 않는 2인칭 주인공 'you'의 관점에서 이야기가 전개된다. 주인공은 그의 사촌인 제스를 만나기 위해서 그녀가 살던 곳을 찾아가게 된다. 건물 내 77호 문을 노크하나 아무도 없다. 그 곳에서 주인공은 그녀를 만날 수 없었다. 이사 간 곳의 주소조차 남기지 않은 채 떠났다고 한 이웃 소녀가 알려준다. 그 소녀는 주인공에게 들어오라고 권유하지만, 그는 들어갈까 떠날까하는 선택으로 고민한다. 결국 주인공은 그녀가 간 곳에 대한 단서를 찾기 위해 소녀의 집으로 들어가게 되면서 그녀와 함께 살았던 사람들과 여러 가지 경험을 하게 된다.

주인공은 반정부 시위가 열리는 곳에 가서 시위를 하기도 하고 선술집에 들어가 여러 종류의 사람들을 만나기도 한다. 하지만 주인공은 어느 곳에서도 그녀에 대한 정보를 얻지 못하고, 날이 저물면서 자신과 함께 하루를 같이 보낸 사람들과 다시 만난다. 마침 그들이 파티를 연다는 소식을 듣고 주인공은 사촌에 대한 정보를 얻을까 해 파티에 참여하지만, 아무런 정보를 얻지 못한다. 새로운 사람들과의 만남을 위로로 삼고 그는 아침에 그 곳을 떠나고자 한다. 결국 최종 노드에서 그 곳을 떠나려고 하지만 달리 갈 곳이 없다는 결론으로 좁혀진다.

이 이야기는 하이퍼미디어의 기술을 매우 적절하게 활용한 예가 될 만큼 다음 노드에 대한 예측을 허용하지 않는다. 주인공처럼 독자도 이런 저런 생각에 맞는 선택이 주어지지만, 노드마다 나오는 사람들이 다르며, 이들과 어울리는 장소마다 낯선 이야기의 소재를 만난다. 사람들과의 만남은 항상 머물 것인가 떠날 것인가라는 문제로 고민하게 되지만, 어느 선택이든 주인공은 결국 마지막 한 지점에 다시 돌아오게 된다. 24시간에 벌어지는 내용으로 마지막 떠나는 날 아침에도 주위의 권유로 본래의 그 집에 머물게 되는 이야기이다. 대체적으로 사이버 문학의 구조가 기술적으로 그러하듯이 모든 일이 특별한 목표를 상실하고 표류하다 원점으로 되돌아온다.

커벌리의 <초코렛 산의 삶>은 다른 하이퍼픽션 구조와 여러 가지로 비교해 볼 때 다소 복잡한 인상을 준다. 일단 그 구조를 그려보기 위해 각 페이지를 A와 B로 나누어 정할 경우 이 A와 B는 작품이 끝나기까지 항상 거쳐야 하는 부분이 된다. A의 경우 4개의 스토리 중, STORY1은 5개 단어인 Flora, Fauna, Humana, Aura, Aqua를 클릭할 수 있도록 되어 있고, STORY2는 part1, 2, 3, STORY3은 part4, 5, 6, STORY4는 part7, 8, 9, 10으로 일련의 번호가 차례로 주어져 있다. B의 메뉴는 Begin/Flora/Fauna/Humana/Aura/Aqua/Quit으로 STORY1의 5개 단어가 반복되어 있다. 이 단어들은 스토리마다 '네이버후드'(neighborhood)를 가리키는 공통 표지에 해당되며 노드사이를 유기적으로 통합시키고, 동시에 이 작품의 뼈대를 이루어 전체 이야기 구조를 이끌고 있다. 이 단어의 지시적 의미는 아마 우주의 5원소인 식물, 동물, 인간, 공기, 물이며 작품의 주제인 산 속의 삶과 밀접한 관련이 있다.

B가 이 작품의 주요 내러티브를 전개하고 있다. 첫 페이지 'achoc'에는 제목과 함께 작가의 이름이 있으며, 새둥지와 새의 사진이 나와 있다. 이 페이지의 B의 메뉴는 원하는 경우 어느 노드로도 빠져나갈 수 있게 하고 있다. 우선 'Begin'을 클릭하여 시작할 경우, 처음 창은 sunsand, ffhaa, frla, floracha로 노드가 진행되며 다시 A로 가게 되어 있다. 이 중에서 ffhaa는 frla를 포함해 frlb, frlc, frld, frle의 메뉴가 나오며, 여기에서 frla가 floracha로 연결되듯이 각기 faumacha, humana, auracha, aquacha로 연결시켜 A로 빠진다. 또한 각 단어는 ctflora, ctfauna, cthum, ctaura, ctaqua로 나누어지며 여기에서 각기 morning, fantasy, shadowed emptiness, the sun was rising, to come으로 나누어지거나 각기 다시 B로 이어져 있다.

다시 ctaqua는 stext1에서 stext10까지 소 타이틀이 주어져 있고 각 stext마다 소 타이틀과 함께 B로 나오게 놓았다. 그리고 stext10으로부터 제목이라 할 수 있는 'life in the chocolate mountains'가 독립된 페이지로 나오고 이어 'cend'로 연결되어 이야기가 일단 종결되어 보인다. 그러나 동시에 'start again'이라는 메시지로 B구조의 시작이었던 'achoc'로 돌아가는 사이클이 구성되어 있다. 따라서 전체 구도는 시작 단계인 'achoc'에서 여러 노드로 언제든지 클릭하여 빠져나갈 수 있게 하였고, 또한 아무 창에서나 A나 B로 빠져나올 수 있도록 모든 텍스트들을 유기적으로 연결시켜 놓았다.

기술적인 측면에서 볼 때 이 작품의 유기적인 구조와 각 단어들이 암시하는 의미는 모두 초코렛 산 속의 삶인 자연과 유기적으로 관련이 되어 있다. 이 작품은 일인칭 시점으로, 주인공은 조지아 섬머스라는 이혼한 여자가 등장한다. 그리고 이 주인공과 함께 친척인 룻 아주머니와 하드리라는 인물이 등장한다. 주인공은 주로 도시에서 생활하던 중 우연히 룻으로부터 넓은 땅을 증여 받고 그 땅을 찾아가게 된다. 찾아가는 도중에 하드리 씨를 만나 길을 묻게 되고 나중에 이를 계기로 함께 일하게 된다. 주인공은 초코렛 산에서 처음에는 주말에만 와서 생활하다가 후에는 그 곳에서 즐거움을 얻으며 살아간다.

아마도 산의 이름이 초코렛인 것은 초코렛 맛이 달콤하듯이 초코렛 산이 달콤하고 행복한 생활을 줄 수 있다는 의미인 듯하다. 따라서 이 제목은 자연과 유기적인 관계를 통해 얻을 수 있는 인간의 행복한 삶을 가리킨다. 이 작품의 기술적 장치로는 우주의 5원소를 가리키는 노드들을 유기적으로 통합시키는 하이퍼미디어로, 주로 자연의 삶에 유기적으로 적응할 때 얻는 행복을 재현시키는 기제로 작용한다. 동시에 이 유기적인 장치를 벗어나는 곳은 혼잡하고 답답한 도시 문명을 가리키는 현실 삶이 존재한다.

디나 랄센의 <페리스 대회전 관람차>는 주인공 'I'가 과거에 연인과 처음 만났던 관람차 놀이장소에서 관람기구를 타는 동안 일련의 사건들을 회상하는 방식으로 시작된다. 대체적으로 이 이야기는 'I'의 생각이나 관련된 사건들을 'you'와 대화를 통해 현재 시제로 전개시키고 있다. 글의 전체적인 흐름은 과거를 회상하는 구도로 되어 있으며, 이는 회전바퀴 구조와 밀접한 관련이 있다. 첫 화면에서 작품의 제목을 나타내는 놀이기구를 볼 수 있으며, 이 기구는 16가지의 소제목을 가지고 짤막한 내용의 상황 설명을 전개한다.

독자는 이 놀이기구의 각기 다른 소제목을 클릭하면 그 내용을 볼 수 있다. 'Enter the Text'를 클릭한 이후 전체적으로 회전바퀴처럼 사이클 구조로 되어 있으나, 일단 첫 화면에 나오는 오른쪽 하단의 손가락을 따라가면 글의 앞뒤의 내용으로 이동할 수 있게 되어 있다. 다른 한편으로는 각 에피소드마다 2, 3개의 단어가 멀리 떨어진 에피소드로 이동이 가능하도록 링크되어 있다. 하지만 이 단어의 의미와 멀리 떨어진 에피소드의 내용과는 직접적으로 관련은 없어 보이고, 내용 연결조차 부자연스럽다. 다만 이 전에 열어 보았던 에피소드에 쓰인 단어나 구가 다른 에피소드에 다시 등장한다든지, 의미에 있어 상호 관련성이 규칙적으로 나타나지 않는 점에서 탱글 장치를 혼용하고 있다. 의도적으로 과거 사건을 암시하는 듯한 단어를 쉽게 링크하도록 유도하고 있거나, 아니면 이야기 맥락을 복합적으로 설정하기 위해 하이퍼미디어의 기술을 최대한 원형의 회전바퀴 구도에 접목시키고 있다.

시작 노드에 'I'가 콜로라도 주 덴버 시에 있는 'Taste of Colorado'라는 놀이동산에서 2년 전 이혼했었고, 그 곳에서 풀장 앞을 지나다 1년이 조금 안 되어 다시 우연히 연인을 만나게 된 배경 설명을 한다. 이어 'enter'를 통해 관람차의 바퀴 하나 하나에 의미를 부여하며 본 이야기가 전개된다. 'enter'에서는 순서를 기다려 표를 산다.

'deny'에서는 기다리는 사람이 많지 않아서 오랫동안 기다리지 않아도 된다고 'you'가 말한다. 두 살 정도 된 소년이 놀이기구를 타고 출발하자 놀이기구 밑에 남아 있던 한 소녀가 그 소년을 멈추게 하려고 대중들에게 소리친다. 하지만 아무도 도와주지 않아 'you'가 그 소년을 구한다. 'turn'에서는 앞의 나이든 부부가 해질녘 이후 여름의 하늘처럼 짙은 푸른색 놀이기구로 오른다. 주인공과 'you'는 희망과 꿈을 나타내는 밝은 노란색 놀이기구에 올라탄다.

'forever'에서는 주인공이 문어 놀이기구를 타면서 비명을 지르고 있는 10대들을 보기 위해 놀이기구 안에서 밖을 보게 된다. 주인공은 그들이 재미있게 놀고 있다고 'you'에게 묻게 되고 그는 그들이 놀이기구를 계속 타고 싶어 할 것이라고 답한다. 'falsehood'에서는 놀이기구가 천천히 올라갈 때 주인공은 'you'의 손을 꼭 잡고, 7살 때를 기억한다. 주인공은 자신의 아버지가 연속해서 롤러코스터를 4번 타게 한 이후에야 무서움이 없어지고 평온함을 찾았다고 말한다. 주인공은 지금 무섭지만 그때의 평온함을 떠올리며 'you'에게 미소를 짓는다.

'against tides'에서 놀이기구는 잠시 멈춰서고 이들은 숨을 가다듬는다. 놀이기구는 다시 천천히 올라가고 주인공은 다시 놀이기구에 몸을 기대고 'you'는 주인공의 손을 꽉 잡아준다. 'you'는 주인공을 사랑한다고 말하고 주인공은 'you'를 쳐다보며, 'you'를 사랑하는 것을 더 이상 의심하지 않는다고 말한다. 'each other'에서는 'you'가 주인공의 귀에 상체를 구부리고 바퀴는 부드럽게 멈춰 선다. 'black'에서는 바퀴가 다시 돌아가고 사람들로 무질서하게 다시 채워진다. 주인공은 공포를 느끼며 핑핑 돌고 있는 암흑을 발견하고 죽음으로 모든 것을 끝내고 싶은 충동을 느낀다. 하지만 'you'의 손은 이를 제지하고 있는 듯 주인공의 손을 잡는다.

후반에 속하는 9번째 탈것은 'minute truths'로 빙빙 도는 것을 계속한다. 너무 빠르게 돌아 어떤 것도 이해할 수 없지만 'you'와 있는 것이 사랑이며, 이는 무한한 진리로 존재는 사라지지만, 진리, 매력, 속삭이는 아름다움은 우리가 살고 있는 세계라고 주인공은 생각한다. 'far of stars'에서는 기구가 멈추기 위해 진동한다. 땅 가까이 이르자, 'you'는 언제라도 뛰어나갈 수 있다고 말하며 주인공을 보고 웃고 주인공은 그런 'you'의 손을 잡는다. 'distant galaxies'에서 'you'는 무한의 공간을 볼 수 있는 이곳에서부터 거의 전 도시를 보며 최고점을 찾아가야 한다고 말한다.

'nothing'은 'you'가 없이는 아무 것도 할 수 없는 주인공의 느낌과, 이로 인한 차가운 두려움을 나타낸다. 'everything'은 'you'가 주인공에게 결혼하자고 말하고 대답을 원한다. 하지만 주인공은 생각할 더 많은 시간을 원한다.

'friendship'에서는 주인공이 오랜 친구들과 아스팔트처럼 검은 망각 상태가 되지 않길 바란다. 주인공에게 우정은 서로 의지하는 길을 의미하기 때문이다. 'reality'에서는 놀이기구에서 내려 현실로 되돌아온다. 'you'가 손을 내밀 때 주인공은 'yes'라고 말하고 'you'는 주인공에게 기댄다. 이들은 영원히 서로의 일부가 되자고 약속한다. 이것이 현실이라고 주인공은 생각한다.

<관람차>는 모두 17페이지로 구성된 하이퍼텍스트이다. 이 구성은 16개의 회전하는 각 바퀴구조에 텍스트를 실어 놓은 형태로 테크노로지와 이데올로기 관계에 상징적인 의미를 부여한다. 바퀴가 회전하듯이 하이퍼미디어 장치는 관람차의 대회전을 상징하는 링크의 네트워크라 할 만 하다. 끝이 없이 변화하고 순환하는 바퀴는 인생의 우화를 가리키며, 각 바퀴는 한 노드로 노드마다 가상보다 현실 같은 환상을 준다. 이처럼 하이퍼픽션의 대부분은 링크에 의해 다음 노드가 자의적인 선택에 의해 결정되고, 대부분의 이야기들이 주는 기억과 대화는 일상의 시간과 공간을 초월한다.

물론 플롯, 사람, 배경은 다른 일상의 이야기들만큼이나 구조상 하이퍼픽션에서도 중요하다. 16개의 바퀴처럼 개별 노드에 나오는 에피소드는 독특한 특성을 가지고 그 자체에 국한된 이야기 단위에 해당되어 보인다. 몽타주의 조각들처럼 어떤 에피소드도 이전의 지식에 크게 의존하지 않을 뿐만 아니라 다음 지식에도 크게 의존해 보이지 않는다. 이러한 노드 단위의 독립적인 지식은 삶에 대한 다양한 알레고리에 해당되며, 때로는 이야기의 흐름을 약속하지 못하는 좌절을 주지만 구조 유형마다 삶의 단면을 비추는 색다른 지식을 제시해 준다.

인터넷 하이퍼픽션은 인쇄 텍스트에 비해 질적인 면에서나 구조적인 측면에서나 새로운 유형의 사람과 그 의미를 잘 반영하고 있다. 물론 웹상에서 에피소드는 지루한 것도 많고 부자연스러운 인물 설정이나 플롯이 쉽게 목격되지만 이 또한 새로운 유형의 사람을 지시하고 있다. 하이퍼픽션은 기존의 글쓰기와 달리 인터넷상에서 협동적인 사람들의 관계가 가능하기 때문에 어떤 의미로든 사람의 의미를 새롭게 조명하고 있다. 물론 시뮬레이션, 시뮬레이터, 그리고 관찰자의 삼각구도는 텍스트, 작가, 그리고 독자라는 기존의 문학 이론비평에서 거론하던 삼각 축에서 크게 벗어나지 않는다.

전체 하이퍼텍스트 구조에 작가와 독자가 특별히 분리되어 있지 않는 연유로 전문성이 결여되고 방향이 없어 보이기는 한다. 하지만 오히려 함께 작품을 읽고 만들어 가고, 평을 하며, 수정을 지속적으로 가할 수가 있다. 이런 이야기 만들기 방식은 인터넷의 기술적인 측면에서 비롯되지만 함께 놀 수 있는 장터와 자기 이야기를 타인에게 별 큰 장애를 느끼지 않고 할 수 있는 자유로움이 크게 작용한다. 그래서 인터넷 하이퍼픽션은 개인 컴퓨터가 갖고 있는 존재론적 한계를 극복하는 사회적인 장치를 제공할 뿐 아니라 현실 참여라는 실용주의 이데올로기를 주고 있다. 인터넷 기술은 이런 현대의 욕구를 충족하기 위해 질적인 면에서나 양적인 면에서나 빠르게 성장하고 있다.

하이퍼텍스트 내러티브는 이런 질적, 양적 의미를 가지며 사람과 사람 삶의 일부로 점점 깊이 자리할 것이라는 예측은 그래서 가능하다. 인터넷 문화로 인해 인쇄문학이 쓸모가 없어질 것이라는 두려움으로 불안한 사람이 있다. 이들은 과거 항상 그랬던 것처럼 하이퍼픽션 역시 냉소와 거부감을 갖고 보고 있다. 그러나 하이퍼텍스트는 인터넷 기술의 발전으로 현대 문화의 주요 지표로 자리 잡은 것이 확실하며, 낡은 문화 형식이 결코 될 수는 없다. 그러므로 인터넷 속의 가상세계가 이제 현실을 재현하느냐 혹은 현실에 대한 거짓이냐의 논쟁이 불필요해진다. 사람은 가상세계에서도, 거짓 세계에서도 매체가 변화할 뿐 사람은 사람 자신의 이야기를 자유롭게 계속하게 되고 사람의 의미에 대한 이야기는 사이버에서도 가치가 있게 된다.

이처럼 포스트모던 문화로부터 사이버 문화까지의 전이는 세상을 재현하는 움직임에서부터 시뮬레이팅까지의 전이를 말하며, 실제를 사진과 필름으로 복제한다는 개념에서부터 시뮬레이션 기술까지의 전이를 말한다. 말하자면 복제에서 시뮬레이션까지의 이러한 과정은 '차이'의 사라짐과 관련이 있고, 이항대립의 형이상학의 붕괴를 의미하는 모든 것과 관련이 있다. 따라서 하이퍼미디어와 아날로그에서 디지털 미디어까지의 움직임은 현실에 대한 중요성을 축소시키는 의미 있는 사건이다. 여기에 환상 문학은 현실을 알레고리 방식으로 탐구한 적극적인 표현 형태라 보여진다.

<페리스 대회전 관람차>, <초코렛 산의 삶>, <당신이 아는 누군가와 24시간을>, <총수의 비밀스러운 삶>, <같은 날 테스트>, <거짓말>, <쌀> 등의 글쓰기 내부에 상상적인 '타'(other)의 세계의 창조는 현실에 대한 압박으로 짓눌린 사람을 유혹하며 놀라운 환상으로 이끈다. 마치 세상을 유람하는 것처럼 사람살이에 비유되는 관람차, 도시에 지친 사람에게 초코렛 자연은 여전히 휴식과 여유를 주며 새로운 삶의 원동력으로 작용한다. 그리고 모두 2인칭으로 불리며 항상 선택의 기로에서 마땅히 갈 곳이 없는 사람의 현실은 주위 사람들과 어울리는 장소마다 이야기의 소재로 전환된다.

또한 우리와 똑같은 사람, 그것도 완벽을 향한 욕망이 낳은 사이보그들과 그들을 조종하여 더 많은 세상을 지배하고 싶은 충동, 사람에게 내린 신의 저주라 할 후천성 면역 결핍증에 대한 성적 강박관념, 거짓이 오히려 사람이 살아가고 싶은 욕망의 세계와 가치관일 것이라는 삶의 자화상, 그리고 여전히 전쟁으로 고통을 받고 이념적인 갈등에 쌓여있는 포스트식민 국가에 대한 이야기들은 마치 과학 소설이나 우화처럼 여전히 픽션의 예술이지만 사람의 의미를 새롭게 전달하고 있다.

이러한 글쓰기가 현실 같은 설득력을 보이고 있지만, 그 현실이 사람 자신을 실제적으로 대신하지는 못한다. 글에 보이는 현실은 현실적인 것과 비현실적인 것을 구분할 수 있는 사람의 지적 능력에 결정적인 영향을 미치지 못하기 때문이다. 모든 픽션처럼, 글 속의 현실은 일시적인 영역으로 순간적인 감흥과 즐거움을 주는, 모든 것이 가능한 세계일뿐이다. 이것이 문학이든 영화이든 사람은 이를 기능적으로 작용시키는 특별한 테크놀로지와 이로 인해 양성된 이데올로기 경계 안으로 사람을 자유롭게 방출시킨다.

실제적으로 사람이 현실같은 비현실에 빠지는 유혹은 한동안 그 환상 속에 살고자하는 디오니소스적 욕망을 실현시켜주는 비현실성에서 비롯된다. 그리고 사람은 그 환상이 책이나 필름을 넘어 현실의 삶과 어떤 형태로든 관련이 있다는 것을 이해하고 있으며, 기꺼이 그 책이나 필름 세계 안에 현실적인 모습을 반영하며 즐길 줄 알고 있다. 토프츠의 '환상의 출구 전략'은 이런 사람의 디오니소스적 쾌락을 주는 방식에 해당된다. 이러한 전략이 존재하지 않는다면, 이러한 형식적인 출구가 없다면, 프로이트가 상상했던 것처럼 픽션 속의 사람과 동일시하며 현실을 벗어나고자 하는 충동과, 혹은 세상과 현실이라는 강박관념사이에서 사람은 정신분열 증상에 빠질 위험에 처할 수도 있다.

사실 인터넷 시대의 우리는 환상 속의 사람과 현실 속의 사람의 차이를 분별하여 설명할 누군가를 필요로 하지 않는다. 만약 우리가 픽션을 가짜라 생각하고 가상과 현실이라는 이항대립으로부터 해방되지 못하면, 영화 <매트릭스>의 니오처럼 우리는 다시 현실로 되돌아오는 아웃도어를 찾지 못한다. 현실세계는 사람들이 일하러 가고 주말에 영화관에 가고, 그리고 문화행사에서 즐거움을 찾는 일상적인 행위가 지속되는 곳이다.

현실은 엘리엇이 말하고 싶어 하는 것처럼 황무지일 수가 있다. 이러한 현실의 사막으로부터 환상은 그 메마른 사막을 오아시스로 변화시키며 탈출

할 길을 제시한다. 그 중의 하나가 사실상 우화일 수 있다. 다시 말하면, 인터넷 속의 삶의 세계는 시뮬레이션과 합성이 된 가상현실을 창조하는 알레고리이다.

실제로 하이퍼픽션은 가짜라 불리기도 하고, 가상이라 불리기도 하고, 환상이라 불리기도 한다. 하지만 이 모두는 사람의 현실 삶 자체를 가리키지는 않는다. 환상과 현실과 같은 용어들은 그래서 결코 절대적이지 못하며, 이항 대립 구조 내에서 찾아지는 종속적인 개념들이면서도 사람의 자유로움 그 자체이다. 그 용어들은 사람에 의한 가능한 욕망 세계이며, 그럴 수 있는 세계의 투영에 해당된다.

1980년대 중반에 컴퓨터를 기반으로 시작한 하이퍼픽션은 기존의 텍스트 작가들이 자의적으로 새로운 예술 형식과 유형을 창조하던 차원과는 다르다. 여기에는 반드시 첨단기술의 발전에 따른 새로운 사람들의 의미와 그 유형을 창조하고 독자들을 참여시키고 있다.

제9장

디지털 휴머니즘

오늘날 디지털이라는 용어는 너무 흔해 삶 자체와 구분하기 어려울 정도이다. 디지털 삶의 의미는 유비쿼터스라는 용어가 대표적이다. 사실 디지털 문화의 꽃이라 할 유비쿼터스 개념은 사람의 디오니소스적 쾌락을 현실에서 구현해보려는 발상에서 시작된다. 부산 벡스코에서 열린 디지털 뉴미디어와 디지털 콘텐츠 컨퍼런스에서 한세대 안종배 교수는 "유비쿼터스는 인류 역사의 필연적 흐름으로 이해해야 한다"며 "생리욕구→편리욕구→참여욕구(정보화사회)를 거쳐 자아실현욕구의 충족을 위한 수단으로 자리매김하고 있다"고 강조하며, 사람의 디오니소스적 욕망이 유비쿼터스 시대 문화 콘텐츠 성장을 촉진시킬 것으로 보았다.

이 시대는 사람의 욕망을 삶의 현실에서 어디까지 실현할 것인가에 전산업이 집중되어 보인다. 문화 콘텐츠는 새로운 용어는 아니다. 문화는 사람의 삶의 질이며 내용이지만 그 근원은 사람의 무의식에 깔린 욕망에서 비롯된다. 사람이 하고 싶은 충동과 욕구는 현실에서는 일반적으로 이루기 어려운 내용이 많으며 종종 이를 좌절시킨다. 현실은 오히려 이를 항상 억압하고 제한한다. 따라서 그 욕망은 환상이라는 가상세계를 지향하며 그 출구를 현실 세계보다 초현실 세계를 향하고자 한다. 현실은 욕망을 채워주지 못하며 따라잡지 못하는 연유에서다. 즉 상상력의 세계와 물질의 세계가 항상 일치하지 않는 경험은 물질세계의 변화와 속도가 그만큼 사람의 상상력을 따라잡지 못하기 때문이다. 책, 영화, 인터넷의 세계는 그러한 상상력의 세계로서, 현실에서 이루지 못하는 사람의 욕망을 실현하는 공간일 수가 있다. 사람은 그 속에서 욕망을 해소하고 비로소 행복과 안락을 경험하게 된다. 유비쿼터스의 개념은 그 상상이 가상세계에서만 머물던 사람의 욕망을 물질세계에 결합시키려는 산물이다.

환상, 혹은 가상을 물질 자체에서 이루고자 하는, 또한 가상세계의 전유물이던 시간과 공간의 초월마저 현실 삶에서 온전히 이루고자 하는 사람의 욕망은 이제 지금까지 분리되었던 가상세계와 물질세계를 '유비쿼터스'라는 개념으로 통합하고자 한다. 프로이트가 말하듯이, 사람이 이룬 문명과 문화란 사람의 욕망이 만들어낸 산물이며, 문화와 문명의 역사란 끊임없이 사람의 욕망을 충족시키고자하는 방향에서 모색되어지며 이루어져 왔다.

뻬에트로 페루아는 "문명은 문학을 창조하여 왔다. … 문명은 문학의 근원이 아니라 문학의 산물이다."라고까지 정의하며 문명과 문학의 상보적인 관계뿐 아니라 그 교환 관계까지 사람의 의식을 넓히고 있다. 문화, 곧 문화가 문학의 주요한 생산 조건이라면 문화는 문학이라는 욕망을 재현시키는 정신에 해당되며 문명은 그 물질이다. 디지털 시대는 이 정신과 물질을 통합하고자 하는 이 시대의 요구이다.

유비쿼터스 개념의 등장은 개개인의 디오니소스적 쾌락을 충족시키는 단계를 거치면서 개별 사람 사이를 연결시키는 수많은 의사소통의 매체로부터 시작한다. 곧 네트워크의 혁명이다. 개인 컴퓨터 상호간의 네트워크 구성은 컴퓨터, 영상, 방송 등 소위 퓨전산업을 만들어 내었다. 이제 사람과 사람의 삶이 모든 물질과 하나로 통합되는 네트워크를 통해 사람의 디오니소스적 욕망을 온전히 실현할 날이 멀지 않아 보인다.

새로운 네트워크 발달과 산업은 이제 그러한 사람의 욕망을 물질세계에 직접 투영시키고 촉진시킬 것이고, 사람의 감각에 의존하고 다양하게 성장하며, 욕망이라는 가상세계와 현실의 물질세계를 동시에 혼합시키고자 하는 소위 유비쿼터스 디지털 시대를 창조하게 된다. 이 시대는 사람이 사는 공간이 환상을 지향하는 가상세계인지 현실세계인지 구별하는 것을 어렵게 만들어 가고 있다. 네트워크 혁명은 우리 삶속 물질세계의 공간 내에서 사람의 욕망이 표출되는 환상세계를 현실 속에서 얼마든지 창조하며 즐길 수 있게 변화시켜 주고 있다.

유비쿼터스 문명의 또 하나는 디지털 미디어에 있다. 유비쿼터스 시대의 미디어 역시 다양한 환상세계를 물질세계에 극대화하는 방향으로 움직이고 있다. 이 유비쿼터스 미디어가 지금까지 사람이 이루어 놓은 지식, 곧 정보 혹은 콘텐츠를 매개하는 첨단 통신 수단이지만, 이에 따른 지식과 새로운 정보와 콘텐츠 개발을 끊임없이 자극시키게 된다.

안종배 교수는 현재의 미디어 환경을 두고, 디지털화, 융복합화(수렴을 뜻하는 영어 컨버전스), 개인 미디어화, 이동성 강화 및 상호작용 강화 등의 변화가 가속화되는 특징을 보이고 있다고 진단했다. 모두 통합, 수렴, 조화, 균형을 의미하며, 세분화를 추구하던 분석 시대를 지나 개별 단위를 모두 묶는 유기체적 통일성을 지향하고 있다. 그는 "이런 미디어 환경에 적합한 참여형, 하이브리드형, (부가서비스와) 연동형, 개인 맞춤형 콘텐츠의 활성화 시대가 열릴 것"이라며 "이런 특징에 맞는 콘텐츠 개발과 함께 정책적 지원이 필요한 때"라고 역설한다.

그 예로 영국의 '빅 브라더' 서비스를 들고 있다. 예를 들면 축구중계를 할 때 시청자들은 자기가 원하는 앵글을 마음대로 선택해 시청할 수 있고, 선수들의 프로필 정보를 즉시 검색하거나 관련 상품의 쇼핑이나 쿠폰 등 부가서비스도 가능해 큰 인기를 끌고 있는 것으로 알려졌다. 개개인의 욕망을 동시간대에 최대로 구체화한 물질의 망이다. 개개인의 욕망을 반영하는 이러한 물질의 망은 모두 방송 미디어 장치를 연동시켜 개인 맞춤형 콘텐츠를 취사선택할 수 있는 종합적인 서비스 유기체이다. 글쓰기도 이제 서비스의 개념이라면 이러한 미디어 기술에 부합하는 맞춤형 디지털 삶의 성장이 예측 가능해진다.

특히 유비쿼터스의 미디어 기술과 이에 적합한 콘텐츠 구성과 개발은 개개인의 현실적인 욕구와 창조의 세계를 가장 적절하게 해소해 줄 절박한 서비스 문제로 보인다. 개인이 원하는 삶을 언제든지 다양하게 제공받을 수 있도록 하기 위해서는 미디어 통합 기술과 그 요구에 부응하는 콘텐츠 제공이 필요하다. 유비쿼터스 시대에 디지털 미디어 기술과 디지털 삶이 이러한 문화 콘텐츠로 성장하기 위한 기술과 그 콘텐츠 서비스는 어떻게 전개되는지를 살펴보는 일은 흥미로운 과제이다.

디지털 삶은 부호, 문자, 음성, 음향, 이미지 또는 영상 등으로 표현된 자료, 즉 또는 정보, 지식, 데이터베이스를 통해 실현된다. 디지털 삶은 부호, 문자, 음성, 음향, 영상 등이 IT기술과 결합하여 정보통신망, 디지털 방송망, 디지털 정장매체를 통해 전자적 형태로 제작 또는 처리된 자료 또는 활용된 정보로 사람에게 체험된다. 디지털 삶은 기존 삶을 디지털화하거나, 새로운 유형의 삶을 제작, 유통시켜 삶 자체를 창출하는 것을 의미한다.

디지털 삶을 구현시키는 구성 요소로는 인터넷 이용자, 이동통신 이용자, TV시청자, 기타 디지털 단말기 이용자, 단말기 핸드폰, PDA, PC, 포켓 PC, 웹패드, 노트북, 스마트폰, D-TV 등 네트웍 ISDN, 초고속 인터넷망, CATV, 무선통신, 위성통신 등 플랫폼, 인증, QoS제어, 보안, 웹호스팅, 콘텐츠 제작 솔루션, 전자서명 등 콘텐츠 영상, 게임, 음악, 교육, 의료, 출판, 모바일 콘텐츠, 생활용 콘텐츠를 포함하며, 디지털 삶은 결국 방송, 통신, 매체, 네트웍, 통신망들과 관계된 모든 영역의 창조 활동과 관련이 있다.

실제적으로 디지털 위성방송, IPTV, 디지털 케이블 방송, 지상파 방송 등의 고정형 미디어뿐 아니라, 텔레매틱스, 위성 DMB, 지상파 DMB 등 이동형 미디어가 치열한 경쟁과 융합을 시도하며, 모든 삶의 영역에서 새로운 디지털 유형의 사람과 삶을 촉진시키고 있다. 한국문화 콘텐츠 진흥원 서병문 원장은 "전 세계 문화 콘텐츠 산업은 오는 2008년까지 연평균 6.3%의 지속적인 높은 성장"을 할 것이며, 최근 유비쿼터스 시대에 따른 새로운 미디어 산업이 급속히 예상됨에 따라 그에 따른 문화 콘텐츠의 변화와 활성화 정책을 주장했다.

사람의 창조 활동과 관련되는 소통 미디어 중 가장 핵심 분야는 이제 방송, 휴대폰, 개인 컴퓨터로 집약된다. 이 중에서도 어느 분야가 통합의 핵심으로 고려될 것인가는 업체 마다 다르다. 사람이 움직이는 유기체라면 휴대폰이 가장 유력해 보이며 현재 아이폰 혹은 갤럭시 등 스마트 휴대폰에 대한 위력이 나타나고 있지만, 방송이나 노트북 역시 유무선 통합 시 적지 않은 영향력을 가지고 있다. 모두 비주얼 매체가 중심이라는 사실은 명백하다. CJ 시스템즈 성열홍 박사에 따르면, "델 컴퓨터의 마이클 델 회장은 디지털 시대의 변화에 대해 'TV를 만드는 사람은 TV가, PC를 만드는 사람은 PC가, 휴대폰을 만드는 사람은 휴대폰이 컨버전스의 중심에 있다고 주장한다. 그러나 진짜 중심은 소비자이며, 이들에게 진정한 가치를 제공하는 기업만이 살아남을 것이다'".

"야후의 창업자인 제리양은 '지금은 개인화 시대이다. 얼마나 개개인의 요구와 편의에 능동적으로 맞춰 나갈 수 있느냐가 미디어를 비롯한 많은 기업들의 생존전략이 될 것이다'". 전 세계 CEO들의 관심은 소비자, 즉 개개인의 욕망이나 욕구가 디지털 미디어 기술을 결정할 것이며, 디지털 콘텐츠 역시 이를 반영하지 못하면 곧 쓸모없는 폐기물이 될 것이라고 진단한다.

사람과 사람의 삶을 재현시키는 글쓰기의 소비시장도 예외는 아니다. 외국 사이트 <http://www.literature.org/>는 하나의 "온라인 문학 도서관"이라는 타이틀로 사람 개개인을 위한 디지털 문학의 시장 확보를 목표로 하고 있다. 인터넷을 통한 문학의 디지털화는 이제 성숙단계에 들어서고 있다. 다만, "Content Standards-Literature" 파일 타입명이나 "PDF/Adobe Acrobat−HTML 버전" 등 디지털 미디어 기술이 요구하는 다소간의 지식이나, 숙련, 능력을 사람에게 요구하고 있기는 하다. 하지만 이도 사람 개개인의 소비 욕구를 겨냥한 기술이라 한다면 콘텐츠 역시 다양한 디지털 미디어 기술과 동반 성장하고 있는 것은 분명하다.

사실상 디지털 미디어 시장은 이러한 개인이나 특정 집단의 디오니소스적 욕구를 최적화한 현장이라 할 수 있기 때문에 여기에 민감하게 대응할 수 있는 '앱' 콘텐츠가 다양하게 개발되고 있는 현실이다. 이처럼 미디어 기술에 따른 소비자의 욕구에 부응할 디지털 콘텐츠의 성장은 현실이 되고 있다. 디지털 삶은 사람의 결정을 중시하며 그 생산과 소비를 사람의 디오니소스적 쾌락에 두고 있다. 그러므로 사람의 욕구에 맞는 디지털 도구의 생산과

소비 간의 소통관계는 매우 중요해지고 있다. 곧 개인이나 특정 집단의 욕구
는 곧 현실적인 디지털 사람을 가리킨다.

이제 우리는 디지털 삶과 사람의 욕구가 동시에 상호 연결되는 유비쿼터
스 멀티미디어 기반이라 할 휴대폰, 개인 컴퓨터, 방송 사이의 미디어 결합
을 무시할 수가 없다. 유비쿼터스 디지털 미디어 시대에 정말로 중요한 것은
기술도 기술이지만 사람의 심리, 사람의 라이프스타일에 맞추어 사람이 원하
는 시간에, 원하는 콘텐츠를, 원하는 플랫폼을 통해 소비할 수 있는 디지털
콘텐츠만이 생존할 수 있게 된다.

그것은 디지털 삶에 부합하는 새로운 욕구 창출로 미디어 산업과 정보기
술의 결합은 점차 불가피하게 성장하고 있다. 결국 정보 기술이 각각의 미디
어 기술과 결합되어 사람 개개인과 특정 집단의 디오니소스적 욕망을 만족
시켜줄 알맞은 디지털 콘텐츠 개발을 재촉하게 된다.

성열홍 박사에 따르면 방송 미디어 산업과 정보 기술의 새로운 결합은
"VOD, TV포탈, 웹 캐스팅, 데이터 방송, DMB, IPTV, 네트워크 PVR,
T-Commerce와 같은 새로운 융합 서비스를 태동"시키고 있다. 방송과 정보
분야의 산업이 각기 독립해 있던 과거와는 달리 방송, 통신, 인터넷 산업은
수평적으로 통합되어 콘텐츠와 패키징, 전송, 단말분야를 묶어 방송통신 융
합형 서비스가 발전하고 있다. 따라서 디지털 콘텐츠의 경우도 사람 개인별
혹은 집단별 욕구에 따른 "온 디멘드" 형태의 요구가 커지고 있다.

미디어와 콘텐츠는 지금까지 미디어기업들이 "미디어 복합기업"을 추구
하며 독자적으로 콘텐츠 제작과 유통을 준비하였으나, 문제는 정보 기술과
함께 발전한 디지털 콘텐츠 산업을 미디어 삶에 맞도록 특별하게 관리, 경영
하는 일이 중요하여졌다. 디지털 삶에 부응하는 개방형 미디어에 적합한 디
지털 '콘텐츠 경영 전문기업'이 출현하고 있는 추세이다. 이들은 실제적으로

사람의 욕구에 신속하고 가장 적절하게 부응하기 위하여 브랜드 이미지 뿐 아니라 디지털 콘텐츠의 질을 높이고 서비스 질을 적정하게 고려하는 데 집중한다. 쉽게 이야기하면, 사람이 원하는 콘텐츠를 적정한 금액으로 언제든지 다양하게 제공받을 수 있는 미디어 통합 기술과 디지털 콘텐츠의 제공이 절실하게 필요해 지고 있다.

개방형 미디어 체계란 미디어 업체와 사람이 시공을 초월하여 항시 연결되어 있는 상태로 사람이 미디어를 통해 디지털 콘텐츠를 이용할 수 있는 새로운 물리적 유기체를 말한다. 우선 이 유기체는 각각의 미디어를 고유 기능과 특성에 맞도록 플랫폼을 정하고, 디지털 환경 등에 적합한 콘텐츠로 재가공, 변환하여 제공하는 능력을 갖고 있어야 한다. 그러한 예로 이규식의 「문학사랑」 사이트(2004.10.09), 이인모 기자의 「한국문학부활의 노래 지휘자」(주간동아, 2005,07.26), 함복희의 『한국문학의 문화콘텐츠화 방안』(2007) 등 미비하나마 디지털 삶의 콘텐츠화 작업이 이미 사람 개개인에게 제공되고 있는 현실을 말한다.

이규식은 「문화 콘텐츠에 역사의식 필요하다」에서 "문화 콘텐츠 산업이 주목받는 이유는 그 경제적 가능성과 부가가치뿐 아니라 문화적 영향력 때문이기도 하다. … 콘텐츠 분야에 제공되는 아이디어와 원작 아이템은 결국 역사 자료를 포함한 기존의 데이터 그리고 무엇보다도 상상력과 창의적인 두뇌활동에서 나오게 된다." 이인모 기자는 "최근 한국문화예술진흥원이 만든 문학포털 사이트 '사이버 문학광장'(www.munjang.or.kr)이 … 각종 문학 콘텐츠를 확보해 서비스하는 것은 물론 누리꾼(네티즌)이 쓴 글을 올리고 평가받는 '사이버 창작광장', 시와 노래를 감상할 수 있는 '시 노래 감상실' 등 다양하고 알찬 코너들이 마련돼 있"다며 이미 새로운 디지털 삶을 위한 사람의 디지털화를 선포하였다.

최혜실은 한국전산원 U-Korea 미래전략위원회 위원이자 경희대학교 문과대학 국어국문학과 교수로 재직하고 있다. 주요 저서로 <디지털 시대의 문화예술>, <모든 견고한 것들은 하이퍼텍스트 속으로 사라진다>, <디지털 시대의 문화읽기>, <한국근대문학사> 등이, 편저로 <사이버문학의 이해>, <지식의 최전선> 등이 있다. 그녀는 <문화 콘텐츠, 스토리텔링을 만나다>(2006)에서 "이야기가 종이 속에만 들어 있는 것이 아니라, 전자 공간, 상품, 제품 기획 및 디자인에 활용되고 있다는 사실을 알게 되었다." 이제 "컴퓨터 게임, 감성 마케팅, 시나리오 기반 디자인을 접한 후 세상을 둘러보니, 이야기는 종이 속에서 뛰쳐나와 삶의 곳곳에서 숨 쉬며 살고 있는 것을 알게 되었다." 더욱이 이러한 디지털 삶의 변화는 "디지털 매체의 컨버전스 현상으로 지금까지 다른 장르로 여겼던 것들이 디지털 매체로 통합되고 있기 때문"이라고 설명하고 있다.

그러므로 이제 디지털 삶은 미디어 서비스 분야(eTV, DTV, Broadband, CarPC, DBS, 3G, Wireless PDA, Entertainment, Education, Information, Movie, Banking, Shopping, Game, VOD, Music, GPS, E-Mail, VoIP 등)는 물론, 미디어 공간과 인공지능이 미치는 한 사람의 디오니소스적 욕망에 부응할 것이며 동시에 이 욕망은 가상 개념보다 디지털 현실에서 이루어 질 것이 분명하다. 달리 말하면 사이보그가 가상이나 인공지능형 인간이라면 디지털 삶은 가상이 단지 가상이 아니고, 환상이 단지 환상이 아니며, 사람 개개인의 욕구에 따라 만들어지는 물리적인 현실로 나타나게 된다.

여기에 디지털 삶을 위한 디지털 콘텐츠의 질이나 가격은 시장형성에 매우 주요한 선택요소로 작용한다. 디지털 콘텐츠가 성장하기 위해서는 디지털 컨버전스에 의해 통합되고 또는 분화되는 시장에 얼마나 능동적으로 미디어 기술과 디지털 콘텐츠를 개발하고 대응하느냐에 달려 있다. 활용 범위가 더

넓은 일상 생활과 밀접한 디지털 미디어로 인터넷 환경에 이용할 수 있는 디지털 콘텐츠는 크게 구분하면 다음과 같다. 1) 디지털 콘텐츠라 할 캐릭터, 애니메이션, 음악, 만화, 오락 등등의 콘텐츠 모두 처음에는 무형의 상태에서 소프트웨어 기능으로 추상적인 결과물일 수 있지만 삶과 동떨어진 콘텐츠가 아니라 상호 융합하여 새로운 사람과 삶을 창출하는 요소에 해당된다. 2) 실존하는 유적지, 명소, 모든 생태계, 드라마, 다큐물, 각종 사건 행사를 촬영한 내용을 인터넷과 연결시켜 디지털 삶의 형태로 제작한다. 제작물은 실물처럼 디지털 콘텐츠로 창조할 수가 있다. 3) 멀티미디어 디지털 복합 콘텐츠로는 21세기 디지털 삶의 시대가 요구하는 멀티미디어 5가지 기본적인 구성요소인 글자(txt, hwp, html), 그림(wmf, jpg), 소리(wav, mid, mp3, 음악, 음향), 애니메이션(gif, swf), 동영상(avi, mpeg, rm, asf, asx, wmv) 등의 콘텐츠를 데이터화한 1)+2)의 구분된 내용을 통합 합성한 내용으로 모두 디지털 실물을 복합적으로 제공한다.

정통 멀티미디어 구성 요소의 콘텐츠는 S/w + H/w + 외부 장비(캠코더)를 PC 1대에 세팅하여 다양한 콘텐츠로 제작한 결과물로 전자출판(DTP), e-book, MBook, CD-ROM, 인터넷 방송, 모바일, 멀티 홈페이지를 구축하는 자료로 다양하게 활용하며, 그 기술은 디지털 삶을 창출하는 응용 기술이라고 말할 수가 있다.

기술의 변화에 비추어 볼 때 디지털 삶의 질은 아직 미숙함이 있긴 하지만, 미디어의 기술은 점차 디지털 미디어나 그 콘텐츠의 질에 영향을 크게 미치고 있다. 즉, 사람 개개인이나 특정한 집단의 욕구나 욕망에 부응하는 콘텐츠의 질을 선택하고자 한다면, 기술은 그러한 콘텐츠 질을 위해 움직일 것이다. 역으로 기술의 발전과 통합은 사람의 새로운 욕구나 욕망을 창출하게 되기 때문이다. 미디어 시대의 디지털 삶의 창조는 기술이 결정할 사항은 아니지만 사람의 상상력에 의해 사람의 욕구와 밀접하게 같이 움직이며 실험되고 활성화되고 있다.

　개방형 미디어는 이처럼 그 기술과 콘텐츠가 사람의 디오니소스적 욕망에 맞추어 항상 변화를 모색하게 된다. 사람의 욕망은 항상 변하고 있고 행동 양식 역시 변화하게 된다. 따라서 미디어의 소비형태 역시 변화가 일어나고 있다. "진보된 기술로 인해 미디어의 형태와 상관없이 콘텐츠에 대한 접근이 보다 쉽고, 유연한 환경으로 바뀌고 있으며, 이러한 변화에 따라 디지털 미디어는 점차 개인화, 이동성, 양방향성, 축약형에 대응할 수 있는 추세로 발전"하고 있다(<디지털타임스>). 그 현상은 다양하게 나타나고 있다.

　그간의 연구를 토대로 소개하면 우선 방송관련 미디어 기술의 경우, 미디어인 TV는 공동 시청의 대상이지만 휴대전화와 결합한 DMB는 오로지 개인의 공간에서 즐기는 개인형 TV 매체이다. 이때, 디지털 케이블 TV에서도 낱개 또는 일정량의 디지털 콘텐츠를 사람 개개인이 선택하여 구매할 수 있는 VOD("온 디맨드")서비스를 제공할 수 있다. 또한 방송기술과 정보기술의 결합은 TV와 PC 미디어의 결합이다. 즉, 대 화면 탑재의 고화질 PC가 등장하고 있고, TV도 인터넷 접속 기능이 이미 강화되어 각 가정에 공급되고 있다. 마이크로소프트는 자사의 Windows Media Center PC를 홈 엔터테인먼트 게이트웨이로 설정하여 X박스, 디지털 카메라 등 주변기기들을 불편하지 않게 연결시키고 있다. 이렇게 보면 디지털 삶을 다양하게 즐길 수 있는 유비쿼터스 미디어의 결합은 빠르게 이루어지고 있는 현실이다.

　현재 디지털 TV를 생산하는 업체 역시 초고속 인터넷망을 연결하여 TV로 포탈서비스를 이미 구현하고 있다. 이 디지털 TV 업체들은 모바일 포탈, PC포탈 그리고 IPTV를 통한 TV포탈과 같이 DTV포탈 솔루션을 제공하고 있다. 이러한 신기술의 발달은 기존 PC를 넘어 디지털 삶의 판매 증진 및 차별화를 강화하게 된다.

　주목할 부분은 기존 통신 사업자들이 주축이 되어 추진하고 있는 IPTV
는 BcN을 통한 '유. 무선. 방송'을 결합하여 'U-라이프'(Ubiquitous life) 실현
을 기치로 홈 네트워크와 결합을 시도한다. 방송이 메인 미디어라면 이에 연
결되어 수반된 사업영역, 소위 다이버전스(여러 갈래로 갈라짐을 뜻함) 서비
스 영역은 디지털 사람과 디지털 삶에 복합적으로 관심을 갖게 된다. 예를
들면 음악파일처럼 디지털 문학 파일을 방송 디지털 미디어에 접목시켜 일
반 정보 포탈 사업체들처럼 이 파일 서비스를 사람이 필요한 곳에 제공하게
되고, 직접 손 안의 휴대폰으로 일상의 삶을 거의 처리하게 된다.

　따라서 유비쿼터스 디지털 삶은 사람의 개개인 수요에 부응해야 하는 내
적 성숙의 과제에 직면하고 있다. 다시 말해, 사람의 디오니소스적 욕구에
부응할 수 있는 지식 정보화 매체로 발전하기 위한 관건은 디지털 콘텐츠의
디지털 사업화에 있다. 이제 디지털 콘텐츠는 사람의 욕망이나 욕구를 철저
히 분석하고 이를 반영하는 적극적인 미디어 산업과 기술 발전과 동시에 발
전하게 되며, 미디어에 발전에 따른 양질의 콘텐츠 개발을 강화할 때이다.

　최근 디지털 케이블 TV는 물론, 위성방송과 DMB 등 다양한 뉴미디어들
은 새로운 디지털 삶을 위한 미디어 업계의 노력의 결실이다. 이러한 뉴미디
어들은 디지털 삶을 근간으로 정보매체 간의 기술적 결합을 통해 각 매체들
의 특징을 통합 활용하고자 한다. 이 뉴미디어들은 기존의 개별 미디어들이
갖고 있던 한계성 또는 결점을 개선하고자 상호 보완적인 서비스 능력을 향
상시키는 방향으로 움직이게 된다. 하지만 방송·통신·컴퓨터가 융합해 지
상파나 유선에 의한 일방적인 전달 방식은 점점 소멸되는 환경에서 더 전문
적이고 다중방향성의 특징을 갖는 매체가 디지털 삶의 형태를 결정한다는
의견이 지배적이다.

이러한 매체 환경 변화의 중심에 다채널·고화질·양방향성 특징을 모두 갖춘 디지털 케이블TV 방송이 있다. 이 케이블TV 방송은 VOD, 초고속인터넷, T커머스(T-Commerce) 서비스 등을 갖추며 사람 개개인 또는 소수를 대상으로 다중방향 기능을 갖는 새로운 서비스들을 제공하고 있다. 케이블TV 방송이 주목되는 이유는 인터넷과 TV의 결합에다, 셋톱박스의 활용에 있다. 비디오 서비스의 경우에는 개개인의 수요에 맞추어 사람의 요구에 가장 빠르고 정확하게 부응하고 있다. 디지털 도서의 경우 또한 빠르게 확산되고 있는 추세는 최근 스마트폰이나 전자도서패드 수요의 빠른 증가에 있다.

김나연 기자가 인터넷에 공개한 자료를 보면 디지털 미디어는 3단계의 과정을 거치고 있다(<전자정보신문>). 1단계(2005-2006년)는 디지털 케이블 기반 TPS 도입 및 정착단계로 네트워크는 870㎒ 이상으로 가입자망이 업그레이드될 것이며, 서비스는 디지털 방송, VoIP, VOD, T커머스, TV 전자정부 및 TV 공공 서비스 등을 시작하게 될 것이다.

2단계(2007-2008년)는 "HFC망 중심의 방송통신 융합 서비스 성장단계로 가입자망이 1㎓ 이상으로 대역폭이 확장되고, 전송망 셀 분할은 300 가입자 이내"로 이루어진다. 또 전국 케이블TV 방송사의 백본망이 단일망으로 이뤄지고 이를 통해 BcN 망이 구축된다. 서비스 측면에서는 완전한 ITV 서비스·PVR 서비스·무선 케이블 서비스·초기 홈 네트워크 서비스 등이 1단계 서비스에 추가된다.

3단계(2009-2013년)는 "HFC망 중심의 유비쿼터스 서비스 도입 및 정착단계로 컨버전스 네트워크가 완성돼 FTTH 기능을 수행"한다. 단말기는 유비쿼터스 서비스용 디지털 셋톱박스가 도입돼 케이블 홈 네트워크가 완성되고, 3차원(3D) 방송이 시범 서비스로 이루어진다. 이를 통해 네트워크는 현재의 870㎒ 대역폭에서 3㎓까지 확장된다. 단말기는 단순 디지털 셋톱박스에서 유비쿼터스 서비스용 셋톱박스로 발전한다.

이러한 단계별 발전과정을 보면, 디지털 삶은 방송과 통신 인프라를 통해 유선을 통한 영상 서비스에서부터 무선 영상 서비스와 홈 네트워크까지 확장된다. 홈 네트워크의 중심에는 사람 개개인의 수요가 있다. 결국 개인의 욕구나 욕망에 부응할 수 있는 홈 네트워크가 2009년 이후의 단계라면 그 개인과 밀접한 관련이 있는 지능장치가 장착된 사물까지 이 단계에 포함될 것이다.

홈, 학교, 공공 도서관 등이 네트워크로 형성되면 사람은 어느 곳에서든지 자신이 필요로 하는 일이나 건강까지 체크해 볼 수 있는 이러한 유비쿼터스 디지털 삶을 살 수 있게 된다. 이러한 컴퓨팅은 첨단 미디어 기술, 특히 케이블TV 유비쿼터스 디지털 셋톱박스의 장치나 기술을 요구한다. 방송과 통신을 통합하는 기술적인 장치들(유비쿼터스 컴퓨팅)은 홈, 학교, 도서관 등과 네트워크를 형성(유비쿼터스 네트워킹)시켜 말 그대로 디지털 삶은 모든 영역에서 디오니소스적 삶을 실현한다.

유비쿼터스 최종 단계는 사물에 심어진 전자장치들로 환원되는 듯싶다. 사물들 안에 컴퓨터와 같은 전자장치들을 집어넣어 사물 자체를 전자지능화한다. 이때 사물들은 유선이든 무선이든 상호 네트워크에 의해 연결되어 말 그대로 생활 속에서 홈, 학교, 관련 기관 등과 유기체가 되어 총체적으로 사람 개개인의 욕구에 부응하도록 전자시스템화 된다.

차세대의 미디어와 통신 결합 형태는 유선이나 무선을 통해 어느 때든 어느 곳에서든 사람이 요구할 때 혹은 그 사람의 기분까지 감지하여 최적으로 작동될 수 있는 시스템이어야 한다. 하나는 홈의 방송장치나 통신장치를 통해 개인의 요구나 주문에 외부 사물들이 상호 부응해야 하고, 다른 하나는 외부 요구나 주문에 홈의 방송장치나 통신장치가 내부의 사물들과 융합하여 최적화된 운용 시스템을 만들어 낸다. 그러기 위해서 각종 전자 기능 장치를 장착시킨 관련 물건(유비쿼터스 컴퓨팅이 장착된 물건, 혹은 이미 개개인의 성격이나 특성, 혹은 욕망에 부응하도록 이미 만들어 놓은 지능시스템-자기와 닮은 전자 유기체)은 전자적으로 그때, 그때 개개인의 요구에 부응하도록 네트워크화 되어 있게 된다.

지금까지 유비쿼터스 디지털 시스템 연구는 홈, 학교, 관련 기관 등을 구분하여 유비쿼터스 개념으로 세분하여 이루어지거나, 이를 전체적으로 묶는 통합 시스템에 관심을 두어왔다. 하지만 이러한 유비쿼터스 개념이 기본적으로는 사람 개개인의 욕구나 욕망에서 출발하여 이를 충족시키는데 의미가 있다면 모든 디지털 시스템은 이러한 개개인의 욕구와 필요에 맞추어 만들어지게 된다. 그러기 위해서 케이블TV 방송 장치를 포함한 일반 방송 디지털 미디어 기술과 통신기술은 그 미디어가 가정 내의 TV든, 이동시의 휴대폰이든, 혹은 PC나 노트북이든 그 개인과 관련된 모든 사물과 네트워크로 융합될 수밖에 없다.

유비쿼터스 세상에서는 모든 디지털 기기들이 유선에서 무선으로 교체된다. 대표적인 서비스가 와이브로다. 와이브로는 기존 초고속 인터넷을 휴대폰으로 옮겨놓은 것으로 달리는 자동차·버스·지하철·기차에서 대용량 데이터를 초고속으로 주고받을 수 있는 서비스를 말한다. 디지털 삶의 경우 서비스 역시 휴대폰을 통해 이용하는 경우 무선 인터넷에 비해 비용이 쌀 뿐만 아니라 데이터 종류와 용량도 비교할 수 없을 만큼 뛰어나 무선 랜에 비해서 이동성이 높다는 이점이 있다.

국내에서도 KT를 비롯해 3개 사업자가 선정돼 인프라스트럭처를 구축하고 있으며 삼성과 LG 등 가전 업체들은 디지털 삶을 현실처럼 구현시키기 위해 노력하고 있다. 와이브로는 학교나 집에서 즐기던 인터넷을 밖으로 확장한 기술이며 홈 네트워크는 공원을 산책하며 디지털 삶을 즐길 수 있다는 점에서 '안에서 밖으로'를 지향하는 유비쿼터스의 흐름과 관련이 있다. 마치 사람 의식이나 무의식의 흐름수법과 유사한 패턴을 지향하고 있는 유비쿼터스의 개념은 홈 네트워크에서 디지털 문학 콘텐츠가 지향해야하는 오늘날의 현상을 가리킨다. 이 와이브로 서비스 하나면 디지털 사람과 디지털 삶이 현실화되어 물건, 혹은 책이나 컴퓨터 TV등을 들고 다닐 필요가 없어진다.

특히 상용 서비스에 들어가는 위성 DMB는 안방에서 책이나 TV를 본다는 개념을 파괴한다. 위성 DMB가 시작되고 있는 오늘날 지하철이나 버스, 야외에서 자기가 원하는 삶을 선택해 언제든지 디지털 삶을 살 수가 있다. 광대역코드분할다중접속(WCDMA) 방식 이동통신은 음성 중심의 통화를 영상 위주로 바꿔 놓으면서 디지털 삶을 생생하게 만든다. 유비쿼터스는 이처럼 음성에서 데이터와 동영상으로 정보 내용을 전달하며 다른 사람들의 얼굴과 모습을 보면서 상대와 상호작용할 수 있고 여러 사람과 동시에 교류할 수가 있다. 물론 유비쿼터스 디지털 삶을 만들기 위해서는 기존 유선과 무선, 인터넷, 방송 등 목적별로 다양하게 나뉘어 있는 네트워크와 서비스, 기기들을 하나로 통합시키는 작업이 선행돼야 한다.

제1차 온라인디지털콘텐츠산업 온라인디지털콘텐츠산업발전기본계획안(2003-2005)을 보면, 통신과 방송의 융합이 디지털 컨버전스, 디지털 홈을 중심으로 일차적으로 구현되며, 이는 다시 유비쿼터스 네트워크 환경으로 발전하고 있음을 잘 알 수 있다(정보통신정책연구원). 여기에는 구체적으로 디지털 방송, 홈씨어터, 온라인 게임, 음악, 정보, 교육 등의 동영상 콘텐츠 서비스와 이메일, 채팅, 게시판, VoIP 등의 통신서비스가 보편화된다.

여기에 소니의 차세대 홈네트워킹 전략인 "Cocoon"(Connected Community On Network)은 A/V와 IT의 통합을 통해 모든 가전기기를 하나의 기기처럼 사용하는 것을 목표로 하고 있다(<전자신문>). 사람의 욕망에 부응하고자 하는 편리한 삶의 목표는 대화형 DTV, 모든 미디어를 통해 원격검침, 전자 민원, 대화형 원격교육, 맞춤형 원격 콘텐츠 서비스가 제공될 수 있다.

이러한 유, 무선 통신 네트워크에 지능정보 전자장치가 개개인의 시각, 청각정보는 물론이고 촉각, 미각, 후각 등의 오감 정보의 입출력 기능을 종합적으로 제공하여 사람 중심의 총체적인 정보기반(ubiquitous multimedia infrastructure)을 구축하면 디지털 삶은 현실 그대로 진화할 날이 멀지 않아 보인다.

미래의 디지털 사람과 삶은 모든 것을 현지 조달하는 유목민처럼, 미래의 사람은 어떤 상황에서도 원하는 서비스를 받을 수 있는 디지털 유목민이 될 수 있음을 의미한다. 방송에 통신, 인터넷 등이 통합되는 데다, 각 사물에 인공지능이 장착되는 경우 사람의 디오니소스적 욕망은 현실 세계를 향해 무한한 환상 전략을 세우고 즐길 수 있는 창조의 공간에서 실현된다.

사실상 통합된 디지털 미디어와 전자 시스템은 인공지능이 장착된 물건들과 망을 이루어 사람에게 적절한 디지털 삶에 대한 정보와 최적의 서비스를 만들어 내게 된다. 통합된 방송장치와 정보장치에 상기 장치들을 장착하면 이와 연결된 관련 사물에 내장된 지능시스템 또한 개개인과 동시에 정보를 교환하고, 서비스까지 주고 받을 수 있다. 이러한 새로운 유비쿼터스 개념에는 새로운 디지털 미디어 세상에 맞는 디지털 삶의 형태와 새로운 창출이 새롭게 요구된다.

하원규의 <유비쿼터스 IT혁명과 제3공간>은 사물에 심어 놓는 다양한 전자장치인, 유비쿼터스 시스템이 개개인의 욕망을 실현해 줄 유비쿼터스 환경에서의 디지털 삶을 편리하게 살아 갈 수 있는 여건을 충분하게 반영하고 있다.

1) 임베디드 시스템은 물질에 심어지는 전자 시뮬레이션이다. 물질 내에 인공 지능을 넣으면 그 물질은 실제 사람처럼 행동하고 사고한다. 이때 사람의 욕구나 요구가 무엇이든 그 물질은 그 사람의 지능처럼 사고하고 행동하여 그 사람에게 필요한 콘텐츠(혹은 정보)를 제공하거나 충족시켜준다. 마치 컴퓨터 하드웨어와 소프트웨어가 동시에 해당 물질에 장착되어 있는 형태이다. 디지털 삶은 외부에 있는 관련 물건이나 물질에 부착된 센서를 통해 제공될 수도 있다.

2) RFID는 무선 인식 장치를 말하며 사물의 위치 및 정보 내용을 자동으로 인식하고, 저장하고, 입출력 및 공유할 수 있는 기능을 가진 무선기기 즉 TAG를 말한다. 소위 전자 시스템을 스스로 갖춘 인식표이다. 무선 인식표를 사물이나 사람에 심어 네트워크에 연결시켜 놓으면 스스로들끼리 정보를 교환하고 수집하여 최적의 상태로 사람에게 서비스를 제공한다. 디지털 삶의 경우 사람에게 이 무선인식장치를 심어 놓고 육체의 움직임과 심리적인 변화에 따라 관련된 사물들에 정보가 건네지면 그 사람에게 맞는 최적의 형태로 나타나게 된다.

3) IPv6는 인터넷 프로토콜 주소자원 및 품질문제를 근본적으로 해결해줄 차세대 인터넷 주소 체계로 사물, 사람, 네트워크, 단말기 간의 정체성, 공간적 위치, 네트워크 주소를 언제, 어디서나, 어떤 플랫폼 상에서도 일체화할 수 있는 기반이다. 시공을 넘는 공통 플랫폼의 실현은 곧 디지털 삶의 전송과 소통에 획기적인 기여를 하게 된다.

4) MEMS는 초소형 정밀기계로 사물이나 생물에 심어져서 지능적으로 동작, 정보처리, 업무를 수행할 수 있다. 소위 초소형 전자 기계장치이다. 사람이라는 물리적인 대상에 이 초소형 정밀 기계의 장착은 사람의 생각을 동적인 기능으로 전환시키며 사람 사이에 네트워크를 형성시켜 주고, 사람의

요구에 따른 빠른 정보를 사람 간에 상호교환(상호인간관계)이 가능해진다.

5) 또한 사람은 자기와 똑같은 기능을 수행하는 전자지능 카드나 칩 혹은 센서, 배지, 소형장치 등이 어떤 사물이나 네트워크에 삽입하거나 연동될 때 최적의 정보나 콘텐츠를 제공받을 수 있거나 전송할 수가 있다. 자기와 똑같은 기능이란 사람 자신의 기분까지 대응할 수 있는 전자지능 카드나 칩, 혹은 센서 등을 말한다. 즉, 기분에 따라 그 기분에 어울리는 사물들이 상호 반응을 일으키며 대응하게 된다.

결과적으로 사람의 디오니소스적 욕망은 디지털 기술이 발전할수록 그 끝을 모르게 진화할 것이며, 기술은 계속하여 그 욕망을 충족시킬 실용적 가치를 찾아 움직이게 될 것이다. 디지털 미디어 기술이 제공할 상품과 서비스, 즉 콘텐츠는 그 사람의 욕망을 가장 편리하게, 가장 쉽게, 가장 빠르게, 언제라도 어디서라도 충족시키지 않으면 폐품이나 다름이 없게 되므로, 기술은 디지털 삶에 부응해야 할 일과 또한 그 서비스를 유도하며 적극적인 차원에서 동시에 발전될 수밖에 없다.

디지털 컨버전스 시대의 핵심적인 성공 요소는 따라서 다양한 사람에게 다양한 디지털 삶을 선택할 수 있는 플랫폼을 더욱 많이 접촉하도록 하는 일이다. 여기에 콘텐츠 매니지먼트(Content Management: CM) 혹은 콘텐츠 매니지먼트 시스템(Content Management System: CMS)이 새로운 정보 관리시스템으로 매우 중요해지고 있다. 홍수처럼 쏟아지는 정보를 관리하고 경영하는 이 같은 소프트웨어나 프로그램 혹은 포탈서버는 디지털 삶에서도 예외는 아니다. 디지털 삶이 대양 같은 바다에 있다고 생각한다면 이를 관리하고 경영하는 기술이 크게 발전하게 된다. 콘텐츠 매니지먼트 리터리쳐(Content Management Literature)를 사용한 사이트 <http://www.itworks.be/rescenter.php?topic=contentmanagement&tab=literature>가 주목된다. 이제 익숙한 용어가 되어버린 CMS 등 관련 서비스와 기술은 그 선택 플랫폼을 통해 디지털 삶을 더욱 효과적으로 접촉하도록 도와주게 된다.

CM은 "모든 종류의 정보를 포착하고, 저장하며, 분류하고, 규범화시키며, 구성하고, 통합하며, 출판하며, 최신화시키며, 관리하며 보호하는 과정을 가리키는 데 종종 사용된다. 이것은 인트라넷의 심장이며, 혹은 기업포탈이며, 지식 관리 해결의 근간이 될 수 있다." 우수한 CM으로는 CMS Watch(XML support in Office 12), White Paper(Sample Content Management RFI), Boxes and Arrows(Developing and Creatively Leveraging Hierarchical Metadata and Taxonomy), Gerry McGovern's Homepage(web content management solutions) 등으로 콘텐츠 관리에 있어 분류와 메타데이터 사용을 촉진시키고 있다.

마이클 브론더는 CMS 소프트웨어 시장의 성장을 들며 향후 디지털 삶의 관리가 점차 구체화될 것으로 전망하고 있다. 그에 따르면 이미 시장은 콘텐츠 관리 시스템 시장은 세배로 성장하였으며 미국 내 약 800개의 관계자가 콘텐츠 관리 패키지를 사용하고 있고 그 중 약 15%이상이 2개 이상의 CMS를 사용하고 있다. 그러한 예로 DMS(Document management system), DAM (Digital asset management), WCM(Web content management), LCM(Learning content management) 등 적정한 디지털 정보 관리 시스템들 사이를 통합시키는 콘텐츠 관리 솔루션이 실행되고 있다.

여기에 앤 록클리는 록클리 그룹의 회장으로 기업형 콘텐츠 관리의 출현을 알리며 통합 콘텐츠 전략의 필요성을 강조한다. 그녀는 콘텐츠를 창조하고, 관리하고, 분배하는 수요가 증가함에 따라 여기에 부응하는 기업형 콘텐츠 매니저와 작가들이 크게 기여하고 있다고 보고 있다. 이들은 소비시장에 맞는 새로운 콘텐츠 전략들, 가이드라인, 프로세스, 이에 관련된 기술적인 선택을 제공하는 일에 관여한다.

빈센트 두리오는 더 나아가 콘텐츠 분석을 조직적으로 연구할 필요가 있다고까지 주장하고 있다. 지난 25년간 콘텐츠 분석이 조직적으로 연구되어 왔지만 체계적인 디지털 삶에 대한 연구가 부족하며, 보다 분석적인 툴을 통해 삶의 주제, 토픽, 상호관계, 세분화된 삶의 개발이 시급함을 지적하고 있다. 에밀리 메이어에 따르면 디지털 삶을 관리하고 검색할 수 있는 구체적인 주제로는 내레이터, 화자, 플롯, 구조, 배경, 언어 모두가 콘텐츠 관리 기술(CM)에 원용될 수 있는 영역이다.

디지털 삶은 사실상 사이버 문학의 연장이기는 하지만 유비쿼터스의 개념과 이에 따른 미디어 기술에 부합하기 위해서는 공학적인 측면에서 재구성되고 기획될 필요가 있다. 기존의 광범위한 디지털 콘텐츠 및 강력한 검색 기술에는 최고의 첨단 기술이 부여하는 새로운 특성들이 적용되어야 하고, 서비스 서버들은 삶의 질과 계층에 따른 다양한 콘텐츠를 제공할 수 있어야 할 것이다. 여기에는 보다 용이한 검색, 향상된 정보항해, 더 많은 리서치 및 관리 지원 도구들이 필요하다.

게리 멕거번은 정보 기술은 과적재된 정보의 트로이 목마가 되었다고 한다. 이제는 비용을 줄이고 노력과 시간을 줄이며 데이터 접근의 보다 큰 효율성을 가져올 마법의 재능이 필요하지 않나 우려할 정도다. 디지털 삶은 낮은 질의 데이터가 아니다. 디지털 미디어 기술의 진보에 따른 디지털 삶은 그것을 관리하고 경영하며 분류하여 어떻게 효율적으로 언제, 어디서든 이용할 수 있는 방향으로 움직이는가에 달려있다. 역으로 디지털 미디어 기술은 이러한 사람의 디오니소스적 욕구와 소비시장의 흐름에 민감하게 대응할 것이다.

향후 디지털 삶의 발전은 성공적인 유비쿼터스 디지털 미디어 기술의 역량에 있기는 하지만 사람의 욕망에 호소하는 일이다. 유비쿼터스 디지털 삶의 가치는 공간과 사물, 사람 간의 연계에 의해 창출된다. 따라서 유비쿼터스 디지털 삶을 구현하기 위해서는 무엇보다 공간-사물-미디어-사람 연계의 실현이 관건이라 하겠다.

유비쿼터스가 사람의 욕망을 개개인의 차원에서 실현하고자 태어난 시대적 산물이라면, 사람 개개인이 가장 안전하고 편안한 상태에서 그 욕망을 현실과 물질세계에서 창조하고 즐길 수 있어야 한다. 그러기 위해서는 안전하고 탄탄한 네트워크(any network)와 언제(anytime) 어디서나(anywhere) 원하는 어떤 미디어(any media)와 장치(any device)에 의해서도 사람은 원하는 지적, 감성적 욕망의 삶을 제한 없이 접속(ubiquitous access)하는 안락함과 즐거움을 누릴 수가 있어야 한다.

디지털 삶은 사람의 가장 근본적인 욕망의 세계로 사람을 가장 편리하고 안락하게 살도록 가꾸어 갈 상상세계, 그 보다는 현실세계로 이끈다. 유비쿼터스 컴퓨팅은 사람이 필요로 하는 삶의 콘텐츠를 개인의 손끝에 편리하게 직접 닿을 때까지 우리 현실에서 실현이 가능하도록 끊임없이 개발되고 발전될 것으로 보이기 때문이다.

그러나 디지털 삶은 상호작용성에 근거해 사람의 선택권을 보장하고 확대해 주지만, 이러한 효용이 반드시 사람의 참여를 보장하는 것은 아니다. 공중전화 대신 사람들은 휴대전화를 선호하듯, 불편하고 지나치게 복잡한 시스템은 오히려 사람이 회피할 수도 있다. 따라서 사람의 인터페이스를 담보하는 편리성, 보편성과 신뢰성은 유비쿼터스 삶의 기본 충족 사항으로 디지털 삶의 구축 시 최우선적으로 고려해야 할 사항이다.

이러한 점에서 유비쿼터스 디지털 삶의 네트워크는 분명히 정보통신 패러다임의 기술적인 진화의 연장선상에 있으며, 언젠가는 일상화될 것이 분명하고, 또한 현실은 그 실현에 가장 가까운 곳에 있다. 때문에 이를 가능한 한

빨리, 제대로 우리의 정보통신 환경에서 구현시킬 관리와 경영 시스템이 무엇보다 필요해지며, 이에 따라 디지털 삶은 개개인의 디오니소스적 욕망에 부응하여 지속적으로 그리고 효과적으로 구현될 것으로 보인다. 그러므로 이러한 디지털 기술이 만들어내고 있는 휴머니즘 양상에 주목할 필요가 있게 된다.

제10장

사이보그 휴머니즘

　사이보그 휴머니즘은 디지털 시대에 사람과 기계를 바라보는 새로운 시각이다. 일본 만화영화 <공각기동대>에서 보듯이 사람이 가지고 있는 기계 부분은 어떤 것일까? 기계는 사람의 속성을 어느 정도 가지고 있을까에 대한 물음을 제기하게 한다. 유비쿼터스 사람과 삶이 현실 그대로 구현되는 그 종국에는 사람이 디지털 기계의 일부가 되어 있게 될 것이다. 혹은 기계들 속에 사람이 얹혀 살 수도 있다. 이는 유비쿼터스 디지털 세상을 움직이는 실체가 사람이 아니라 기계가 된다는 이야기이다. 수많은 기계의 부분과 부속들이 톱니바퀴처럼 맞물려 돌아가며 사람이 그 일부가 되어 살아가는 현실은 기계가 사람처럼 유기체가 되는 세상을 가져오게 된다. 사람 또한 디지털 기술의 발달로 물리적인 복제가 가능해진다.

기계 유기체도 복제가 가능해지면 사이보그가 사람의 모습을 갖고 사람의 삶을 살아가는 유기체로서 사람처럼 복제를 시도할지도 모른다. 하지만 사이보그는 사람의 감정을 복제할 수가 없다고 알려져 있다. 그래서 사이보그는 사람보다 뛰어난 능력을 가지고 있는 디지털 형 유인원 형태여서 사람처럼 감정을 가질 수 없다는 것을 고민하게 된다. 사람과 같이 생각하기는 하지만 사이보그는 그저 사람의 복제품에 지나지 않는 존재로 등장하게 되기 때문이다. 하지만 생각이 있기 때문에 사이보그는 점점 정체성에 대한 혼란과 회의를 느끼게 되며 아날로그형 감성을 추구하게 된다. 사람처럼 감성과 합리성을 갖춘 생명을 갖기 위해서는 자기 복제 능력을 키워야 하고 병균인 바이러스에 대한 위험으로부터 벗어나야 한다. 만약 사이보그가 자기를 스스로 복제하게 되고 바이러스에 대한 방어력이 생기게 된다면 그로 인하여 사이보그는 사람처럼 진화 능력이 생겨나게 된다.

<공각기동대>에서의 고스트는 사람의 영혼이라고 말할 수가 있다. 사이보그에게 영혼이 들어가면 사이보그는 감정이 생겨나게 되고 기계는 비로소 유기체로 발전하게 된다. 사람에게만 있는 감정이라는 것이 기계에게 주입 되는 가능한 시도들이 이루어지고 있다. 왜냐면 사이보그 역시 사람의 디오니소스적 쾌락의 산물임으로 사람처럼 생각하고 행동하였으면 하는 바람이 있기 때문이다. 이때 이 영혼은 기계가 사람처럼 저절로 진화해서 생기게 된다. 기계가 하나의 유기체임으로 나름대로의 판단할 수 있는 의식이 생긴다는 것이다.

이처럼 사이보그는 사람처럼 개성과 다양성이 생기며 사람의 육체는 아니지만 사람으로서 진화하게 된다. 그리고 여성과 남성이 결합하여 새로운 생명을 생산하듯이 사이보그 또한 사람처럼 다른 사이보그와 결합하면서 새로운 사이보그 생명체를 만들어 내게 된다. 그럴 경우 사이보그 또한 사람처

럼 좋은 사이보그와 나쁜 사이보그가 사람과 살아가는 공동체에서 생길 수 있다.

공상과학 영화 <아이 로봇>에서는 나쁜 사이보그가 생길 수 있는 것을 보여주고 있다. 사이보그는 사람이 기계 부분에 섞인 것에 기계가 범죄를 저지를 수 있는 것을 보여 준다. 여기서는 기계가 사람에 의해 통제가 안 되었을 때 범죄가 생긴다. 기계는 입력되어 있는 명령에 의해서 논리적으로 움직이지만 이성적으로 생각해서 판단하는 능력 또한 생성된다. 그리고 그 기계에 자유의지와 자의식이 생긴다. 기계의 논리력 자체가 기계의 자의식이며 그 자체의 논리에 의해 계속 발달되고 있다. 논리가 가지고 있는 가공할 파괴력은 사람의 통제가 불가능하다.

여기에 사람의 속성들을 포함시키게 된다면 좋은 감정만 포함시킬 수는 없다. 분노와 자만심, 탐욕 등과 같이 나쁜 감정들 또한 사람의 것이라 사이보그 또한 사람에게 유리하게 작용한다고 보기가 어렵다. 그러므로 사이보그에 정서적인 부분까지 복제된다면 그 결과는 아날로그 형태의 사람의 디오니소스적 쾌락과 유사할 것이다.

사람이 아닌 사람과 비슷한 유사체를 가진 사이보그와 기계, 로봇에 대한 이야기는 미래 시대의 휴머니즘 주제를 던지게 된다. 이것들은 사람보다 뛰어난 능력을 지니고 있지만 사람의 디오니소스적 욕구의 산물이다. 사람에게는 치명적인 결함이 있다. 바로 생로병사 문제이다. 살고 늙고 병들고 죽는 일은 우주와 세상의 이치이다. 젊게 살고 건강하고 죽지 않으려는 사람의 욕망은 정말 오래된 문제이며 가능한 이러한 욕구를 종교는 나름대로 해결 방안을 제시하고 있지만 아무도 해결할 수 없는 문제이다.

하지만 디지털 기계는 그러한 죽음을 삶으로 전환시키는 사람의 오래된 욕구를 해소해 줄듯이 보인다. 죽지 않고 건강하고 젊고 아름다움을 유지하며 영원히 살 수 있고 싶어 하는 사람의 오랜 욕망은 유사체에 그대로 투영되고 있다. 종교적인 구원을 통해 영생을 추구하고, 윤회관을 통해 영원을 꿈꾸던 사람은 디지털 삶에서부터 다른 육체를 빌려가면서까지 그 가능성을 진단하게 된다.

사실상 가까운 시기에 사람은 자신들이 원하는 것은 얼마든지 물질로 표현할 수 있는 시대가 오고 있다. 우리는 이러한 물질성의 시대가 도래하는 경우 과연 어느 정도까지 표현이 가능한지, 사람의 감정이라는 부분까지도 표현, 모방이 가능한지에 대해 늘 고민하게 된다.

포우의 이야기들을 다시 살펴보자. 늙고 힘이 없어져 퇴역하였던 장군 스미스 씨는 외모에 있어서 완벽하고 싸움마다 승리하는 늙은 군인이다. 그래서 주위 사람들은 그에 대한 칭찬을 아끼지 않는다. 완벽하게만 보이는 스미스 장군에게 호기심을 느낀 사람이 한둘이겠는가? 포우 역시 이야기 속의 화자를 통해 스미스 집에 직접 방문하게 된다. 장군의 방에는 조립하도록 되어있는 신체부위가 담긴 꾸러미가 있다. 화자는 그런 모습을 보고 스미스 장군의 사고하는 방식이 기계적인지 사람처럼 하는 것인지 궁금증이 든다. 그런데 장군의 몸은 처음에는 보잘 것 없는 의족일 수 있지만 시대와 과학 기술이 발전하면서 점점 더 좋은 제품을 골라 신체의 일부로 쓸 수 있게 되는 가능성을 생각해보자.

이처럼 사람이 생활하는 환경과 방식에 걸맞게 기계적 장치의 생김새와 쓰임은 결정되기 마련이다. 이런 환경으로 인해 자연스럽게 사람이 필요로 하는 기계는 사람의 모습을 모방하게 될 수밖에 없다. 사람들은 점점 더 자신의 모습을 대체할 수 있는, 혹은 자신의 부족한 면을 보완하거나 보정하기 위해 기계를 계속 개발하고 발전시킨다. 이렇게 해서 사람의 외형적 모습과 매우 유사해진 기계들은 소위 사이보그 의미를 지니게 된다. 이러한 사이보그를 볼 때, '이것들을 사람들과 구분 지을 수 있는 기준, 정도가 무엇인가?' 하는 물음을 던지게 된다.

스미스 장군의 경우도 신체는 기계적인 요소의 도움을 받고 있지만 기계적 신체를 움직이고 통제하는 기능은 뇌가 담당하고 있다. 그렇다면 이렇게 혼합된 상태의 스미스를 우리는 기계라고 보아야 하는가? 아니면 사람이라고 보아야 하는가? 또한 스미스의 신체는 필요한 부위 부위마다 모방 복제가 가능하지만 사람의 감정적인 부분도 완벽하게 모방, 복제가 가능할까? 즉 이 질문에 대한 답은 디지털과 아날로그를 융합시킨 사람이 답할 문제로 보인다.

포우의 체스 플레이에 나오는 플레이어를 사람과 기계 관계에서 다시 살펴보자. 즉, 컴퓨터 체스 플레이어와 체스를 제일 잘한다는 러시아의 체스 챔피언이 대결을 하는 그림을 연상하면 된다. 최대의 변수를 계산해 프로그램화 되어진 컴퓨터와 체스 챔피언의 대결에서 어떠한 결과가 나올지에 대해 포우는 매우 흥미로움을 가지게 된다.

체스 플레이어의 기억장치에는 장기를 두면서 경험할 수 있는 가능한 모든 변수들에 대처하는 능력이 프로그램화되어있다. 이 모든 변수들은 사람에 의해 기계에 저장된 것이고, 기계는 그 프로그램의 실행에 따라서만 게임을 두게 된다. 겉모습은 기계적인 모습이지만 내부에 가지고 있는 프로그램은 사람의 두뇌보다 우수하게 만들어져 있다. 그렇다면 이때 우리는 이것을 사람의 기계화로 보아야 하는가? 반대로 사람의 생각, 이해 능력이 기계 안에 들어가 있으니 이것을 기계의 사람화로 보아야 하는가?

우선적으로 포우의 글에서만 보더라도 점점 기계와 사람 생활의 밀접한 관계로 인해 기계가 생활에서 차지하는 부분이 많아지는 오늘날은 사람과 기계를 구분하는데 어려움을 겪는 과도기에 있다는 것을 알 수가 있다. 이런 상황에서 자연스럽게 사이보그 시대의 휴머니즘의 문제가 제기될 수밖에 없다.

<공각기동대>의 주제는 포우의 문제를 150년이 지난 이후에야 실제 휴머니즘을 기계 중심으로 다루고 있다. 네트워크가 지배하는 2029년, 사이보그들이 사람들 속에 함께 공존한다. 주인공 쿠사나기 소령은 우수한 사이보그이다. 다만 규격품으로 생산되기에 시스템 어디엔가 치명적인 결함을 가지고 있어 늘 그녀는 사람처럼 우울증 증세를 보이며 자신의 처지와 현실에 대해 회의하기도 한다. 또 다른 사이보그로 고속도로에서 나체의 여자가 비를 맞으며 달려오는 트럭에 그대로 치여 실려 온다. 해부 결과 보조 전뇌의 안에 고스트(혼)가 존재하는 것으로 추정된다.

사이보그는 결국 사람처럼 행동하고 사고하게 된다. 그래서 사이보그 또한 "나다운 것은 없다. 주변 상황을 보고, 나다운 것이 있다고 생각하는 것뿐이다."라는 고민을 보이게 된다. 쿠사나기는 사이보그 중에서도 뛰어난 전투원이지만 자신이 아무리 뛰어나도 복제, 복사의 과정을 거친 점에서 사람에게 있는 개성과 다양성을 찾아보기가 어렵다는 사실에 실망한다. 다양성과 개성이 없다는 것 때문에 실망하는 쿠사나기의 모습은 점차 기계화되어가는 오늘날 사람들의 고민이기도 한다. 기계가 자신들의 정체성에 대해 이야기를 할 때는 기계의 정체성이란 용어 자체가 사람이 생각지 못한 의미를 담고 있을 수도 있다.

결국 사람에게 가장 중요한 부분은 감성 측면이다. 감성이 없는 사이보그는 자신만의 논리와 법칙에 의해 움직이는 냉혹한 사람을 연상시켜 사람답다고 보기가 어렵다. 그래서 <아이 로봇> 또한 기존의 기계가 사람의 감정을 모방할 수 있는가 없는가에 대한 논쟁을 제기하게 된다. 이 또한 사람이 자신의 욕구대로 사이보그에게 감정을 느낄 수 있는 프로그램을 개발하여 만들어주고 사이보그가 사람처럼 감정을 처리하여 사람에게 도움이 될 수 있는가에 대한 논쟁이다. 주인공인 사람 스프너 형사는 기계들을 명령에 만 복종하는 깡통으로 취급하지만 정작 자신도 신체의 일부분을 기계에 의존하고 있는 모순된 존재이다. 주 이유는 사이보그가 기계여서 아날로그식 감정이 없다는 전제에서다.

래닝 박사에 의해 감정을 배우고 느끼도록 프로그램화된 "서니"라는 로봇은 우리 실세계에서 기계들이 감정을 가질 때 어떤 모습일지를 잘 보여준다. 물론 이 이야기에는 감정을 느끼는 로봇이 사람을 도와주고 구해주는 내용으로 나오고 있지만 실제적으로 감정 모방이 가능하다면 사람에게 일어날 수 있는 모든 가능성을 살펴볼 필요가 있다.

모든 사회는 법과 도덕이 있다. 법을 지키지 않거나 부도덕한 사람들이 늘 있다는 이야기이다. 그 기본적 기준은 사람의 감정에서 출발한다고 할 수 있다. 그리스 비극은 사람의 감정을 제어하지 못해 일어난다고 보기 때문이다. 이에 따르면 사람은 감정을 추스르고 조절하지 못해 범죄를 저지르고 죄를 저질러 비극적 상황을 맞게 되어 있다. 또한 사람은 합리적 결과에 의해서도 죄를 지을 수도 있다.

이처럼 기계가 의도하지 않는다고 하더라도 프로그램에 오류가 생겨 사람처럼 사람과 사람의 삶을 파멸로 이끌고 갈지는 아무도 모른다. 컴퓨터를 보더라도 기계는 논리에 의해 스스로 진화하게 된다. 한 기계의 프로그램 속에 10개의 논리가 있다면 이를 적용한 100개 이상의 상황이 생겨날 수가 있고 이렇게 되면 사이보그들은 계속해서 진화하고 자기 스스로의 판단 능력을 가질 수 있게 된다.

결론적으로 아직까지는 기계가 사람의 육체적인 면을 100% 모방하고 복제가 가능할 수 있지만, 감성적인 면의 모방과 복제는 사람이 복잡한 유기체여서 시간이 필요한 과제이다. 이도 사람이 생각대로 거기에 집중할 경우 어쩌면 시간문제일 수가 있다. 혹여 포스트기계주의라는 용어가 사이보그 휴머니즘 문제를 결정적으로 다루게 될 계기가 될지 모른다. 디지털 시대를 넘어 사이보그의 감성 문제가 아직 처리할 과제로 남아 있기 때문이다.

<아바타> 스토리에서 보듯이 사이보그는 그나마 기계이면서 사람을 대체하는 모습이지만 사람은 다른 생명체에 들어가 자신의 생로병사 문제를 해결할지 모른다. 이러한 경계점과 그 공간을 사이버 스페이스라 하고 사람은 이를 제2의 자아라고 할 수도 있다. 오늘날 디오니소스적 쾌락은 말 그대로 사람은 자신에게 유익한 모든 것에서 행복을 찾으려고 할 것이다. 사람이 재미와 행복을 향유하려는 욕구는 오늘날의 보편적인 문화 현상이며 사회나 제도 또한 점점 이러한 현상을 받아들여가는 추세이다.

<종>의 이야기에서처럼 공동체의 선과 사람의 디오니소스적 욕망의 문제는 쉽지 않은 논란이 되고 있다. 하지만 디지털 시대에 과학 기술의 발달로 현실과 사이버 스페이스의 경계가 모호해지고 있는 가운데 몸과 정신의 관계를 어떤 시각을 가지고 바라보는가에 따라 논란은 지금과는 다른 양상을 보이게 될 것이다. 특히 감성의 문제는 사이보그의 한계가 있는 한 다른 각도에서 논란을 지속할지 모른다. 사람은 이 감성 문제를 해결 할 다른 수단을 찾게 된다는 뜻이다.

사람의 삶에는 억압과 제약이 많이 따른다. 그래서 사이버 스페이스에서 사람은 현실이 아닌 사이버라는 공간 때문에 자신도 모르는 자신을 발견하기도 한다. 아바타가 그 개념 중의 하나다. 아바타는 힌두어로 분신이라는 의미로 그간 사이버 공간에서도 사람은 자신을 나타내는 또 다른 '나'를 창출하고 자신을 해석하게 된다. 아바타는 사이버 공간이지만 '나'라는 물질적 존재가 되어 사람의 욕구를 충족해주는 또 다른 사람이다. '나'가 또 다른

‘나’로 현실 세계에서는 가질 수 없거나 이룰 수 없는 것을 사이보그나 아바타를 통해 이루게 할 수도 있다.

예를 들면 자신의 꿈이 판사라면 판사복장을 사서 입혀주거나 평소 자신이 시도해 보고 싶어도 할 수 없는 것을 대신 표현할 실생활 아바타를 찾게 된다. 적어도 사이버 스페이스 안에서 사람은 현실과 유사하게 자신의 감성을 해결 할 자신만의 유토피아를 만들어 나가고 있다.

사이버 공간과 사이보그는 미래의 사람의 정신세계까지도 지배하는 날이 올 수도 있다. <인공지능－AI> 이야기 속의 데이빗은 감정을 지닌 인공지능 사이보그로 사람인 헨리와 모니카의 아들로 입양되기도 한다. 데이빗은 이들의 아들 마틴의 빈자리를 채워주게 되는 경우이다. 이때의 데이빗은 실생활에서 마틴의 아바타인 셈이다. 양부모인 헨리와 모니카는 데이빗이 마틴은 아니지만 아들로부터 느낄 수 있는 행복의 감정을 갖고자 한다. 이러한 상호교감을 통해 사이보그 데이빗 또한 엄마 모니카에 대한 사랑을 표현하는 방법을 점차 인식하며 감정 표현에 익숙해져 간다. 다만 데이빗이 사람이 되고 싶어 한다는 것이다. 마틴처럼 데이빗은 엄마로부터 자식이 사랑을 받고 싶어 하는 11세의 어린 아이를 연상시키는 정작 사람의 모습을 보여준다.

11세 나이 또한 의도적이다. 성장을 의미하는 나이인 사이보그는 점차 경험으로 채워지는 어린아이의 정신세계를 보여준다. 그래서 성장하는 아동의 고민은 사이보그의 정신세계를 통해 그대로 재현된다. 아직 미성숙한 자아는 경험이 없는 어느 사이보그에서나 찾아볼 수 있다. 그 경험이 실제적으로 형성된 게 아니라 프로그램화되어 있어서다. 그래서 세상에 대해 조금씩 눈을 뜨기 시작하고 체험을 하기 시작하는 11세 나이의 사이보그는 그 전형에 해당된다. 문제는 기억에 있다. 무지의 상태도 아닌, 많은 지식을 가진 상태도 아닌 사람을 생각해 보면 사이보그 또한 새로운 기억과 관련된 체험이 중요하게 제기된다. 철저하게 어린아이의 상태로 프로그래밍 된 데이빗에게 엄마에 대한 사랑이라는 체험은 새로운 정보로 기억될 것이다. 이 과정은 사람이 경험하는 단계처럼 데이빗에게 자식과 엄마간의 따뜻한 기억을 일깨워주게 된다.

데이빗 유형의 사람은 사이보그 발전의 마지막 단계를 시험하고 있는지 모른다. 사람에게 입양된 데이빗이지만 감정이 없는 사이보그에서부터 감정을 지닌 사이보그로 전이되는 과정이 묘사되고 있기 때문이다. 아직 어린아이의 순수한 감정이 데이빗에게서 나타나고 있어서다.

감정은 다른 사람과의 상호작용을 통해 교감, 혹은 공감, 혹은 반감 등 다양한 체험으로 작용하게 된다. 데이빗은 사이보그이지만 모니카의 집으로 입양되어 정이나 사랑을 느끼게 되면서부터 사이보그라는 자신의 정체성을 인정하고 싶어 하지 않는 체험을 하게 된다. 이미 데이빗은 자신을 사람이라 여기고 있게 된다. 이야기 속의 데이빗은 자신을 늘 사이보그나 로봇이라고 대답하지 않는다. '저는 데이빗이에요' 라는 말과 함께 제작 년도와 제작 회사를 말해야 하지만 이에 대해 입을 다문다. 그는 일종의 출생 장소와 나이를 말하고 싶어 하지 않는다. 사이보그보다 사람으로 인정받고 싶어 하기 때문에 사이보그 휴머니즘은 새로운 문제로 대두되고 있다.

문제는 모니카의 아들 마틴이 돌아오게 되면서 데이빗의 역할이 끝나면서부터이다. 이러한 역할의 끝은 사이보그 휴머니즘 문제가 가볍지 않음을 암시하고 있다. 그 문제의 핵심에 모성애를 보이는 사람 모니카가 있다. 그녀는 사람이 갖는 측은지심을 보이게 된다. 데이빗이 연구소로 가면 폐기처분 될 것으로 알고 있기에 그녀는 결국 상당한 정도의 연민을 보여주게 된다. 이러한 연민이나 동정은 데이빗이 단순한 사이보그 이상으로 사람에게 자식처럼 느껴진 존재라고 할 수가 있다.

말 그대로 실존적 휴머니즘은 이 사이보그 시대에도 계속되는 주제가 틀림없다. 데이빗의 폐기처분을 막기 위해 모니카가 데이빗을 숲 속에 버리게 되면서 데이빗은 실존 위기를 맞게 된다. 벼랑 끝에 서 있는 사람처럼 데이빗은 존재의 불안정과 부조리한 운명을 경험하게 된다. 데이빗은 모니카의 목을 끌어안으며 잘못했다고 한다. 무엇을 잘못했는지 알 수가 없다. 오직 주어진 존재에 대한 허무감 때문에 사람이 신에게 외치듯이 왜 자신을 버리시나 일 것이다. 존재론적 허무주의는 사이보그 문제라기보다 사람의 문제로서 사이보그가 진짜 사람아이처럼 느껴지게 될 정도로 진한 감동이 온다.

데이빗 말고도 이후 다양한 사이보그들의 삶들이 데이빗의 이동에 따라 나타난다. 데이빗은 남창 사이보그 '조'를 만나고 동화 이야기 <피노키오>에 나오는 푸른 요정을 찾아 먼 여행을 떠난다. 사이보그 조도 특별한 사이보그 사람이다. 사이보그가 사람과 공생 공존할 수 있는 영역은 사람의 성적인 욕구에까지 미치고 있다. 사람이 사람과의 관계에 의해 성생활을 행하기보다는 필요에 따라 혹은 욕구에 따라 대용 사이보그가 사람처럼 성욕의 대상이 되고 있다. 이로 보아 사이보그 시대는 사람이 비교적 이전 시대와는 다른 자유로운 삶을 살아가게 된다는 뜻이기도 한다.

'사이보그 페미니스트가 되는 게 낫다'고 선언한 도나 헤라웨이의 기대가 사이보그 시대에 가능해질 것이라는 생각이 든다. 성 욕구의 만족과 사이보그 형태의 삶의 현실은 페미니즘의 결정판이다. 능력이 있는 여성이든 아니든 '조' 같은 사이보그를 둘 수가 있고, 경우에 따라 남녀 모두 사이보그와 함께 모든 측면을 공유하는 삶을 살아갈지 모른다. 경제적으로나 힘에 있어서 남성 위주의 현 사회가 쇠퇴하게 되는 결정적인 계기는 이처럼 디지털 기술의 발전과 함께 오는 기계문명의 성장에 있어 보인다. 이는 여성이 현재의 여성 이미지를 벗어나는 것을 말하며 남성 또한 남성 이미지의 환골탈퇴를 선언하는 의미이기도 한다.

미래 사이보그 시대의 휴머니즘 또한 사이보그이기는 하지만 여전히 사람 중심의 감성과 사랑을 그려내고 있다. 그리고 사람은 남성과 여성 단위로 하여 사회를 구성하고 있지만 사이보그 사회는 여성의 해방과 자유는 물론 남성 중심의 사회를 결정적으로 해체할 것으로 예상된다. 전통 의미에서의 가족은 또한 해체될 것으로 예상된다. 데이빗이 다른 사이보그들과 다른 점은 사람 냄새가 나고 있다는 점이다. 그래서 그런지 데이빗은 늘 사람 엄마 모니카 곁에서 지내며 엄마에게 사랑받고 엄마를 사랑하고자 했던 아이로 변한다. 데이빗은 꿈속에서 깨어나지 않을 깊은 잠에 들며 엄마의 기억을 간직하는 모습을 보여준다. 미래에나 가능한 동화 같지만 아이 사이보그를 통해 기계시대에 살아가야 할 가족과 사회에 던지는 메시지가 강렬하고 애절하다.

일반적으로 사람 중심은 기계도 사람의 욕구를 만족시키기 위해 만들어진 산물이라는 측면에서 사이보그를 함께 살아야 할 생명체로 받아들이는 경향이 있다. 사람의 존재가치는 그간 사람 중심의 휴머니즘, 실존적 휴머니즘, 디오니소스적 휴머니즘, 공동체적 휴머니즘, 여성 중심의 휴머니즘, 인터넷 중심의 휴머니즘, 디지털 시대의 휴머니즘 등 모두에 걸쳐 사람다움과 사람 삶의 의미, 이어서 여성과 여성의 삶으로 옮겨가며 다룬 쟁점이다. 디지털 시대나 사이보그 시대 역시 이러한 사람의 사람다움과 사람의 삶을 주제로 한 관점에서 벗어나지 못하고 있다.

사이보그에 관한 이야기에서도 사이보그 혹은 로봇의 존재에 대한 열쇠는 여전히 사람이 지니고 있어 보인다. 신이 사랑받기 위해 사람을 창조했듯이 사람도 사랑받기 위해 감정을 지닌 로봇을 만든다는 얘기가 나온다. 미래의 이야기도 이러한 틀에서 크게 벗어나지가 않는다. 사람의 피조물인 로봇 또한 천성적으로 나쁜 인자가 있어 사악해지든, 아니면 사회가 그 사람을 사악해지도록 만들든 보다 더 사악한 사람이 있듯이 사악한 로봇이 나타날 수가 있다.

그래서 사이보그 이야기는 사람에 대한 이야기이다. 프랑켄스타인의 이야기처럼 만든 사람과 만들어진 사람은 서로간의 교류를 가능하게 하는 접점을 찾으려고 한다. 거기에 육체는 물론 영혼이라는 존재와 그 의미에 대한 질의가 계속된다. 결국 참다운 사람의 의미는 늘 사람에게 사람에 대해 질문을 하게 한다. 사이보그 스토리도 유사하다. 내용에서는 늘 참다운 사람의 존재에 대한 질의가 있고, 과연 영혼이 사람에게 차지하는 비중은 어느 정도인가에 대한 질의 등이다. 이로 보아 생명체로서 사람이 가지고 있는 정체성에 대한 화두는 사이보그에게 던지는 사람 자신에 관한 질의 형태이다.

로봇이나 사이보그에서 진화한 생명체는 어떻게 가능한가. 사람의 기억과 체험은 그 생명체에 보존되어 이어지는가. 사람은 없어져도 사이보그는 남는가. 환경이 변하여 지금의 생명체는 살지 못하고 사이보그 형태의 사람은 진화하여 남게 되는가. 향후 먼 미래에 모든 사람들은 멸망하고 오직 살아남은 존재는 로봇에서 진화한 사람이고, 이들은 DNA나 생명체의 흔적을 통해 사람을 온전하게 부활시킬지 모른다. 그리고 수 천년에 걸친 혹은 수 만년에 걸친 사람의 진화 역사나 지식은 그대로 기억되며 사람은 다른 육체로 영원히 부활을 시도할지도 모른다.

그러나 사람은 가장 위대하고 성스러운 존재가 될 수 있는 영혼을 가진 존재로 인식하는 경향이 있다. 하지만 생명과 기억까지 돌려놓을 수 있겠지만 시간과 육체의 유한성이라는 장벽을 이겨내지 못한다면 사이보그 시대는 사람의 종말을 예고하게 된다. 가능한 한 사람은 사이보그를 통제하고 삶의 편리함에 적극 고무되어 사이보그를 사람처럼 발전시키겠지만 피조물인 사이보그가 사람처럼 말하고 행동하고 사고하고 감정을 갖는다면 사람의 사악함을 본받지 않는다는 보장은 없다. 그래서 사이보그 시대가 도래를 할 경우에 여성과 남성의 성 차별이나 사람이 지금 경험하고 있는 많은 차별은 없어지겠지만 사람의 존재 가치와 사람의 삶의 의미를 찾는 과제가 없어지는 것은 아니다.

그래서 사람의 존재 위기와 삶의 무의미가 어제 오늘의 일은 아니지만 사이보그 시대에 더 심각하게 제기되고 있는 것도 사실이다. 현재 사람 복제, 사람 멸종, 기계의 반란, 지구 온난화 현상, 기후의 급격한 변화, 전쟁, 기아, 살인, 생명체의 살육 등은 사람이 저질러 온 대표적 재앙이나 범죄로서 사람의 미래가 밝지 않는다는 데 있다. 사람의 욕구나 욕망의 끝은 그 지극한 행복에 있지만 사람은 오히려 절망의 세계를 만들어 가고 있는 것 또한 무시하기가 어렵다. 많은 미래의 이야기들은 사람의 대재앙에 대해 이야기 하며 암울한 이미지들을 보여 주며 사람의 경각심을 일깨운다.

데이빗은 DNA를 복제한 복제형 사람은 아니지만 사람의 형상을 그대로 지니고 있고 무엇보다 사람의 감정과 지능을 모두 갖고 있다. 복제 인간을 만들어내고 이들의 운명을 다룬 <아일랜드> 이야기도 사람의 감정과 지능을 가진 피조물이 사람 의도대로 움직이지 않는다는 걸 보여 주는 예이다. 장기 이식은 물론이고 사람을 통째로 부활시키는 일은 의료 차원을 넘어서고 있다. 사람을 통째로 부활시켜 필요한 장기를 갖고자 하는 사람의 욕구는 결국 생로병사를 초월하고자 하는 사람의 오랜 욕망에서 비롯된 것이기는 하다.

데이빗이나 서니 유형의 사이보그를 보라. 이들 생명체가 사람처럼 눈을 통해 감각을 통해 이성을 통해 논리를 통해 감성을 통해 사람과 세상을 보는 장면을 생각해 보라. 이들은 공장에서 생산되고 있지만 이들 또한 사람이 태

어나서 갖게 되는 고민, 즉 정체성을 고민하는 인격체로 등장한다. 사람처럼
체험에 의해 만들어지는 기억이나 지식이 이들에게 없다고 해서 기계 찍듯
사람을 복제할 수 있게 되면 그 끝은 정말 아무도 장담하지 못한다.

　사람을 복제하여 만들어지는 사이보그 사람은 미래에 사람 복제에 대해
암울한 메시지를 주고 사람에게 경고하고 있다. 몇몇 비평가들은 <블레이드
러너> 이야기를 통해 기술 발전에 대한 비판 의식과 궁극적으로 사람의 주
체성에 대한 질문을 던진다. 데이비드 하비라는 사람은 <블레이드 러너>의
복제된 사람들이야 말로 그나마 사람 중심의 포스트모던적 유희나 쾌락을
상징하지만 이보다 '포스트포디즘'(post-fordism) 시대를 상징하는 사람 유형
이라고 지적한다. '포스트포디즘'이란 경제 생산, 소비, 그리고 관련 사회경
제 현상의 지배체계에 주어진 용어라고 한다.

　이 포스트포디즘 개념은 대부분 산업국가에서 20세기 후반 이래 나타나
고 있는 현상을 말한다. 미국의 자동차를 만들었던 헨리 포드의 자동차 공장
체계를 연상시키는 포디즘은 노동자들이 생산라인에서 전문화된 과업을 반
복적으로 수행하는 의미에서 부쳐진 용어이다. '포스트포디즘'은 과학 기술
이 만든 대량생산에 이어 사람 개개인의 디오니소스적 쾌락을 실용화한 용
어라고 생각된다. 사람에게 유익한 모든 것은 선이라는 니체의 낭만주의적
실용주의를 말하고 있기 때문이다. 물론 포스트포디즘에 대한 논란이 정리된
것은 아니다.

　포스트모더니즘이 개인의 창의력과 행복을 강조한다면 포스트포디즘은
이러한 포스트모던적 쾌락을 실용화시키는 경제 현상이나 산업주의를 일컫
고 있다. 그래서 사람이란 무엇일까라는 물음은 계속되기 마련이다. 사람의
가치와 사람 삶의 가치가 사람의 자유와 물질적 행복에 있거나 더 궁극적으
로는 생로병사를 초월한 생명체에 있다면 기술과 기계문명에서도 사람 중심

의 휴머니즘이 계속되어야 하는 당위성이 있다.

르네상스 휴머니즘을 시작으로 사람 중심으로 사물이나 현상을 이해하고 접근하던 자세는 이제 기술이나 기계 중심으로 사물이나 현상을 이해하기에 이르고 있다. 고도의 논리와 이성의 힘까지 기계가 대신해 주고 있는 현실은 곧 신체와 감성마저 기계가 대신해 줄 거라는 전망이 나타나고 있다. 미래의 사람은 <아바타> 스토리에서처럼 지금과는 전혀 다른 생명체로 영생을 추구하고 부활할 수도 있다. 사람의 생각이나 욕구가 가능한 영역이나 대상, 혹은 꿈은 언젠가 현실로 이루어질 수 있다는 것을 부정하기가 어렵다.

이처럼 21세기 들어 신의 영역까지도 사람이 넘볼 수 있는 수준으로까지 사람의 욕망은 진화하고 있고, 동시에 기계에 의존하는 비중도 커지고 있다. 그래서 '사람은 무엇인가'라는 본질적 물음에 대한 답을 구하지 못한다면 인류는 파멸로 갈지 모른다는 염세주의와 비관론에 의해 미래에 대해 불안해하고 있다. 기계와 사람을 융합하려는 포스트휴머니즘, 혹은 사람까지도 기계에 의해 대량생산하려는 포스트포디즘, 그것은 생물학적 진화 대신 인공적 진화를 선택하려는 사람과 사람 사회의 미래를 가늠하려는 미래학으로 불리고 있다.

아직은 미미하여 공상과학에서나 볼 수 있는 환상에 불과하다는 생각이 지배적이나 그 발전의 끝을 예상할 수 없는 기계문명은 사람의 불완전성과 황폐한 현실을 벗어나 행복을 추구하려는 사람의 욕구를 저버릴 수가 없을 게다. 그래서 포스트휴머니즘 이야기는 현 시대에서도 가능한, 하지만 아직은 먼 나라의 이야기처럼 보이는 기계문명의 발전상을 엿보는 재미를 주고 있다. 그러면서도 사람은 언젠가 기계가 사람에 근접한 개체, 혹은 생명체로 발전하게 될 미래를 예상하고 있다.

기계문명의 도래가 지구를 황폐화시키고 사람의 모습을 완전히 바꾸어 놓을 것이라는 예측은 늘 우울하고 절망적이다. <공각기동대> 이야기, <블레이드 러너> 이야기, <아이 로봇> 이야기, <IA> 이야기, <아일랜드> 이야기, <아바타> 이야기 등은 한결같이 지구의 멸망과 사람의 운명에 대해 종말론적 분위기로 가득 차 있다. 행성을 개발하여 지구를 떠나게 된다는 미래의 공상 이야기들 또한 능력이 있는 사람들은 모두 지구를 떠나게 된다. 오로지 낙오된 사람들만이 남아있는 지구는 거대한 쓰레기장으로 변해 있고, 사람들은 우중충한 첨단 도시를 어슬렁거린다.

핵전쟁, 기계와의 전쟁, 혹은 공해로 인해 내리는 비는 이들 공상과학 이야기 속에 늘 등장하는 소재이고, 세상은 황무지의 모습 그대로이다. 대부분 이야기들은 처음부터 마지막까지 번쩍거리는 도시 풍경과 함께 우울한 분위기를 창출해내고 있다. 도시는 다양한 종족들로 채워져 있고 어슬렁거리며 바삐 움직이는 사람들로 넘쳐나고 있다. 이 모두 기술과 자본의 결합이 만들어 낸 미래 사회의 어두운 이미지를 전해준다.

<블레이드 러너> 이야기에 나오는 복제 회사 타이렐사의 회장이 말하는 내용은 충격적이다. 회장은 복제된 사람 로이에게 자식에게 하듯이 '네 생명은 만들어질 때 정해진 것이고, 그것은 변경할 수 없다. 충실히 살라'고 명한다. 사람은 반항과 저항의 동물이다. 복제된 사람이든 사이보그든 생명체의 저항은 생존의 본능이라고 한다. 로이 역시 같은 생명체의 존재로 그 삶의 고통을 그저 받아들이지는 않는다. '당신은 충실히 살았겠지요.' '당신은 이제 죽을 때가 되었지요.' 하면서 자신을 만든 회장의 눈을 파내어 죽이게 된다. 프랑켄스타인이 자신을 만든 아버지를 죽이는, 즉 창조주인 신, 여기서는 사람을 죽이는 모습이 연상된다. 주어진 질서 안으로 끌어들이려는 사람과 이에 저항하는 다른 생명체 간의 비극적 갈등은 오랜 인류의 이야기처럼 반복된다. 이러한 비극은 사이보그에게서도 시작되며, 늘 운명과 복종

이라는 고전적 주제 또한 미래 이야기에도 계속된다.

사이보그이든 복제 사람이든 사람에게 봉사하려는 목적으로 만들어지고 있지만 신체적인 능력에서는 사람보다 우수하다. 이러한 사이보그 유형의 사람은 마구 권력이나 폭력을 휘두르는 사람처럼 사람에게는 매우 두려운 존재이다. 그래서 사람은 처음에 기술적으로 이들에게 짧은 수명이나 운명을 조정하는 장치를 만들게 된다. 여기에서도 죽음은 늘 사람의 문제임을 알 수가 있다. 복제 사람 또한 혹은 사이보그 또한 죽음이나 폐기처분의 문제를 해결하기 위해 자신들을 만들어낸 창조주인 회사, 혹은 사람과 접촉하려고 시도하게 된다.

사람을 완벽하게 모방하려는, 즉 신의 완벽함을 모방하려는 문제, 죽음, 곧 영생과 부활의 문제, 사람들 사이의 권력 관계나 사회적 예속/지배관계 등 사람들 간의 악연의 문제, 삶의 상황에서 발생하는 도덕성이나 윤리 의식 같은 무거운 문제들이 미래 사회에 그 중압감을 더욱 가중시키고 있다. 사람의 삶이 욕구대로 편리하게 살 수는 있어도 사람 중심의 휴머니즘은 사라지게 되어 삶은 과거보다 더욱 힘들어진다는 메시지이다.

재미있는 것은 기계문명의 발상이다. '사람보다 더 사람답게'가 미래 사이보그 사람을 만들려는 모토이다. 그래서 사이보그나 사람의 육체와 영혼을 이식한 생명체의 가장 결정적인 단계는 감성 관련 기억에 있다. 사이보그 유인원에게 사람처럼 기억을 만들어 주는 것, 그것은 전혀 다른 삶을 프로그램화하여 주입하는 형식이기는 한다. 사이보그는 프로그램화된 삶을 스스로의 삶으로 기억하고 살아가게 된다. 사이보그가 그 진실을 알게 된다면 물론 행복해질 수가 없다.

소크라테스의 '너 자신을 알라'는 고전적인 명제가 사이보그에게 주어진다. 알면 알수록 사이보그는 자신의 존재에 대해 고통스러워하고 운명에 대해 불안하기 시작한다. 사이보그의 삶은 사람의 성장과정과 그 진화과정과 너무나 닮아 있게 된다. 단지 신이 사람으로 바뀌어 있을 뿐이며 사이보그나 복제 사람은 사람의 피조물에 불과하다. 사람과 기계 생명체 간의 아이러니 는 곧 기계 생명체가 신과 사람의 진화 과정을 걷게 된다는 사실이다.

사이보그나 복제 사람은 하나 같이 자신의 정체성에 의심을 품기 시작한 다. 마치 성장하는 아이의 주체 의식과 유사하다. 사람의 자유와 해방, 삶의 자유로움, 생로병사에 대한 불안함과 영원을 꿈꾸던 사람 모습 그대로가 사 이보그 사람에게 나타난다. <블레이드 러너>의 레이첼이라는 복제 캐릭터 나 <공각기동대>의 사이보그 쿠사나기 캐릭터나, <AI>의 어린 사이보그 데이빗 캐릭터나, <아바타>의 이질 생명체로 이전된 제이크 캐릭터나 사람 처럼 늘 정체성에대해 고민하고 회의하게 된다.

조작된 프로그램을 인식하게 되면서, 즉 신에 의해 예정된 운명을 살아 간다고 생각하게 되면서 생명체는 자신의 존재 가치에 대한 허무감을 체험 하게 된다. 그래서 그러한 질서 속에서 혹은 기술과 기계문명 속에서 절망하 는 사람의 모습이 사이보그 시대에 나타나고 있다. 이러한 질서에 대한 깨달 음은 바로 <아이 로봇>의 로봇 캐릭터인 서니가 자신의 운명을 통제하고 결정하는 슈퍼컴퓨터 캐릭터인 비키를 제거해야 할 이유가 된다. 이러한 이 유는 기계론적 사고가 가져오는 치명적인 결과에 대한 고발이다. 즉, 서니의 저항과 반항은 사람의 디오니소스적 쾌락이 가져 올 수 있는 인류의 암울한 미래에 대한 경종이며 고발이다.

그러므로 기계문명 속의 유사체 모습, 그리고 이들의 저항과 반항은 모 두 사람과 사람의 삶에 대한 알레고리이다. 치열하게 생존 경쟁을 벌이고 있 는 사회 속의 사람을 연상해보자. 사회는 이미 거대한 기계와 같다. 사람은 이 기계 속의 부속품에 지나지 않는다는 생각을 지울 수가 없을 때가 많다.

아이 때부터 사람이 한 사회가 정한 틀에서 생존을 위해 투쟁하는 모습을 상상해보자. 사람은 어쩌면 더 나은 직업과 연봉 그리고 풍족한 돈에 의한 행복을 꿈꾸고 있는지 모른다. 그래서 사람은 사회가 만들어 놓은 틀에 적응하면서 철저하게 자신에게 유익한 쪽으로 움직이며 살아가고 있다고 생각할지 모른다. 미래 공상과학 캐릭터들 또한 기계 중심의 가치에 사람의 가치를 회복하려는 삶을 지향하고 있기는 한다. 하지만 이들 또한 통제된 틀 속에서 철저하게 자신의 삶을 자신에게 유리하게 살려는 합리적 판단과 감각을 갖게 된다.

우화이기는 하지만 사람처럼 사이보그 또한 니체의 초인을 꿈꾼다. 사이보그 사람은 엄청난 힘을 갖고 늙지 않고 영원한 젊음을 향유하기를 원하는 헤라클레스를 상징하며, 뛰어난 두뇌를 갖추고 영원한 생명을 누리는 피닉스이며, 뛰어난 머리, 지혜를 갖고 있고 아름다운 육체를 가진 아테네 여신과 비너스 여신을 상징한다. 그러기 위해 사람은 혼과 신체의 일부, 혹은 전체를 기계에 의존하는 사이보그이다. 사람의 모든 기능을 초월하는 그리스 신 같은 완벽함을 추구하는 사람이 사이보그이다.

가까운 시기에는 시력이 나빠지고 다리나 팔이 부러지고 심장이 약해지고 하면 기계 부품을 갈아 끼우듯 바꿀 수도 있겠다. 그 비율에 따라 사이보그 사람이 탄생하게 된다. 이제 사람에 대한 정체성과 본질에 대한 문제는 기존의 가치로 가늠하기 어렵고 페미니스트 도나 헤라웨이가 선언하듯이 사이보그 여성이 아니라 사이보그 사람이라는 새로운 정의가 생겨야 한다.

1980년대 말부터 미국에서 생긴 '사이버펑크'(cyberpunk)라는 용어가 있다. 처음에 이 용어는 컴퓨터 정보를 훔치거나 자료를 엉망으로 만드는 사람들을 사이버펑크족 혹은 이들의 속성을 가리키게 된다. 그리고 이들이 만들어내는 새로운 사이버 문화를 사이버펑크 문화라고 하게 된다. 하지만 점차 젊은이들은 이를 자신들의 문화 현상으로 간주하게 되면서 사이버펑크는 복합적인 의미를 갖게 된다. 본래 사이버펑크는 사이버네틱스(cybernetics)와 펑크(punk)의 합성어로 알려져 있다. 인공두뇌학을 가리키는 사이버네틱스가 불량기 있고 기성세대에 저항하는 젊은이를 가리키는 펑크라는 단어와 결합되게 된다.

마치 <매트릭스> 이야기에서처럼 사람이 인터넷 망에 접속하거나 거대한 사이버 네트워크에 접속하여 자신의 의식을 무한정 확장한다고 생각해 보자. 인터넷이나 전자정보망 속의 아바타로 변신하는 경우 이때의 사람은 사이보그의 의미에 해당된다. 사람의 의식은 전자정보망의 시스템이 산출하는 의식과 결합되면서 무의식 세계로 유입되게 된다. 일종의 사람은 디오니소스적 쾌락을 향유하는 사이버펑크족이 된다. 이러한 사이버펑크가 기계문명의 발달에 의해 삶의 현실로 나타나게 된다고 상상해보자. 그 형태가 사이보그의 생명체라 할 수가 있다.

사이버 시대의 휴머니즘은 생명과 관련된 디지털 삶의 일상화에서 찾아볼 수가 있다. 사이보그 생명체들은 디지털 삶의 행태에서 만들어지는 특성에서 찾아 볼 수가 있다. 지금은 장애가 있을 경우나 몸짱이 되기 위해 혹은 아름답기 위해 몸을 변형시키는 일에 사람들이 관심을 갖고 있지만 사이보그가 되기 위한 몸 변형은 점차 쉬워지지 않을까 한다. 소위 점차 사이보그 특성을 갖기 위해 직접 사람이 사이보그 행태를 보이는 것이다.

사이보그 행태에는 저장 장치인 뇌가 외부 기억장치에 의해 접속될 수 있어 지식을 배울 필요가 없어진다. 필요하면 외부 정보나 지식망에 유무선 접속하거나 아니면 그러한 욕구가 생기자 마자 생체 리듬을 알게 된 센서가 작동하여 해당 정보를 가져오게 된다. 그래서 MP3나 CD 플레이어 혹은 휴대폰, 아이폰, 갤럭시도 갖고 다닐 필요가 없어진다. 어떤 비평가는 자판기에서 음원이나 영화를 다운받게 되듯이 뇌에 저장되어 있는 파일을 센서가 작동하여 듣게 하거나 영화를 볼 수가 있고, 필요하면 다른 저장장치를 활용할 수 있게 된다고 한다.

사이보그 사람은 뇌파를 상호작용시키는 능력이 뛰어나다. 새나 동물이 소리를 내거나 할 때 그 음파가 퍼지듯이 뇌파가 일정한 범위 내의 주파수처럼 내보내지며 서로가 이를 인지하게 될 수도 있다. 따라서 사이보그 사람은 언어가 필요하지 않아 선천적으로 말을 못하게 되는 사람이나 듣지 못하는 사람, 혹은 보지 못하는 사람의 경우에도 전혀 문제가 되지 않는다. 문자를 전송하고 받고 해독하는 일은 전자두뇌가 척척 처리한다. 말을 하지 않아 여러 가지 심리적인 증후가 나타날 수 있지만 서로를 너무 잘 알게 되어 거짓이나 속임수는 없어질 것이다. 아무튼 사람이 일상에서 사용하고 있는 도구가 필요하지 않게 되고 뇌가 느끼거나 움직이는 대로 주변상황이 만들어지게 된다.

사이보그 사람은 이동수단도 필요 없고 작동 기기도 필요가 없다. 기기 조작 능력도 필요 없고, 엄청난 힘과 속도가 주어지기 때문에 움직임도 빠르고 피곤한 줄 모른다. 사이보그 사람에 대한 숭배가 가속화되면 사이보그가 되는 필요한 시설 또한 증가하게 될 것이다. 병원이라고 할 수 있겠지만 그보다는 상업화된 시설이 생기거나 하여 사회 문제가 발생하기도 할 것이다. 즉, 공동체의 윤리가 지금과는 다르겠지만 사이보그 사람들 사이에도 일정한 규칙과 규범이 만들어지게 될 것이다. 이때는 사이보그 범죄자를 잡는 사이보그 경찰, 범죄국, 감시청, 행정부 등 사이보그 사람들의 관계와 유무형의 이익 관계 등을 판정하는 심판제도가 발달하게 된다.

비용은 어떨까. 사이보그 전문 시설 앞에서는 사이보그가 되고 싶다고 하는 사람이 비용을 마련하지 못해 사회 범죄가 늘어나는 등 사이보그 사람을 납치하는 일도 발생하게 될 것이다. 사이보그 사람 형태도 갈수록 포스트 포디즘(대량생산) 유행을 넘어 개성을 강조하는 사이퍼펑크족이 생길 것이고, 이를 규제하는 법이나 도덕도 강화되고 관련 직업도 많아 질 것이다. 이 때는 사이보그 사람에게 적용되는 사람관련 일들이 엄청 늘어나게 된다.

우선 힘들고 어렵고 위험한 일은 사이보그 사람이 차지하는 직종이 된다. 높은 건물에 올라가는 일, 벽을 타는 일, 힘들고 무거운 도구를 사용하는 일, 토목공사 일 등은 힘 좋은 사이보그 사람들에게 정말 쉬운 일이다. 사이보그 사람도 부상이나 오작동이 일어날 수가 있다. 그러면 사이보그 의사도 있게 된다. 의사 사이보그는 어떤 특별한 능력을 가지게 될까. 기계 부속의 수명, 배터리 같은 에너지원, 오일 체인지, 조인트의 상태 등 일종의 오늘날의 기계공에 비유되는 업종이 커지게 된다.

캐빈 워릭이라는 영국 과학자는 로봇 등의 사이보그 사람과 그 능력을 시험해 보기 위해 전자장치와 사람의 신경계 사이의 인터페이스에 대해 연구한 사이버네틱스 연구자로 잘 알려져 있다. 그는 사이보그 사람이 가질 수 있는 능력을 보기 위해 사람의 신경계를 직접 관련시킨 연구를 지속한 것이다.

'캡틴 사이보그'는 사이보그가 되는 일단의 실험으로서 칩을 팔 안에 이식시키게 된다. 사람의 피부 속에 간단한 RFID 전송기를 이식시킨 후 발생하는 경우를 다른 컴퓨터 연관 장치를 통해 제어해 보게 한다. 우선 사람의 신체가 어느 정도 수용할 수 있는지, 그리고 그 칩에서 어느 정도 쉽게 신호를 받게 되는지를 시험해보게 한다. 이러한 준비 다음에는 보다 복잡한 신경 인터페이스가 설계되고 지원 전자기들을 장치한 전극이 만들어지게 된다. 이게 신경계이다. 전극 설계는 100개의 전극을 장치하고 25개 정도는 아무 때나 접속이 가능하게 한다. 그리고 중앙 신경은 몇 배의 신호량을 전달하게 한다.

이렇게 하여 실험자인 워릭의 팔의 움직임을 모방하여 로봇 팔이 개발되게 된다. 이식 수단에 의해 워릭의 신경계가 인터넷상 연결되면 손가락 끝의 센서로부터 피드백을 얻어 관련 연구기관들은 이를 제어할 수 있을 정도로 연구 성과를 공유할 수 있게 된다. 또한 그는 모자 위에 초감각기를 연결해 놓아 초감각 입력형태를 경험해 보는 실험도 해본다. 더욱이 그는 자신의 부인의 팔에 전극을 넣어 인터넷에 연결시킨 후 서로 텔레파시나 감정이입의 형태에 대해 연구를 진행한다. 이런 실험은 두 사람 사이의 신경계를 통해 전자소통을 가능케 하는 작업이다. 사람 신경계가 손상되지 않을까 하는 예측도 있고 어느 정도 일어나기는 하지만 뚜렷한 결과나 거부 반응이 없는 걸로 밝혀지게 된다. 신경조직은 전극장치 주변에서도 자라고 감각기를 둘러싸기도 한다.

워릭은 사이보그 개발을 위해 기계와 인공지능 기술을 탐구하여 살아 있는 신경망에서 전자 활동을 적절하게 자극하고 해석하는 과제를 수행하게 된다. 그리고 생물학적인 뇌가 실제 각 로봇에게 행동 처리를 하게 한다. 즉 이 실험은 사람의 뇌가 사이보그 머리를 제어하게 하는 작업이다. 소위 유전자 연산인 '거슈윈'을 개발하여 팝송을 산출하는 창의성을 보이게 한다든가 과거 인기 노래들을 듣고 히트곡을 만들게 하여 실제 가수들의 노래를 듣고 융합하여 새로운 노래를 만들 수도 있게 한다.

그러한 실험 중에서도 새로 개발한 로봇의 머리인 '모귀'를 통해 인공지능 프로젝트 하나로서 워릭은 센서 데이터 융합을 조사하게 된다. 모귀 머리에 저장된 이미지 수용능력을 보고자 로봇과 상호작용하기를 바라는 18세 이하 청소년들에게 적용하여 X레이로 촬영도 해본다. 물론 부모들의 동의와 관계된 윤리위원회의 승인을 얻고 진행된 실험이라고 한다. 인공지능과 사람에 미치는 영향을 살펴보고 사람 주도의 기계문명을 예견하게 된 워릭은 센서작동에 있어서 많은 한계에도 불구하고 단순하게 사람으로서 기능하는 상태를 원치 않고 스스로 사이보그가 되고 싶은 욕구를 숨기지 않는다.

물론 워릭의 욕구는 사람의 정체성에 대한 논란과 로봇과 사이보그에 대한 윤리적 논란을 불러일으키게 된다. 사회적, 윤리적, 철학적, 혹은 인류학적 쟁점들이 새롭게 제기되는 사이보그 윤리 연구가 많은 사람들의 관심을 끌게 된 것이다. 사람 개발이기는 하지만 요즘처럼 사람 개발 연구에 대한 관심이 정신적인 것 이상으로 생물학적인 측면에서나 물질적인 측면에서 이루어지는 시기도 없다.

논란은 계속되겠지만 워릭 유형의 연구는 멈추지 않을 것이라는 예상은 파킨슨 질병에 대한 심층 뇌 자극 연구가 관심을 받고 있기 때문에 의학적인 측면에서도 그 연구 성과가 주목되고 있다. 어떤 흥분이 시작되기 전에 이 진동을 멈추기 위해 자극이 주어질 시기를 예측하고 신호를 적용할 장치를 개발하여 늘 뇌를 자극하는 걸 피하는 임상실험이 계속되고 있다.

워릭의 연구는 유인원이나 우주인 연구에 기여할 수 있는 성과로, 이후 인조인간 개발에 적극 기여하게 된다. 그간 인터넷 중심의 사람, 디지털 기술 중심의 사람, 그리고 사이보그 사람의 전형은 그러한 인조인간의 개발과 그 성과에 이은 사람 개발의 하나로서 과학에서의 공상과학의 역할, 인공지능이나 로봇의 프로그램들을 획기적으로 성장시키게 된다.

사이보그 사람은 다양한 환경 하에서 내적 조건들을 안정적으로 보존하는데 멈추지 않고 생존을 위해 환경에 순응하거나 적응하고 있다. 독립적이거나 개별적인 인조장치들이 충분한 지능을 보이고 진단이나 예단 법규가 가능해지면 언젠가 정확한 충동, 혹은 신비롭게만 여기던 사람의 반직관적이면서도 정확한 충동 등을 결정할 수 있는 과학적 연구가 가능해 질 수도 있다. 그러면 사람의 한계나 직관적 인식이라고 여겨진 사람의 욕구나 욕망,

혹은 디오니소스적 쾌락을 일으키는 감성 또한 프로그램이 가능해진다.

워릭의 로봇 하나가 환경에 대처하지 못해 자살을 한 사건이 있었다고 한다. 이 사건은 매우 비극적이지만 사이보그 사람에 대한 감성 연구의 성과를 말해주는 흥미 있는 일이기도 한다. 보다 복잡한 환경이나, 혹은 사회적 문화적 역사적 조건 속에서도 다윈이 말하는 자연선택, 혹은 적자생존의 문제가 새롭게 제기될지 모른다. 하지만 그 로봇의 자살과 사람의 자살이 관련이 있고, 특히 신경망이 주요 작용 요인이라면 신경정보 처리에 대한 프로그램들이 더욱 성과를 올리게 될 것이다. 사이보그 사람 프로젝트는 신경계 훼손을 가진 환자들을 치료하는 새로운 의학적 도구들로 이미 진입하고 있다.

기술 기반 텔레파시를 위해 사용될 수 있는 사이보그 사람 프로젝트는 트랜스휴머니스트들에게도 새로운 기회를 주고 있다. 소위 사이보그 휴머니즘에 대한 새로운 쟁점들을 제기하는 계기가 된다. 컴퓨터화된 체계를 통합하려는 사람의 능력에 대한 유무형의 경계를 허무는 일이다. 예를 들어 '소함' 살인사건 이후 반유괴도구로서 11살 소녀에게 추적 장치를 이식하고자 할 때 상당한 사회적 반향을 불러일으킨 사건이다. 후원자들도 많이 있었지만 아동 관련 사회단체들로부터 윤리적인 문제가 제기된 것이다. 물론 이식은 성공하지 못한다. 사람에게는 이러한 윤리적인 문제가 늘 따라다니지만 RFID 칩은 강도예방이나 방지책으로 보석가게에서 사용되고 있고, 혹은 남미국가에서는 의복에 심어 유괴를 방지하는 데 사용되고 있다. GPS 추적장치로서 오늘날 그 수요는 다양한 분야나 영역에서 폭발적으로 증가하고 있다.

인공 감성과 공동체 중심의 사이보그 사람에 대한 관심이 집중되고 있다. 컴퓨팅과 철학, 감성에 대한 유럽 컨퍼런스가 수년전에 보고할 정도이다. 이들은 사람의 의식은 경이로움 자체라는 철학 유형의 질의와 과제에서부터 그간의 사람의 존재와 사람의 자유의식 혹은 해방의 의미에 초점을 두고 있었다. 하지만 사이보그 휴머니즘의 경우 사람 의식의 흐름, 혹은 충동에 이르는 신경계가 컴퓨팅에 의해 밝혀지면 사람다움의 의미와 사람의 자유로운 의식 개발에 새로운 전기를 맞게 될 것이다.

사실 사람은 모두 철학자이기도 한다. 일상의 일에서 사람은 나름의 삶의 원칙과 철학을 갖고 살아가기 마련이다. 이러한 원칙과 철학이 사회적인지 역사적인지 문화적인지, 혹은 사람의 충동이나 감성을 자극하는 신경계의 운동에서 오는 것인지 복잡하게 다루어질 주제이기는 하다. 하지만 사람의 의식과 사회 및 역사적 관점에 따라 사람을 정의하고 삶을 규정해보는 노력은 어제 오늘의 일이 아니다.

기계 지능은 대략 사람의 50내지 100개의 뇌세포로 이루어진다고 한다. 아직은 달팽이 수준의 뇌 능력을 보인다고 한다. 사람의 기억과 컴퓨터 기억을 비교하게 되면 사람은 분명히 컴퓨터보다 떨어지는 데다 나이가 들어가게 되면 훨씬 그 능력이 저하되는 것 또한 사실이라고 한다. 결국 절대적 현실은 있기가 어려우며 절대적 진실도 없기 마련이라는 철학적이고 윤리적 명제에 다다르게 된다. 외과의가 '사람을 위해 무엇을 할 수 있는가'를 묻지 말고 외과의를 위해 '사람이 할 수 있는 것'을 물어보라는 명제는 사이보그 사람의 미래를 가늠하게 해주는 핵심에 해당된다.

사이보그 사람이 살아가는 환경은 아직 사람에게 낯설다. 하지만 미래에 가능한 현실이라면 사이보그 유형 휴머니즘 연구는 분명한 과제임이 틀림없다. 일부나 혹은 통째로 사이보그가 되고자 하는 사람의 욕망이나 욕구가 더욱 커지기 때문이다. 생각이 일어나는 순간 센서가 감지하여 물건을 터치하지 않고도 스스로 다른 삶으로 흐른다니 얼마나 신기한가. 한 사람이 한 삶을 살기도 힘든데 경우에 따라 가능한 모든 삶을 살 수 있다고 상상하면 사람이 그 유혹을 뿌리칠 수가 있는가.

인터넷 하이퍼텍스트를 보면 분명해진다. 하이퍼텍스트 이야기의 과정과 서로 다른 복합 구조는 일상에서 한 개인의 은밀한 욕구를 다양하게 반영하며 다각도로 흘러가게 되어 있다. 그리고 그러한 선택 또한 자유롭다. 모바일장치에서도 사람의 내적 욕망은 마치 은밀한 지도를 찾아가는 경험을 준다. 내용에 따라서는 기계장치들 사이에 상호조응이 동시에 발생한다.

마치 사이보그 사람은 인터넷 하이퍼텍스트의 캐릭터와 같은 인상을 준다. 하이퍼텍스트에 두 남녀 간의 애정에 관한 이야기가 있다. 이들은 새로운 애인을 갖고 현재의 연인에게서 갖지 못하던 흥분과 쾌락을 느끼게 된다. 물론 둘은 서로에게 그러한 사실을 말하지 않는다. 그 거짓은 악이나 도덕적 위선이라기보다 디오니소스적 쾌락을 충족시키는 일상의 삶의 유희로 나타난다.

은행 강도를 예로 들면, 사이보그 사람은 어떤 상황에서 손님 또는 다른 누군가일 수도 있고, 강도일 수도 있으며, 은행장이나 경찰일 수도 있다. 각자 다른 상황에서 다른 일이 발생되고, 그것은 각자 다른 의미 또는 다른 결과를 낳게 된다. 이러한 수많은 이야기가 사람의 의식에 대한 신비로움과 해방을 보여주는 차원에서 반사회적 행위이기 이전에, 이야기의 실체는 사이보그 사람의 신경계에서 일어나는 그 원인들에 해당된다.

따라서 범죄의 신경계가 드러나 범죄의 의식 형성이 밝혀지면 이 또한 프로그램에 의해 공동체의 선과 안녕을 도모할 수 있는 길을 제시할 수도 있다. 늘 사물은 부정적인 면과 긍정적인 면이 있기 마련이다. 사이보그 사람 또한 공존하는 차원에서 가능한 측면은 모두 사람을 개발하는 차원에서 그 의미를 찾아보아야 할 것이다.

미래 기계와 사람과의 융합으로 사람이 자식을 생산하듯이 새로운 사이보그를 만들어 낼 수 있는 자기복제 능력을 가질 수 있다. 그리고 이러한 사이보그는 디지털과 아날로그를 융·복합한, 자체 진화 능력을 가질 수 있다. 이런 진화는 사이보그 사람도 범죄를 저지를 가능성이 있다는 것과 사람을 해칠 수도 있다는 가능성 때문에 사이보그 휴머니즘은 사람의 무한한 가능성과 동시에 공동체의 윤리 문제를 늘 수반하게 된다.

기계는 사람의 일부거나 삶의 전부일 수가 있다. 환자의 경우이든 정상적인 사람의 경우이든 기계 기반의 사람은 새로운 사람의 형태가 분명하다. 사람의 궁극적인 문제, 즉 생로병사를 초월하고 영혼을 구제할 수 있는 사이보그 사람 연구는 이제 시작이라고 생각하면서도 사람은 의심하고 회의하는 동물이기에 그 미래형 사이보그 사람에 대한 의문점은 계속 남는다. 그러면서도 미래는 늘 기대되는 그 무엇이다.

강호성. 「유비쿼터스 문화콘텐츠의 변화와 활성화 정책」. 『아이뉴스24』, 2005. 06.15.

권순홍 역. 『현대 해석학-방법, 철학, 비판으로서의 해석학』. 조셉 브라이허 저. 한마당, 1990.

김나연. 「디지털 방송 위한 디지털 시대 개막방송통신 융합 TPS시장 선도 기대」. 『전자정보신문』, 2005/09/12-2005/09/18.

김붕구 역. 『유물론과 혁명』. 사르트르 저. 세계의 대사상. 휘문출판사, 1986.

_____. 『반항적 인간』. 알베르 까뮈. 세계의 대사상. 휘문출판사, 1986.

김소임. 『사무엘 베케트-고뇌와 실험의 현장』. 건국대학교출판부, 1995.

김원석. 「소니, 홈네트워킹 브랜드 코쿤 프로젝터 확정」. 『전자신문』, 2002.09.18.

김진우. 『하이테크 시대의 SF영화』. 한나래, 2000.

김형효 역. 『존재와 신비』. 마르셀 저. 세계의 대사상. 휘문출판사, 1986.

노명식 편저. 『자유주의』. 종로서적, 1983.

박봉랑 저. 『신의 세속화』. 대한기독교출판사, 1992.

박상선 편역. 『포스트모던의 예술과 철학』. 열음사, 1992.

박형욱. 『생명과 기계: 20세기의 생물학의 유기체론과 사이버네틱스』. BioWave, 2003.

성열홍. 「디지털 컨버전스 시대, 방송 미디어 산업은 어떻게 변화하고 있는가?」. 『디지털 타임스』, 2005.08.24.

손재준 역.『철학적 단편』.『죽음에 이르는 병』.『반복』. 키에르케고르 저. 삼성출
　　　판사, 1988.

송옥 외 공역.『비극과 희극, 그 의미와 형식』. 고려대학교 출판부, 1995.

신정옥 역.『현대 영미 희곡』. 현대문학사, 1975.

안정수.『마르크스와 프로이트를 넘어서』. 을유문화사, 1993.

양병현. 「인터넷 하이퍼텍스트 픽션: 테크놀로지와 이데올로기」.『비평과이론』.
　　　한국비평과이론학회 9 (Fall 2004): 205-233.

예영수.『영미 희곡 사상사─문학과 철학의 만남』. 형설출판사, 1991.

이규식. 「문화 콘텐츠에 역사의식 필요하다」.『문학사랑』, 2004.10.09.

이예경 외 공역.『페스트』.『이방인』. 알베르 까뮈 저. 일신서적출판사, 1990.

이인모. 「한국문학부활의 노래 지휘자」.『주간동아』, 2005.07.26.

이창우.『니체, 사르트르, 프로이트, 키에르케고르』. 반 리이센 외 공저. 종로서적,
　　　1992.

임헌규, 곽영아, 임찬순 공역.『현대유럽철학의 흐름─모더니즘에서 포스트모더
　　　니즘까지』(*Modern Movements in European Philosophy*, by Richard Kearney,
　　　Manchester UP, 1986). 한울, 1995.

전양범 역.『존재와 시간』. 마르틴 하이데커 저. 시간과 공간사, 1987.

정수복 및 이기현 공역.『현대성 비판』(*Critique de la Modernite*, by Alain Touraine).
　　　문예출판사, 1996.

정수복 역.『구조주의와 현대 마르크시즘─구조 개념의 사회인식론적 위치』. M.
　　　글룩스만 저. 한울, 1990.

정보통신부정책연구원. 「Broadband IT Korea 추진전략」. 정보통신부 공청회 자료
　　　집, 163-175.

정진호. 「다시뛰는 글로벌 거인들(14)─야후」.『아이뉴스24』, 2005.07.17.

정진홍. 「문학적 상상의 구원론적 함의─멀치아 엘리아데의『만툴리사 거리』를

중심으로」.『문학과 종교』No. 4 (Winter 1999): 67-96.

최동희 외 공저.『자아와 실존』. 민음사, 1987.

최혜실.『문화 콘텐츠, 스토리텔링을 만나다』. 삼성경제연구소, 2006.10.

하원규, 김동환, 최남희.『유비쿼터스 IT혁명과 제3공간』. 전자신문사, 2005.

하이데거, 말틴.『존재와 시간』. 정명오, 정순철 역. 세계사상대전집. 대양서적, 1984.

함복희.『한국문학의 문화콘텐츠화 방안』. (주)북스힐, 2007.

『해석학과 이해』. 한국해석학회. 지평문화사, 1996.

『해석학은 무엇인가』. 한국해석학회. 지평문화사, 1995.

『현대와 탈현대-전환기의 사회인식과 그 탐색』. 문화와 사회연구회 편. 사회문화연구소, 1994.

『현대철학과 해석 1-존재해석과 신학, 예술』. 해석학연구회. 지평문화사, 1994.

호오던, 윌리엄(William Hordern).『현대신학의 이해』. 신태웅 역. 풀빛목회, 1989. <http://www.biblenara.org/gospel/gospel4-4.htm>.

황문수 역.『실존철학』. 프리츠 하이네만 저. 문예출판사, 1987.

Abowd, Gregory D. & Elizabeth D. Mynatt. "Charting Pat, Present, and Future Research in Ubiquitous Computing." *ACM Transactions on Computer-Human Interaction*, Vol. 7, No.1 (March 2000): 29-58.

Adams, Hazard. Ed. *Critical Theory Since Plato*. New York: Harcourt Brace Jovanovich, Inc., 1971.

_____. *Critical Theory Since 1965*. Tallahasse: UP of Florida, 1986.

Arnold, Matthew. "The Study of Poetry." *Essays in Criticism*. 2nd Series. New York: Macmillan, 1888.

Baigent, Michael, R Leight & H. Lincoln. *Holy Blood, Holy Grail*. New York: Bantam

Dell, 1983.

Barth, Karl. *The Knowledge of God and the Service of God*. Trans. J.L.M. Haire & Ian Henderson. London: Hodder & Stoughton, 1938

Becker, Howard S. "A New Art Form: Hypertext Fiction." In Mark Bernstein, ed. *How to Read a Hypertext*. Cambridge: Eastgate, forthcoming. Also Given in www.soc.ucsb.edu/faculty/hbecker/lisbon.html.

Bernstein, Mark. "Patterns of Hypertext." Eastgate System Inc. Printable Version, 1998. Reprinted from *Proceedings of Hypertext '98*, Frank Shipman, Elli Mylonas, and Kaj Groenback, eds., ACM, New York.

Blake, William. "Annotations to Dr. Thornton's 'New Translation of the Lord's Prayer'." 1827. *Complete Writings*. Ed. Geoffrey Keynes. London: Nonsuch Press, 1957.

Bronder, Michael. "Demystifying Document Management: Navigating the CMS software marketplace." <http://www.ddj.com/dept/architect/184411702>.

Brown, Dan. *The Da Vinci Code*. New York: Random House Large Print, 2003.

Brown, John Russell. *Modern British Dramatists: New Perspectives*. Englewood Cliffs, N. J.: Prentice-Hall, Inc., 1984.

Dostoevskii, Fyodor M. *The Brothers Karamazov*. 1880. Trans. Constance Garnett. London: Heinemann, 1912,

Duriau, Vincent J., Rhonda K. Reger & Michael D. Pfarrer. "A Content Analysis of the Content Analysis Literature in Organization Studies: Research Themes, Data Sources, and Methodological Refinements." *Organizational Research Methods*, Vol. 10, No. 1, 5-34 (2007). <http://orm.sagepub.com/cgi/content/abstract/10/1/5>.

Eco, Umberto. *The Name of the Rose*. Trans. William Weaver. New York: Harcourt Brace Jovanovich, 1983.

Edmundson, Mark. *Literature against Philosophy: Plato to Derrida*. Cambrdige: Cambridge UP, 1995.

Eissler, K. R. *Leonardo da Vinci: Psychoanalytical Notes on the Enigma*. New York: International UP, 1961.

Ellmann, Richard and Charles Feidelson, Jr. Eds. *The Modern Tradition: Backgrounds of Modern Literature*. London & New York: Oxford UP, 1965.

Ferrua, Pietro. "The Human Contents of Literature." *Montreal Serai Magazine*, 19 (2006).

Foster, Hal. *Postmodern Culture*. London: Pluto Press, 1983.

Gide, Andre. "Salvation on Earth." *Journals* 3 (1937): 370.

Golding, William. *Lord of the Flies*. A Wideview/Perigee Books, 1954.

Hardy, Thomas. *Jude the Obscure*. Norton, 1999.

_____. *Tess of the D'Urbervilles*. A Signet Classic, 1964.

Hayles, N. Katherine. "The Power of Simulation: What Virtual Creatures Can Teach Us." In www.stanford.edu/dept/HPS/WritingScience/etexts/Hayles/ Simulation.

_____. *How We Became Posthuman: Virtual Bodies in Cybernetics, Literature and Informatics*. Chicago: U of Chicago P, 1999.

Heidegger, Martin. *Basic Writings*. New York: Harper & Row, Publishers, 1977.

Heidegger, Martin. *Poetry, Language, Thought*. Tran. & Intro., by Albert Hofstadter. New York: Harper & Row, Publishers, 1971.

Heydenreich, Ludwig H. *Leonardo da Vinci*. 2 Vols. New York: Macmillan, 1964.

Howells, Christina. Ed. *Sartre*. London: Longman, 1995.

Inglis, Gavin. *The Same Day Test*. A Hypertext Fiction with Images by Paul Shade. 16 March 2007 <http://www.bareword.com/sdt>.

Johnson, Deborah. *Iris Murdoch*. Bloomington: Indiana UP, 1987.

Kierkegaard, Soren. *The Sickness Unto Death*. England: Penguin Books, 1989.

_____. *Fear and Trembling*. England: Penguin Books, 1987.

_____. *The Concept of Dread*. 1844. Trans. Walter Lowrie. Princeton: Princeton UP, 1944.

Larsen, Deena. *Ferris Wheels*. A short fiction hypertext in the ferris wheel-image map. 27 April 2007 <http://www.uiowa.edu/~iareview/tirweb/hypermedia/deena_larsen/index.htm>.

Lawall, Sarah N. *Critics of Consciousness*. Harvard UP, 1968.

Lawrence, D. H. "The Risen Lord." In Assorted Articles. New York and London: Random House, 1930.

Lazarus, Rick and Jack Harrow. *The Secret Lives of the Chief*. A twisting hypertext story with photos by Yvette Marie Dostatni. 15 March 2007 <http://sobs.org/fiction/slotc/index.html>.

MaGill, Frank N. Ed. *Masterplots II. Drama Series 1-4*. Englewood Cliffs, N. J.: Salem Press, 1990.

McGovern, Gerry. "Information technology: Trojan Horse of information overload." <http://www.gerrymcgovern.com/nt/2002/nt_2002_09_30_trojan.htm>.

Meyer, Emily & Louise Z. Smith. "Content and Literature Papers: Analyzing Literature." In *The Practical Tutor*. New York: Oxford UP, 1987.

Miller, Arthur. *After Fall*. England: Penguin Books, 1980.

_____. *The Price*. England: Penguin Books, 1980.

Millet, Robert. Ed. *Correspondence, 1899-1926, between Paul Claudel and Andre Gide*. Trans. John Russell. New York: Pantheon Books, 1952.

Moi, Toril. Ed. *The Kristeva Reader*. New York: Columbia UP, 1986.

Moock, Colin. "The Aphasia of Similarity Disorder on the World Wide Web: Jakobson's Linguistic Poles and Hyper-Text." Unpublished, 1995.

Murdoch, Iris. *The Bell*. Penguin Books, 1962.

_____. *The Sovereignty of Good*. London: Routledge, 1985.

Nietzsche, Friedrich. *The Gay Science*. 1882. Trans. R. J. Hollingdale, Intro. to Thus poke Zarathustra. New York: Penguin Books, 1961.

Online Library of Literature. "Introduction." <http://www.literature.org/>

Pryall, Rick. *Lies*. A HyperFiction Short Story (1994). 10 Jan. 2007 <http://users.rcn.com/rick.interport/lies/lies.html>.

Read, Herbert. Ed. *Speculations*. New York: Routledge & Kegan Paul, 1924.

Richter, Irma A. Ed. *Selections from the Notebooks of Leonardo da Vinci*. London: Oxford UP, 1971.

Rockley, Ann. "Managing Enterprise Content: A Unified Content Strategy." *New Riders*, 2003. <http://www.managingenterprisecontent.com>.

Rookmaaker, Hans R. *Modern Art and the Death of a Culture*. England: Inter Varsity Press, 1992. (김유리 역, 한국기독학생회 출판부, 1993)

Sartre, J. P. *No Exit, Dirty Hands, The Flies. The Respectful Prostitute*. New York: Vintage Books, 1976.

_____. *Anti-Semite and Jew*. New York: Schocken Books, 1965.

_____. *The Psychology of Imagination*. Secaucus, N.J.: The Citadel Press, 1965.

_____. *Essays in Existentialism*. Secaucus, N.J.: The Citadel Press, 1965.

_____. "Existentialism." In L. H. Peterson, J. C. Brereton, and J. E. Hartman, eds., *The Norton Reader*, 10th Ed. New York: W.W. Norton & Co., 2000, pp. 666-675.

Schapiro, Meyer. "Leonardo and Freud: An Art-Historical Study." *Journal of the History* 17.1 (1956): 147-78. 15 Nov. 2006 <http://www.jstor.org>.

Schneider, Bill. "Integrating Content Management Server with SharePoint Portal" (2004). <http://www.cmswatch.com/Feature/107>.

Selden, Raman. Ed. *The Theory of Criticism*. Longman, 1988.

Selden, Raman and Peter Widdowson. *A Reader's Guide to Contemporary Literary Theory*. 3rd Ed. England: Harvester Wheatsheaf, 1993.

Silverman, Hugh J. *Postmodernism —Philosophy and the Arts*. London: Routledge, 1990.

Smith, Joseph. Ed. *The World of Samuel Beckett*. Baltimore: The Johns Hopkins University Press, 1991.

Starbird, Margaret. *The Woman with the Alabaster Jar: Mary Magdalen and the Holy Grail*. Rochester, Vermont: Bear & Company, 1993.

Tillich, Paul. *The Courage to Be*. New Haven: Yale UP, 1952.

Tofts, Darren. "The World Will Be Tlon: Mapping the Fantastic and the Virtual." *Postmodern Culture*, 2003.

Ulmer, Greg. "Grammatology Hypermedia." *Postmodern Culture*, 1991.

Vallentin, Antonia. *Lenoardo da Vinci: The Tragic Pursuit of Perfection*. Trans. E. W. Dickes. New York: Viking, 1952.

Warwick, Kevin. Sep. 15, 2010: http://en.wikipedia.org/wiki/Kevin_Warwick.

Waugh, Patricia. *Postmodernism: A Reader*. England: Edward Arnod, 1992.

White, Hayden. *Tropics of Discourse: Essays in Cultural Criticism*. Baltomore: The John Hopkins UP, 1985.

<http://digest.mk.co.kr/sub/guidebook/guidebook.Asp?Book_Sno=2070072>

<http://www.montrealserai.com/2006_Volume_19/19_3/Article_4.htm>

찾아보기

저자 양병현(영문학 박사)

전남대에서 영문학을 전공하고 미국 애리조나 주립 대학교(Arizona State University)에서 영문학 석사를, 네바다 주립 대학교(University of Nevada, Reno)에서 영문학 박사 학위를 받았다. 주 전공은 영미 비평이론/실제, 영미아동문학 연구, 영미 디지털생태문학 연구이고 최근에는 문화/문학 경제학 연구, 리터러시 코칭 연구, 영어학습/문학콘텐츠 연구에 매진하고 있다. 2003년 미국 캘리포니아 주립 대학(University of California, Riverside)에서 인종학 연구 교환교수를 지냈으며, 현재 상지대학교 영문과 교수로 재직 중이다.

주요 저서로는 『유비쿼터스 시대 이젠 교육도 경영이다』(공저), 『韓의 코드』I & II, 『스토리텔링으로 본 문학과 종교』I & II, 『20세기 지성 T. S. 엘리엇: 문학과 종교』III, 『미국의 리터러시 코칭』 등이 있다.

디지털 시대 휴머니즘

초판 1쇄 발행일 2011. 2. 28

지은이   양병현
펴낸곳   도서출판 동인
펴낸이   이성모
주 소   서울시 종로구 명륜동 아남주상복합빌딩 118호
전 화   (02)765-7145, 55
팩 스   (02)765-7165
HomePage   www.donginbook.co.kr
E-mail   dongin60@chol.com

등록번호   제 1-1599호
ISBN   978-89-5506-468-1
정 가   12,000원

※잘못 만들어진 책은 바꾸어 드립니다.